국어영역 195 개념 잡기

국어영역 195 개념 잡기

2007년 1월 19일 초판 1쇄 발행
2010년 12월 30일 초판 3쇄 발행 (총 발행 부수 9,000부)
2013년 3월 4일 개정판 1쇄 발행

펴낸곳 도서출판 산소리
지은이 김권섭
펴낸이 홍승권
편집 북스튜디오 **토리**
디자인 curious **sofa**

신고 2004년 11월 17일 제313-2004-00263호
주소 120-828 서울시 서대문구 연희동 220-55 북산빌딩 1층
전화번호 02-322-1845
팩스번호 02-322-1846

제판 문형사
인쇄 영프린팅
제책 한진제본

ISBN 978-89-6903-000-9 53710
책값 13,800원

국어영역 195 개념 잡기

김권섭

국어영역의 밭을 풍성하게 일구자

나는 2007년에 『언어영역 195 개념 잡기』를 출간하였다. 이 책은 5년 동안 호평을 얻었다. 경기도와 전라도, 제주도의 몇몇 고등학교에서 교재로 사용한다는 소식을 들었다. 나로서는 전혀 예상하지 못한 일이다. 이런 호응은 아마도 내가 EBS Q&A 상담교사로 전국의 학생들의 질문에 답변을 해 준 경험, 그리고 평소에 질문과 답변을 강조하는 수업 경험이 이 책에 잘 녹아들었기 때문일 것이다.

하지만 2014학년도부터 대학수학능력시험이 바뀜에 따라 내용 손질이 필요해졌다. 새로운 수학능력시험은 '언어영역'을 '국어영역'으로 바꾸는 데서 알 수 있듯이 국어 교과의 내용이 많이 반영되고, 문법 영역이 강조될 전망이다. 이에 따라 덜 중요한 내용은 삭제하고, 몇 개 항목을 하나로 묶었으며, '모티브(모티프), 스토리와 플롯, 품사와 문장 성분, 합성법과 파생법, 되와 돼, 보조용언과 본용언, 타당하다' 등 15개 항목을 대폭 수정, 보완했다. 그리고 '시적 대상과 시적 화자, 믿을 수 없는 화자, 「새」에 나오는 '답새라'의 의미, 매너리즘, 높임법, 띄어쓰기와 붙여쓰기, 불규칙 활용, 서술어 자릿수, 음운·음절·형태소·단어·어절·구·문장·절, 며칠과 몇 일, 할 거야·할걸·할 걸·할게·할까, 논술고사와 면접시험을 준비하는 방법' 등 14개 항목을 새로 넣었다. 그 결과 새로운 수학능력시험 준비에 꼭 필요한 내용들로 채워지게 되었다.

이런 변화를 반영하여 책 제목을 『국어영역 195 개념 잡기』로 바꾸었다. 번호를 붙인 항목은 195개이지만, 한 항목에 두 개 이상의 개념을 설명하거나 한 항목 안에 여러 개념을 다룬 것이 많다. 이것은 서로 연관되거나 혹은 혼동하기 쉬운 내용을 함께 설명하는 방식이 학생들에게 가장 도움이 된다고 판단했기 때문이다. 그러므로 이 책을 활용한다면 단순히 단어 뜻을 이해하는 게 아니라 국어영역의 토대를 튼튼하게 닦을 수 있을 것이다. 나는 이 책이 『국어영역 일구오 개념 잡기』로 불리기를 희망한다. 학생들이 이 책으로 국어영역 공부에 의욕을 일구고, 국어영역의 밭을 풍성하게 일구게 된다면 바랄 것이 없겠다.

이 책을 이렇게 활용했으면 한다. 통독을 하거나, 혹은 자기가 취약하다고 느끼는 부분만 먼저 읽어도 좋다. 그도 아니라면 국어영역 공부를 하다가 궁금한 것이 생길 때마다 '찾아보기'에서 그 항목을 찾아서 읽어 보길 권한다. 그리고 항목 뒤에 연관된 내용을 밝혀 놓은 것은 그 내용까지 꼭 익혀두었으면 한다. 여러분들은 대학(大學)에 진학하여 학문을 닦을 사람들이다. 학문(學問)은 '배우고 묻는' 것이거나 '질문하는 법을 배우'는 것이다. 그러므로 공부를 할 때는 스스로 질문을 만들어 낼 수 있어야 한다. 그러한 질문과 관련된 내용을 이 책에서 확인해 본다면 국어영역 공부의 즐거움을 실컷 느낄 수 있을 것이다.

그동안 『언어영역 195 개념 잡기』를 아껴 주신 모든 학생들과 선생님들께 고마움을 전한다. 그리고 초판과 개정판을 만드는 일에 애정을 기울여 주신 산소리출판사, 특히 김종진 편집장님께 감사한다. 산소리출판사와 인연을 맺게 된 것이 내게는 큰 행운이자 기쁨이다. 그 인연에 동행할 학생들의 미래를 진심으로 축원한다.

2013년 2월
김권섭

사람들은 말한다. 인간의 지식은 압정과 같아야 한다고. 압정은 손으로 누르는 '머리' 부분과 벽에 박히는 '침' 부분으로 나뉜다. '머리' 부분은 넓고 얇은 데 비해 '침' 부분은 뾰족하고 깊다. 이를테면 우리가 보편적으로 알아야 하는 교양은 '머리'에 해당하고, 남달리 깊이 공부하는 전공영역은 '침'이라 할 수 있다. 사람은 누구나 폭넓은 교양과 자기만의 전공영역을 토대로 해서 살아간다. 교양은 학문과 지식의 바탕을 이루고, 전공은 이 세상을 바라보는 창문 구실을 한다. 둘 중 어느 한 가지라도 부족하다면 일상의 혼란에서 벗어나기 어렵다.

나는 인문과학으로 내 압정의 '머리'를 삼았고, 국어국문학으로 '침'을 만들었다. 그리고 이 압정을 들고 지난 17년을 고교생들과 함께 보냈다. 교사는 누구인가? 교사는 어떤 사람이어야 하는가? '교사는 학생들의 질문에 답하는 사람'이라고 나는 믿는다. 지난 17년 동안 나는 학생들의 질문과 마주하며 살았다.

특히 최근 3년 동안, 사이버 공간에서 수많은 학생을 만나게 되었다. 그들은 내게 별의별 것을 다 물었고, 나는 최선을 다해 답변했다. 내 책상에는 학생들이 두고 간 물음표가 점점 수북이 쌓여 갔다. 크기와 모양은 제각각이었지만, 하나같이 학생들이 풀지 못해 힘겨워 하는 실타래들이었다. 나는 그 궁금증을 하나하나 풀어내는 일에 몰입했다. 그러는 동안 학생들이 언어영역을 공부할 때 공통적으로 자주 궁금해 하는 것이 무엇인지 알게 되었다. 놀랍게도 그들은 언어영역에서 제일 중요하고, 또 가장 많이 사용하는 개념이나 단어를 정확하게 알지 못했다. 그런 까닭에 오랜 시간 공부를 하면서도 정작 언어영역의 즐거움을 맛보지 못하고 있었다.

나는 학생들의 골칫거리를 덜어줄 수 있는 방법이 무엇일까를 고민했다. 먼저, 학생들이 가장 빈번하게 묻는 질문을 추리고, 그것을 설명한 내용을 교재로 만들어 수업 시간에 활용해 보았다. 그랬더니 매우 긍정적인 반응이 나왔다. 평소 어렵게만 여기던 중요한 개념을 깊이 이해할 수 있고, 공부하다가 궁금한 게 생겼을 때 책을 열어 보면 설명이 핵심적으로 나와 있어서 사전처럼 이용할 수 있다는 반응이었다. 학생들은 알 것 같으면서도 잘 모르겠던 핵심 개념, 비슷하면서도 다른 것 같은데 무엇이 다른지 알지 못했던 단어들의 의미, 어떻게 표기해야 맞는 것인지 쓸 때마다 힘겨웠던 맞춤법을 정확히 알게 되었다며 환하게 웃었다. 그리고 몇몇은 내게 책을 내면 좋겠다고 권유하기도 했다. 그러면서 책을 만들면 이것도 꼭 넣어 달라며 새로운 물음표를 여럿 얹어 주었다. 나는 학생들이 건네 준 물음표 195개를 일정한 체계에 따라서 넷으로 분류했다.

제1부 문학 공부의 어려움을 해결할 수 있는 곳이다. 역설과 반어, 상징과 은유, 풍자와 해학이 무엇이며 서로 어떻게 다른지 설명했다. 이 밖에도 고교 교육 과정에서 꼭 알아야 할 핵심 개념들, 이를테면 무의식과 자아, 이미지, 함축적 의미, 시점과 거리, 의식의 흐름, 이념, 자동기술법, 형이상학 등을 여러 가지 예문을 활용하여 쉽게 설명해 두었다. 은유법을 '내 마음은 호수요'라는 식으로 공부해서는 시를 깊이 이해할 수 없다.

그런 학생들이라면 이곳을 먼저 펼쳐 보길 권한다.

　　제2부　문법을 공부할 때 가장 어렵게 여기는 내용들을 담았다. 정확한 의미와 쓰임을 파악하기 힘든 단어들도 함께 설명해 두었다. 합성법과 파생법, 접두사와 관형사, 본용언과 보조용언, '-던지'와 '-든지', '되-'와 '돼', '왠'과 '웬' 등을 구별하는 기준, 개발과 계발, 보상과 배상, 실제와 실재, 일절과 일체가 어떤 점에서 차이가 있는지 알게 될 것이다.

　　제3부　비문학을 공부하다 보면 낯선 개념을 자주 만나게 된다. 연역법과 귀납법, 변증법, 유추, 여러 가지 오류, 그리고 비교와 대조, 통시적과 공시적, 분류와 분석, 배경 지식, 음성 상징, 정의, 개념 간의 관계 등을 이해하지 못해 어려움을 겪는다. 여기에서는 이성적이고 논리적인 글을 읽는 데 토대가 되는 개념을 다루었다.

　　제4부　언어영역은 아무리 공부해도 성적이 오르지 않는다고 하소연하는 학생들에게 들려주고 싶은 이야기를 써두었다. 자기에게 맞는 문제집을 고르고 활용하는 방법, 고전과 현대시, 비문학 등 분야별 학습 요령, 시험 치를 때 시간 관리하는 방법, 오답 공책 만들고 활용하기, 모의고사 뒤처리 방법 등을 안내하였다.

　　이 책은 사이버 공간과 일상생활에서 만난 고교생들이 내게 물음표를 내려놓고, 그 대신 느낌표를 들고 돌아간 흔적이다. 그들은 대학에 진학해서 학문을 연구할 사람들이다. 학문(學問). 학문은 배우고 질문하는 활동, 혹은 질문하는 방법을 배우는 활동이다. 생각하는 사람만이 질문한다. 생각하지 않으면 질문거리가 생기지 않는다. 그리고 사람은 누구나 그 질문을 하나하나 해결하면서 자기만의 '압정'을 만들어 가게 마련이다. 말하자면 물음표를 느낌표로 바꾸어 가는 동안 압정이 완성되는 것이다. 여러분이 자기만의 압정을 만드는 동안 이 책이 늘 곁에 있기를 바란다.

이 책을 만드는 동안 많은 분들의 도움을 받았다. 내게 질문했던 학생들이 가장 먼저 떠오른다. 그들이 없었다면 이 책은 내 머릿속에서만 존재했을 것이다. 이 책의 예문에는 늘 내 기억에 남아 있는 졸업생의 이름을 사용하였다. 그들은 나를 가르친 학생들이다. 이 책에 이름을 함께 묶음으로써 그 고마움을 오래 간직하고 싶었다. 그리고 책을 읽지 않는 사람들로 넘쳐 나는 현실에서 이 책이 나오도록 기회를 준 삼인출판사의 배려를 무엇보다도 잊을 수가 없다. 이 책이 올해 고교생이 되는 큰딸 민경이와 이제 중학교 생활을 시작한 둘째 딸 도희, 그리고 그들의 친구들에게까지 값진 선물이 된다면 더없이 좋겠다.

2007년 1월
김권섭

문　학

※ 는 서로 구분해야 할 개념, ✕ 는 서로 반대되는 개념

시가 詩歌

시가 예문

소설 小說

기타

단어 뜻

비 문 학

주요 개념

학 습 법

학습법

시가 詩歌

감정 이입
객관적 상관물

1_감정 이입

성적표를 받아 보니 점수가 예전보다 많이 오른 적이 있지요? 그런 날은 눈에 보이는 사물이 그저 다 마음에 듭니다. 길에 서 있는 나무가 전보다 훨씬 푸르고 활기차 보이지요. 그런가 하면 새들의 울음소리도 즐거운 노래처럼 들릴 거예요. 이처럼 우리 주변에 있는 사물은 우리의 감정 상태에 따라 다르게 여겨지는 법입니다. '감정 이입'은 여러분이 다른 데서 느낀 감정을 어떤 대상에 옮겨 넣고(이입) 그 대상이 나와 같은 감정을 가지고 있는 듯 표현하는 기법입니다. 새는 새의 본능에 따라 우는 것이지만, 성적표를 보고 고조된 내 감정을 새에 옮겨 넣어 "새가 신이 나서 노래한다."라고 표현하는 것이 감정 이입입니다. 어머니께 꾸지람 들은 날, "거실의 꽃도 인상을 찌푸렸다."라고 표현하면 이것도 감정 이입이지요.

2_객관적 상관물

'객관적 상관물'(Objective Correlative)은 '표현하려는 정서나 사상을 대신 나타내 주는 어떤 사물, 상황, 일련의 사건'을 의미합니다. 일상생활에서 느낀 감정을 있는 그대로 작품 안에 드러내는 것이 아니라 그 감정과는 직접적인 관계가 없는 어떤 이미지, 상징, 사건, 즉 객관적 상관물을 통해 구현할 수 있습니다. 원래 이 용어는 엘리엇(T. S. Eliot)이 「햄릿과 그 문제들」에서 햄릿의 문제점을 탐구하는 과정에 우연히 사용한 말입니다. 엘리엇은 실생활의 정서와 문학 작품에 형상화된 정서 사이에는 절대적인 차이가 있다고 주장했습니다. 이런 생각은 대상에 대한 감정을 직접적으로 토로하는 일은 예술이 아니라는 반(反)낭만주의적 발상에서 나왔습니다. 즉 개인적인 감정을 작품에 그대로 쏟아 내는 대신, 상식적인 시각으로 보면 이 감정과 관계없는 어떤 심상, 상징, 사건을 통해 구현해야 한다는 것입니다. 한마디로 객관적 상관물이란 작가가 감정을 객관화하기 위해 사용한 심상, 상징, 사건들입니다.

엘리엇의 「J. 알프레드 프루프록의 연가」에는

자, 그러면 가자꾸나. 그대와 나는
수술대 위 마취된 환자처럼
저녁놀이 하늘에 퍼지거든
가자꾸나. 인적이 드문 거리

라는 표현이 보입니다. 여기에서 "수술대 위 마취된 환자"가 객관적 상관물입니다. 희미하고 몽롱한 기분을 더욱 생생하게 전달하기 위해, 에테르에 마취된 채 수술대 위에 누워 있는 환자의 상태를 객관적 상관물로 삼았습니다.

「황조가」도 객관적 상관물을 썼습니다. "펄펄 나는 꾀꼬리는 암수 서로 놀건마는"에서 정답게 노니는 꾀꼬리는 임과 헤어져 혼자 지내는 '나'의 외로움을 독자에게 불러일으키는 소재입니다. 외로움이라는 감정과 직접적인 관계가 없는 '꾀꼬리'를 통해 외로움이 구체화되었습니다. 이런 소재를 객관적 상관물이라고 합니다. 심훈의 「그 날이 오면」 중 "나는 밤하늘에 날으는 까마귀와 같이 종로의 인경을 머리로 들이받아 울리오리다"에 나오는 까마귀는, 그 날이 오기만 한다면 내 목숨을 바쳐도 아깝지 않다는 서정적 자아의 신념을 독자에게 강하게 환기시킵니다. 이것이 객관적 상관물의 역할입니다.

3_감정 이입과 객관적 상관물은 어떻게 구분할까?

감정 이입과 객관적 상관물을 구분하기 어렵다는 말을 학생들에게 자주 듣습니다. 이 둘은 언뜻 비슷해 보일지 모르겠지만 찬찬히 생각해 보면 차이점을 발견할 수 있습니다. 서정적 자아의 감정을 다른 대상에 옮겨서 표현하는 수법이 감정 이입입니다. 독자가 서정적 자아의 정서를 더욱 실감나게 느끼게 하는 대상물이 객관적 상관물입니다. 감정 이입의 대상물은 인간적 감정이 이입되어 행동하기 때문에 의인화되는 때가 많습니다. 그중 '운다'는 행위가 대표적이지요. 이에 비해 객관적 상관물은 의인화와 무관하게 사용될 때가 많습니다. 감정 이입은 일상생활에서도 자주 발생합니다. 드라마나 영화를 보면서 우는 사람들 꽤 있지요? 주인공의 삶에 자기의 감정을 이입시켰기 때문입니다. 즉 예술 작품을 대할 때 작품과 우리 자신을 동일시한 결과입니다.

감정 절제 2

　'감정을 절제한다'는 것은 감정을 겉으로 드러내지 않는다는 뜻입니다. 혹은 감정을 약하게 표현한다는 말입니다. 감정을 절제했다 혹은 그렇지 않다를 구분하는 절대적인 기준은 없습니다. 다만, 감정을 절제할 때 자주 쓰는 방법이 몇 가지 있습니다.

　첫째, 감탄사 사용을 줄이는 방법입니다. 감탄사는 말하는 사람의 감정을 직접 드러낼 때 즐겨 사용합니다. '아!', '오오~' 처럼요. 이런 말을 쓰지 않으면 감정이 절제됩니다. 예컨대 "아! 기쁘다."라고 말할 것을 "기쁘다."고만 말합니다. 정지용의 「유리창」은 서정적 자아가 아들을 잃은 아버지이지만 작품 내내 감정을 절제하다가, 마지막 행에 감탄사 '아!'를 사용함으로써 참았던 감정을 드러냅니다.

　둘째, 감정을 표출하는 말을 쓰지 않습니다. 슬프다, 기쁘다, 외롭다 같은 단어를 사용하지 않으면, 독자로서는 필자가 감정을 절제하고 있다는 느낌을 받습니다. 예컨대 "나는 몹시 외롭다."라고 말하기보다는 "오늘은 방이 유난히 넓어 보인다."라고 표현하면 절제된 감정이 느껴지지요.

셋째, 수식어를 생략합니다. 박목월의 「하관」 첫 연을 보면, "관이 내렸다 / 깊은 가슴 속 밧줄을 달아 내리듯"이라고 표현했습니다. 감정이 개입될 만한 틈을 주지 않기 위해 꼭 필요한 단어만 쓰려는 작가의 의도가 보입니다.

⊙ 어두운 내 가슴에 견딜 수 없는 무게로 관이 내렸다.
ⓛ 내 가슴에 관이 내렸다.
ⓒ 관이 내렸다.

세 문장은 똑같은 정보를 전달합니다. 그런데 수식어가 많을수록 화자의 감정이 더 강하게 드러나지요? ⊙보다는 ⓛ에서, 또 ⓛ보다는 ⓒ에서 화자의 감정이 더욱 절제되었습니다. 수식어는 생략하고, '주어 + 서술어' 구조와 같이 필수적인 문장 성분만 쓰는 것도 감정을 절제하는 방법입니다.

넷째, 반복적인 표현을 자제합니다. 김지하는 「타는 목마름으로」에서 같은 단어, 같은 표현을 반복함으로써 서정적 자아의 감정을 고조시키는 수법을 사용했습니다. "살아오는 / 되살아오는", "떨리는 / 치떨리는" 같은 표현이 보입니다. 정지용은 「향수」에서 "그 곳이 참하 꿈엔들 잊힐리야"를 다섯 번 반복함으로써 서정적 자아의 간절한 그리움을 드러냈습니다.

공감각적 심상

두 개 이상의 감각을 동시에 제시하는 표현을 '복합감각'이라고 합니다. 복합감각은 여러 감각들이 단지 물리적으로 혼합되어 있는 표현입니다. 예를 들어 볼게요.

술 익는 마을마다 타는 저녁놀. (박목월, 「나그네」)

술이 익는 것은 후각적 심상, 노을이 타는 것은 시각적 심상입니다. 그런데 이 표현에서 후각은 후각대로 시각은 시각대로 따로 존재합니다. 두 개의 감각이 서로에게 옮겨 가지는 않았습니다. 이를 더 확실하게 파악하는 방법은 두 개의 감각 중 어느 하나를 지워 보는 것입니다. 둘 중 어느 한쪽 감각을 제거해도 시행이 주는 의미, 느낌이 달라지지 않으면 복합감각입니다. 예컨대 "술 익는 마을"만으로도, "타는 저녁놀"만으로도 하나의 의미, 느낌이 전달되지요.

이에 비해 '공감각적 심상'은 하나의 감각이 다른 감각으로 옮겨 가는 것입니다. "분수처럼 흩어지는 푸른 종소리"는 청각인 종 소리를 분수처럼 흩어진다는 시각으로 표현했습니다. 즉 청각이 시각으로 전이(轉移)되었습니다. 이런 것이 공감각적 심상입니다. 공감각적 심상은 두 감각 중 어느 한쪽 감각을 제거하면 원래의 표현과는 완전히 다른 의미, 다른 느낌을 전달합니다. 예를 들어 '분수 같은 종소리'라든가 '분수처럼 흩어지는'으로 바꾸면 느낌 이 완전히 달라지지요.

공감각적 심상을 흔히 'A의 B화'라는 식으로 설명합니다. 즉 A를 B로, A를 B인 것처럼 묘사했다는 표현입니다. 예컨대 "분수 처럼 흩어지는 푸른 종소리"는 종소리를 분수로 묘사했으므로 '청 각의 시각화', 또는 '청각을 시각화했다'라고 말합니다. "향기로 운 님의 말소리"를 따져 볼까요? 말소리를 향기롭다고 했네요. 이 표현은 청각의 후각화, 청각을 후각화했다고 말합니다.

고교생들에게 많이 알려진 공감각적 심상을 정리했습니다.

매운 계절의 채찍에 갈겨 (이육사, 「절정」, 미각의 촉각화)

해설피 금빛 게으른 울음을 우는 곳 (정지용, 「향수」, 청각의 시각화)

흔들리는 종소리의 동그라미 속에서 (정한모, 「가을에」, 청각의 시각화)

금으로 타는 태양의 즐거운 울림 (박남수, 「아침 이미지」, 시각의 청각화)

향기로운 님의 말소리 (한용운, 「님의 침묵」, 청각의 후각화)

피부의 바깥에 스미는 어둠 (김광균, 「와사등」, 시각의 촉각화)

꽃처럼 붉은 울음을 밤새 울었다. (서정주, 「문둥이」, 청각의 시각화)

자욱한 풀벌레 소리 발길로 차며 (김광균, 「추일서정」, 청각의 시각화 / 촉각화)

오우버 자락에 / 구수한 할머니의 옛 얘기를 싸고 (김용호, 「눈 오는 밤에」, 청각의 촉각화)

관조적 **4**

관조는 주관을 배제하고 대상을 차근차근 살펴본다는 의미입
니다. 관조적인 태도가 잘 드러나 있는 박목월의 〈청노루〉를 같이
읽어 볼까요.

청(靑)노루

머언 산 청운사(靑雲寺)
낡은 기와집

산은 자하산(紫霞山)
봄눈 녹으면

느릅나무
속잎 피어나는 열두 굽이를

청노루

맑은 눈에

도는
구름

  서정적 자아는 자기의 주관을 드러내지 않고, 청노루를 중심으로 대상인 자연을 바라보았습니다. 산과 기와집, 느릅나무, 구름 등이 그의 눈에 보이는 대상들입니다. 서정적 자아는 이런 대상을 향해 이렇다 저렇다 말하는 대신 다만 고요한 마음으로 그윽이 바라보고 있을 뿐입니다.

   불교에서 '사물이나 이치를 지혜의 빛으로 꿰뚫어 봄'을 의미하던 이 말이 문학을 비롯한 예술 세계에서는 '감각 기관을 통하여 미(美)를 직접 지각함'이란 의미로 사용됩니다.

근경近景과 원경遠景   **5**

'원경'은 멀리 보이는 경치 혹은 멀리서 보는 경치를 말합니다. 반면 '근경'은 가까이 보이는 경치 혹은 가까이서 보는 경치를 의미합니다. 시인은 대상을 바라보는 시선을 원경에서 근경으로, 근경에서 원경으로 이동시키는 기법으로 대상을 드러내기도 합니다.

정지용의 「향수」에서는 시선의 변화가 시상을 지배하고 있습니다. 동네 전체에서 방 안으로, 다시 마을 전체로, 그리고 마지막 연에서 집 안으로 들어오는 변화가 엿보이니까요. 조지훈의 다른 시 「마을」을 함께 읽어 볼까요?

메밀꽃 우거진
오솔길에

양(羊) 떼는 새로 돋은
흰 달을 따라간다.

늴리리, 호드기가 없어서
소 치는 아이는

잔디밭에 누워
하늘을 본다.

산 너머로 흰 구름이
나고 죽는 것을

목화(木花) 따는 색시는
잊어버렸다.

원경과 근경을 구분하는 절대적인 기준은 없습니다. 다만 근경은 가까이에서 바라보는 모습이기 때문에 대상의 세밀한 부분까지 묘사됩니다. 원경은 대상을 멀리서 보는 모습이기 때문에 대상의 범위가 넓고, 대상의 세밀한 부분보다는 전체적인 모습이 그려집니다.

「마을」을 둘러보세요. 맨 처음 1, 2연에서는 양 떼 같은 구름이 흘러가는 하늘의 모습(원경)을 제시하고, 3연부터는 시선을 땅으로 돌려서 소 치는 아이와 목화 따는 색시의 모습(근경)을 묘사했습니다.

「청노루」를 다시 보면 "맑은 눈에 도는 구름"이라는 구절이 있지요? 서정적 자아는 노루의 눈 안에 구름이 담겨 있는 것을 바라보았습니다. 이 시 역시 원경에서 근경으로 시선을 이동했다고 볼 수 있습니다.

김광균의 「외인촌」, 김상옥의 「사향」, 박두진의 「도봉」도 원경에서 근경으로 좁혀지는 시선 변화를 통해 시상을 전개했습니다.

반면, 아래에 인용하는 송순의 시조는 시선을 집 안에서 집 주변으로 옮겨 갔습니다. 즉 시선을 근경에서 원경으로 옮기는 작품입니다.

십 년을 경영하여 초가삼간 지어내니
나 한 칸 달 한 칸 청풍 한 칸 맡겨 두고
강산은 들일 데 없으니 둘러 두고 보리라.

내재율 ✼ 외형률

시는 형식을 기준으로 크게 '자유시'와 '정형시'로 나뉩니다. 정형시는 형식이 일정한 시이기 때문에 겉으로 드러나는 운율이 있습니다. 이 운율을 외형률(외재율)이라고 합니다. 시조는 외형률을 설명하기에 매우 알맞은 자료입니다.

오백 년 도읍지를 필마로 돌아드니
산천은 의구하되 인걸은 간데없다.
어즈버 태평연월이 꿈이런가 하노라.

이 작품을 읽다 보면 한 장(章)이 크게 둘로 나뉘고, 그 둘은 또 다시 각각 둘로 나뉘는 특성을 느낄 수 있습니다. 그래서 한 장마다 네 토막으로 읽는 것이 자연스럽습니다. 이렇게 겉으로 드러난 운율이 외형률, 외재율입니다.

이에 비해 시의 운율이 겉으로 드러나지 않고 글 속에 담긴 것을 내재율이라고 합니다. 자유시는 정형시와 달리 운율이 겉으로 드러나지는 않지만, 시를 읽어 봄으로써 운율을 느낄 수 있습니다. 이것이 내재율입니다.

시의 운율을 외형률 / 내재율로 나눌 때 정형시의 운율을 일러 외형률이라고 하고, 자유시의 운율을 일러 내재율이라고 하기도 합니다. 자유시는 정형적 형태에서 벗어나 있기는 하지만 운율이 사라진 것은 아닙니다. 자유시는 내재율을 가지고 있지요. 박두진의 「해」의 첫 연을 볼까요.

해야 솟아라. 해야 솟아라. 말갛게 씻은 얼굴 고운 해야 솟아라. 산 넘어 산 넘어서 어둠을 살라 먹고, 산 넘어서 밤새도록 어둠을 살라 먹고, 이글이글 앳된 얼굴 고운 해야 솟아라.

앞서 살펴본 시조와는 달리 이런 자유시는 형태가 일정하지 않습니다. 그러나 이 작품을 소리 내어 읽어 보면 운율을 느낄 수 있어요. "해야 솟아라. / 해야 솟아라. / 말갛게 씻은 얼굴 / 고운 해야 솟아라." 저절로 이렇게 읽히지요. 이것이 내재율입니다. 소설 문장이나 신문 기사를 읽을 때는 이와 같은 운율감이 느껴지지 않습니다.

🧒 내포 ※ 외연　　7

내포(內包, intension)

개념이 적용되는 범위에 속하는 여러 사물이 공통으로 지니는 필연적 성질의 전체.

외연(外延, extension)

일정한 개념이 적용되는 사물의 전 범위. 이를테면 금속이란 개념에 대해서는 금, 은, 구리, 쇠 따위이고 동물이라고 하는 개념에 대해서는 원숭이, 호랑이, 개, 고양이 따위이다.

즉, 개념의 '내포'와 '외연'은 반대 관계입니다. 구체적인 예를 보면 쉽게 알 수 있습니다.

㉠ $\{x \mid x$ 는 10의 약수$\}$

㉡ $x = 1, 2, 5, 10$

위의 ㉠과 ㉡에서 말하는 x 는 똑같습니다. 그런데 ㉠은 x 의 속성이고, ⓛ은 x의 범주입니다. 이때 ㉠을 x의 내포, ⓛ을 x의 외연이라고 합니다.

내포와 외연은 반비례합니다. 예컨대 위의 ㉠에 내포를 첨가해서 'x는 10의 약수이면서 짝수'라고 하면 이에 해당하는 외연은 'x=2, 10'만 남습니다. 즉 내포가 증가하면 외연은 감소합니다. '내포', '외연'과 비슷한 의미를 지닌 단어를 정리하면 다음과 같습니다.

   ㉢ 외연적 = 객관적 = 사전적 = 명시적
   ㉣ 내포적 = 주관적 = 함축적 = 암시적

㉢은 언어가 사전적인 의미로 쓰이는 것을 말합니다. 주로 신문 기사나 논설문 등에서 정보를 전달할 때 사용됩니다. ㉣은 언어가 사전적 의미를 넘어서는 새로운 의미를 전달하여 정서적 효과를 일으키는 것을 가리킵니다. 주로 문학 작품의 언어가 ㉣에 해당합니다. ㉢과 ㉣은 반의어입니다. 시 언어는 함축적인 의미를, 뉴스의 언어는 사전적인 의미를 주로 사용합니다.

내포는 위에서 설명한 내용 이외로 쓰이는 경우가 있습니다. 이때 '내포'는 '어떤 성질이나 뜻 따위를 속에 품음'을 의미합니다. 예컨대 "시에 내포된 서정적인 정서", "그의 글은 복합적인 의미를 내포하고 있다." 등과 같이 사용됩니다. '내포'라는 말을 보면 일단 어떤 의미로 사용되었는지 잘 따져 보아야 합니다.

대위법

대위법은 원래 음악의 작곡 기법 중 하나입니다. 전혀 다른 느낌을 주는 선율을 동시에 연주함으로써, 각각의 선율이 전달하는 느낌은 그대로 살리는 동시에 이질적인 선율이 동시에 연주되는 데서 오는 새로운 느낌을 전달하는 방법입니다.

이런 방법은 미술에서도 나타납니다. 빨강이나 파랑을 각각 놓아두는 것과 이들을 함께 제시하는 방법은 전혀 다른 효과를 냅니다. 이 두 가지 색을 함께 제시하면 각각의 색깔이 주는 고유한 느낌은 그대로 살리면서 상반된 색깔이 어우러지는 데서 생기는 색다른 느낌을 줄 수 있을 테니까요.

그렇다면 문학에서는 대위법을 어떤 방법으로 구현할 수 있을까요? 잘 알려진 다음 표현을 눈여겨보세요.

밤에 홀로 유리를 닦는 것은
외로운 황홀한 심사이어니

외로움과 황홀함은 성격이 전혀 다른 정서입니다. 만약 "외로운 황홀한 심사"를 "외롭고 황홀한 심사"라고 표현했다면, 외로움과 황홀함이 따로 느껴질 거예요.

그런데 시적 자아는 이 둘을 나란히 제시함으로써 자식을 잃은 비통한 마음을 그대로 표출하는 대신 감정을 극도로 절제했습니다. 자식을 가슴에 묻은 외로움과 환영으로나마 그 자식을 대하는 황홀함이 절묘한 조화를 이루고 있습니다. 이런 것이 감정의 대위법입니다.

대화체 ❋ 독백체

'-체'는 '-의 형식으로 되어 있다'는 뜻입니다. 대화체는 두 사람 이상이 말을 주고받는 형식입니다. 대화체가 되려면 화자와 청자가 분명하게 드러나야 합니다. 김영랑의 「독을 차고」에는 '나'와 '벗'의 대화가 나옵니다. 친구는 나에게 그 독을 그만 흩어 버리라고 하고, 나는 친구를 해칠지 모른다고 위협합니다.

그런데 작품 중에는 타인에게 말을 건네는 형식(대화체)으로 되어 있지만, 청자가 누구인지 분명하게 드러나지 않은 작품도 있습니다. 한용운의 「알 수 없어요」는 서정적 자아가 누군가에게 여러 번 질문하는 형식이지만 청자가 누구인지 분명하지 않습니다. 이런 것을 '대화체적 독백'이라고 부르는 사람들도 있습니다. 일반적으로 이런 작품들도 대화체로 봅니다.

송수권의 「산문에 기대어」는 서정적 자아가 '누이'에게 말을 건네는 형식입니다. 그런데 그 누이는 죽은 사람입니다. 죽은 사람과 대화를 나누는 것은 불가능합니다. 하지만 각 연의 첫 행에 누이에게 말을 건네는 내용이 뚜렷하게 나타나므로 이런 것도 대화체에 포함하는 쪽이 자연스럽습니다.

 즉 두 명 이상이 말을 주고받는 형식인 대화체의 상대어입니다. 독백체에는 화자와 청자의 역할이 나타나지 않습니다. 그리고 누군가에게 묻는 게 아니라 자기 혼자의 생각을 드러냅니다. 서정시는 대부분 독백체 형식입니다. 김영랑의 「내 마음을 아실 이」가 그 대표적인 예입니다.

망부석 설화 **10**

신라 초기 내물왕이 즉위한 지 36년 경인(庚寅, A. D. 390)에 일본이 사신을 보내어 말하기를, 앞으로 침략하지 않는다는 표시로 왕자 한 사람을 보내 달라고 하므로, 셋째 아들 미해(美海)를 보냈더니 돌려보내지 않았다. 또 눌지왕 때에 고구려가 화친한다는 이름 아래 왕자 보해(寶海)를 보내 달라고 하므로 부득이 하여 눈물을 머금고 보냈더니, 역시 돌려보내지 않았다. 이에 눌지왕은 아우 둘을 남의 나라에 두고 눈물이 마를 날이 없었다.

이를 안 박제상(朴堤上)은 고구려로 가서 보해를 구해냈다. 다시 일본으로 왕의 동생 미해를 데리러 간 박제상이 왕자를 구출했지만 자신은 돌아오지 못했다.

왜왕에게 환심을 산 후 미해를 신라로 귀국시킨 박제상은 붙잡혀 고문을 당하게 되었다. 이때 왜왕이 박제상에게 미해를 빼돌린 이유를 묻자 제상은 자신은 신라의 신하지 왜왕의 신하가 아니라고 하였다. 그러자 왜왕이 왜국의 신하라 한다면 상을 주겠다고 하였지만 제상은 차라리 신라의 개나 돼지가 될지언정 왜국의 벼슬과 녹은 받지 않겠다고 거절한다.

제상은 왜왕에게 다리 가죽을 벗기고 갈대 위를 걷는 형벌, 뜨거운 쇠

위에 세워 놓는 형벌 등을 받고, 결국은 불태워 죽임을 당하였다. 그의 아내는 자녀를 데리고 치술령에 올라가 일본을 바라보며 박제상을 기다리다가 돌이 되었다. 뒤에 사람들은 그녀를 치술령의 신모(神母)로 모시고, 이를 소재로 지은 노래가 「치술령곡」이다.

우리나라에 널리 전해지는 망부석 설화입니다. 망부석(望夫石 [바랄 망, 지아비 부, 돌 석])은 정조를 굳게 지키던 아내가 멀리 떠난 남편을 기다리다 그대로 죽어 화석이 되었다는 전설적인 돌, 또는 아내가 그 위에 서서 남편을 기다렸다는 돌입니다. 이 이야기는 오늘날에도 중요한 소재로 사용됩니다. 망부석 설화를 빌려온 작품으로 김소월의 「초혼」, 조지훈의 「석문」이 있습니다.

그리고 아내가 남편을 기다리며 부른 노래를 '망부가'라고 합니다. 「정읍사」는 백제 시대의 망부가로 그 내용이 현재까지 전해집니다. 「치술령곡」, 「선운산가」 역시 망부가인데, 아쉽게도 내용은 전해지지 않습니다.

목가적 ✳ 전원적 ✳ 토속적 ✳ 향토적 11

> **목가적** │ 농촌처럼 소박하고 평화로우며 서정적인. 또는 그런 것.

목가는 목동들이 부르는 노래입니다. 목동이라면 시골에 살겠지요. 그리고 그런 시골 마을은 한가롭고 평화로운 곳입니다. 이런 특징을 '목가적'이라고 합니다.

> **전원** │ 논과 밭이라는 뜻으로, 도시에서 떨어진 시골이나 교외(郊外)를 이르는 말.

시골이나 교외의 분위기를 자아내는 것을 '전원적'이라고 합니다.

> **토속적** │ 그 지방에만 특유한 풍속을 닮은. 또는 그런 것.

지방에 여행을 가 보면 곳곳에 토속 음식점이 있지요? 그곳에서는 다른 지방에는 없고 그 고장에서만 먹는 음식을 팝니다. 이처럼 특정 지방의 독특한 정취, 풍속을 '토속적'이라고 합니다. 예컨대 "영변에 약산"은 '영변'이라는 특수한 지명이 나타나므로 토속적 정취를 느끼게 합니다.

요즈음은 서울 같은 도시에서 태어나는 사람이 많습니다. 하지만 예전에는 도시가 드물고 시골이 많았습니다. 그렇기 때문에 '고향'이라고 하면 시골의 정취가 먼저 생각나게 마련입니다. 그리고 이런 특성을 '향토적'이라고 합니다.

결론적으로 말하자면, 위의 단어들은 의미가 매우 유사합니다. 단지 '목가적'이라고 하면 우리나라보다는 서양 분위기가 나네요. 예컨대 알퐁스 도데(Alphonse Daudet)가 쓴 「별」은 매우 목가적인 이야기입니다. 주인공이 목동인 때문이겠지요. 하지만 이 작품을 읽는 한국인이 향토적인 정서를 느끼지는 않습니다. 알프스 산맥이 고향인 한국인은 거의 없을 테니까요.

서울은 대도시입니다. 결코 시골이 아니지요. 서울에는 시골의 정취가 없습니다. 서울은 '향토적'과는 거리가 멉니다. 하지만 다른 지역에는 없는데 서울에만 있는 음식이나 놀이 등이 존재합니다. 이들이 토속적인 요소입니다. 이런 방법으로 '토속적'과 '향토적'의 차이를 구별해 보세요.

묘사 ✳ 비유 12

학생 옆에 매우 잘 생긴 남자가 있다고 가정해 볼까요. 특히 눈이 커다란 미남이라고 해 두지요. 이 사람을 직접 본 적 없는 다른 사람에게 이 미남에 대해 말하고 싶을 때, 눈이 크고 얼굴이 하얗고 운운하면서 외모를 표현할 수 있겠네요. 그런가 하면 이렇게 말할 수도 있고요.

"그는 장동건이야."

만약 이렇게 말했다면, 말을 듣는 사람의 마음속에 이 미남이 어떻게 생겼는지가 쉽게 떠오를 거예요. 이렇게 표현하는 것을 비유라고 합니다. 즉 원래 표현하려는 대상(미남)을 다른 대상(장동건)을 빌려서 표현하는 것이지요. 이때 미남을 원관념, 장동건을 보조관념이라고 합니다. 비유는 원관념과 보조관념이 있어야 성립합니다.

그런데 이 미남의 생김새를 구체적으로 표현해 볼까요. 예컨대 이렇게 말이에요.

"그는 눈매가 매우 서글서글해서 보기만 해도 착하게 살아야겠다는 생각이 들게 만들어. 더구나 그의 살갗을 보면 어찌나 하얀지 혹 병으로 고생하는 것은 아닌가 싶기도 해. 하지만 근육질의 완강한 팔뚝이 이런 걱정을 씻어 주지."

위의 표현에는 보조관념이 없습니다. 하지만 주로 감각을 이용하여 그 미남을 표현했네요. 이런 방법을 묘사라고 합니다. 묘사는 대상을 구체적으로 표현하는 것입니다.

⇒60p 「상징＊은유」 참고

반어 ✳ 역설   13

1_반어(反語, irony)

그리스 희극에는 아이론(Eiron, 능청 떠는 사람)이라는 인물이 등장합니다. 아이론은 자기 생각을 분명하게 드러내지 않고 숨기거나 바보처럼 행세하면서 허풍쟁이 등장인물 알라존(Alazon)을 골탕 먹이는 역할을 맡습니다. 영어 '아이러니'(Irony)나 프랑스어 '이로니'(Ironie)는 바로 이 인물의 명칭에서 갈라져 나온 말입니다. '반어'의 핵심은 주장(속마음, 표현 의도)과 사실(표현 결과)이 상반된다는 것입니다.

「진달래꽃」의 시적 자아는 "말없이 고이 보내 드리오리다"라고 말합니다. 겉에 드러난 표현만 보면 그는 이별을 수긍하는 게 분명합니다. 그런데 이 말은 '보내 드릴 수 없다, 보내 드리지 않겠다'는 마음의 표현입니다. 즉 반어적 표현이라고 볼 수 있습니다.

한용운은 「알 수 없어요」에서 의문문을 여러 차례 사용했습니다. "~하는 것은 누구의 무엇입니까"의 형식으로 묻고, 그것을 알 수 없다고 말했습니다. 하지만 사실은 그 "누구"가 '임'(절대자)이라는 것을 강조하려는 의도로 볼 수 있습니다. 이렇게 보았을

때, 이 표현 역시 반어입니다

반어는 일상생활에서도 자주 사용됩니다. 가령 크다고 해야 할 것을 작다고 하거나, 마음이 통하는 친구에게 '원수'니 '적'이니 하는 것이 반어입니다. 학생이 지각을 했더니 담임선생님께서 "참 빨리도 왔다."고 말씀하신 적 있지 않나요? 선생님들은 반어의 일 인자들이십니다.

반어는 소설의 등장인물 이름, 소설 제목에서도 자주 발견됩니다. 「감자」의 "복녀"는 이름과는 달리 매우 불행한 삶을 살다가 죽습니다. 「화수분」의 주인공 "화수분"은 재물이 많아서 아무리 써도 줄어들지 않는다는 뜻입니다. 하지만 그는 가난 때문에 죽는 인물이지요. 「운수 좋은 날」도 반어적인 제목입니다.

2_역설(paradox)

'역설'(paradox)은 para(초월하다, 뛰어넘다)와 doxa(통념, 의견, 상식)가 결합된 말입니다. 즉 통념, 상식에서 벗어난 말을 가리킵니다. 겉으로 보기에는 불합리하지만 그 안에 어떤 진실이나 교훈이 담겨 있을 때, 역설이 나타납니다. 밀턴(John Milton)은 『실낙원』(Paradise Lost)에서 하나님을 묘사하면서 "당신의 옷자락은 어두우면서도 눈부시게 빛납니다."라고 했습니다. 역설적 표현이지요. "님은 갔지마는 나는 님을 보내지 아니하였습니다."라는 표현은 겉으로 보기에는 불합리합니다. 임이 간 것과 내가 임을 보내지 않은 것은 동시에 일어날 수 없습니다. 이 진술은 표면적으로는 모순입니다. 그러나 이 문장은 임을 향한 끊임없는 구도(求道)의 자세를 강조한 것입니다. 한용운 시인은 이 표현으로 역설의 특징을 분명하게 보여 주었습니다.

역설도 일상생활에서 자주 사용됩니다. "지는 게 이기는 거

다.", "급할수록 돌아가라.", "아이는 어른의 아버지다.", "공공연
한 비밀" 같은 말이 모두 역설입니다.

　우리 시문학에서 자주 인용되는 역설을 정리해 볼까요.

　아아, 님은 갔지마는 나는 님을 보내지 아니하였습니다. (한용운, 「님의 침묵」)

　이것은 소리 없는 아우성 (유치환, 「깃발」)

　찬란한 슬픔의 봄 (김영랑, 「모란이 피기까지는」)

　겨울은 강철로 된 무지갠가 보다. (이육사, 「절정」)

　네 이름의 외로운 눈부심 위에 (김지하, 「타는 목마름으로」)

　행복했던 사나이 괴로운 예수 그리스도 (윤동주, 「십자가」)

　외로운 황홀한 심사이어니 (정지용, 「유리창」)

3_반어와 역설은 어떻게 구별할까?

　반어는 반어가 쓰인 상황과 관련지어 파악해야 합니다. 어떤
여자가 내게 "미남이에요."라고 말했다면, 그것은 표현과는 다른
속뜻(?)을 담고 있을 가능성이 높습니다. 예컨대 옷가게 주인이
옷을 팔려고 속마음과는 다르게 저렇게 말하기도 하잖아요? 이것
은 반어입니다. 그런데 그 말을 한 사람이 내 아내라면, 즉 진심으
로 미남이라고 생각해서 한 말이라면, 이것은 착각일 수는 있어도
반어는 아닙니다.

　역설은 그 말 자체에서 논리적 모순이 발생합니다. "이것은 소
리 없는 아우성", "찬란한 슬픔의 봄", "외로운 황홀한 심사" 등의
표현은 이미 논리적으로 불합리합니다. 그러므로 역설인지 아닌
지를 판단할 때는 말의 의미 자체가 모순인지 아닌지 생각해 보아
야 합니다.

　아직도 역설과 반어를 구별하기 힘든가요? 이런 학생들을 위해

서, 실제 작품을 대상으로 좀 더 설명해 볼게요.

작품 분석 1
김소월 「먼 후일」

먼 훗날 당신이 찾으시면
그 때에 내 말이 '잊었노라.'

당신이 속으로 나무리면
'무척 그리다가 잊었노라.'

그래도 당신이 나무리면
믿기지 않아서 '잊었노라.'

오늘도 어제도 아니 잊고
먼 훗날 그 때에 '잊었노라.'

서정적 자아는 "당신"을 몹시 그리워하는 사람입니다. 마음속에 늘 당신을 간직한 채 살아갑니다. 그는 당신을 "먼 훗날 그 때에"도 잊을 수 없다고 말합니다. 하지만 그것은 먼 훗날에나 일어날 일이기 때문에 현재로서는 단정적으로 말할 수 없습니다. 그런데도 먼 후일에나 생길 일을 "잊었노라"고 과거형으로 표현했습니다. 미래의 일을 과거의 일로 말하는 것은 논리적 모순입니다. 그러므로 역설입니다. 화자는 자신의 그리움을 역설적으로 표현함으로써 먼 훗날까지도 그대를 잊지 않겠다는 마음을 절절하게 전달합니다.
작품 전체에 깔린 역설에도 주목해 봅시다. 임이 내 곁에 없는

‘어제’와 ‘오늘’에는 임을 잊지 않았는데, 정작 임이 찾아올 때는 오히려 임을 잊어버렸을 거라는 게 중심 내용입니다. 이 내용은 분명히 모순적이지요. 화자는 이렇게 역설을 사용하여 자신의 그리움을 한국인의 가슴속에 영원히 남을 그리움으로 승화시켰습니다.

작품 분석 2
신경림 「농무」

징이 울린다 막이 내렸다
오동나무에 전등이 매어달린 가설무대
구경꾼이 돌아가고 난 텅 빈 운동장
우리는 분이 얼룩진 얼굴로
학교 앞 소줏집에 몰려 술을 마신다
답답하고 고달프게 사는 것이 원통하다
꽹과리를 앞장 세워 장거리로 나서면
따라붙어 악을 쓰는 건 쪼무래기들뿐
처녀애들은 기름집 담벽에 붙어 서서
철없이 킬킬대는구나
보름달은 밝아 어떤 녀석은
꺽정이처럼 울부짖고 또 어떤 녀석은
서림이처럼 해해대지만 이까짓
산구석에 처박혀 발버둥친들 무엇하랴
비료값도 안 나오는 농사 따위야
아예 여편네에게나 맡겨 두고
쇠전을 거쳐 도수장 앞에 와 돌 때
우리는 점점 신명이 난다
한 다리를 들고 날라리를 불거나

고갯짓을 하고 어깨를 흔들거나.

학생들은 신경림의 「농무」에 나오는 "쇠전을 거쳐 도수장 앞에 와 돌 때 / 우리는 점점 신명이 난다"는 표현이 반어인지 역설인지 몹시 궁금해 합니다. 이 표현을 반어라고 생각하는 학생을 많이 보았어요.

이 표현에 '겉으로 드러난 모순'은 없습니다. 도수장 앞에 와서 신명난다는 게 표면적으로는 하나도 이상하지 않습니다. 사람이 도수장이나 논두렁이나 장터 등 장소를 가려 가면서 신명을 내는 건 아니니까요. 하지만 작품 내부를 좀 더 들여다보아야 합니다. 도수장은 도살장입니다. 살아 있는 소가 그곳에 들어가면 죽어서야 나옵니다. 조금 어렵게 말해 보겠습니다. 도수장은 삶과 죽음이 공존하는 공간입니다. 도수장은 삶에서 죽음으로 건너가는 다리 역할을 합니다. 말하자면 도수장은 삶과 죽음의 중간적 공간입니다.

도수장의 이런 상징성을 "우리"와 연관시켜 보면 이 시가 지닌 울림을 체험하게 됩니다. 이 작품의 "우리"는 살아도 사는 게 아닌 사람들입니다. 비료값도 안 나오는 농사를 지으면서 답답하고 고달프게 사는 것을 원통해 하는 농민들입니다. 차라리 죽는 것만 못한 삶을 사는 사회적 약자들입니다. 즉 이들은 삶과 죽음의 중간적 상태에 놓여 있는 존재들입니다.

그러므로 "우리"가 도수장 앞에 와 돌 때 원통함이 고조됩니다. 우리들이 사는 이 세상이 마치 도수장처럼 생각되어 억울함이 북받칩니다. 이때 억울하다는 것과 신명이 난다는 것은 논리적으로 모순이 되지 않을까요? 물론 모순이 금방 눈에 띄지는 않습니다. 이 시의 역설은 "소리 없는 아우성"이랄지 "찬란한 슬픔의 봄"의 역설과는 분명히 다릅니다. 하지만 원통함이 고조되었을 때 신명

 이 작품은 작품 내적인 모순을 담고 있습니다.

학생들 중에는 이 시의 표현이 반어가 아니냐고 묻기도 합니다. 반어라고 해석한다면, 실제로는 신명이 나지 않는데 겉으로는 신명이 난다고 말하는 셈입니다. 그리고 이런 해석은 작품에 드러난 상황에 적합한 측면도 있어 보입니다.

그러나 '반어'로 이해하게 된다면 이 작품의 주제 의식이 너무 약화됩니다. 즉 이 작품은 단지 신명이 안 나는데 신명이 난다고 반어적으로 고백한 수준에서 그치고 맙니다. 그리고 그런 차원에 머물렀다면 "민중들의 생활과 밀착된 언어를 통해서 민중의 건강성을 드러내는" 수작의 반열에 들지 못했겠지요. 이 작품은 우리의 정서·한·울분·고뇌 등이 깔려 있는 농촌의 여러 가지 현상을 구체적으로 파헤친 걸작입니다. 특히 결말 부분은 '우리'가 겪는 고통과 이 모순적인 현실을 딛고 일어서는 생명력을 확연하게 보여 줍니다.

 # 분절체

14

'분절체' 형식이란 시가 몇 개의 마디로 나뉘어 있다는 뜻입니다. 다른 말로 분연체, 분장체라고 합니다. 8연으로 구성된 고려가요 「청산별곡」 같은 작품이 분절체 형식입니다. 이런 시는 보통 각 연마다 하나의 내용을 담고 있습니다. 그러나 내용을 나누는 기준을 별도로 설정하지는 않습니다. 시간이나 공간의 이동, 또는 정서의 흐름에 따라 마디가 나뉩니다. 그러므로 각 작품의 분절 기준을 따로 외울 게 아니라 각 작품에서 마디의 내용이 어떤 식으로 다른지 이해하는 게 좋습니다.

대표적인 분절체 형식이 고려가요입니다. 「사모곡」, 「상저가」 같은 작품을 제외하면 대부분이 분절체 형식입니다. 또한 여러 개의 평시조로 이루어진 연시조도 분절체 형식입니다.

15

산문시 * 서사시

'산문시'는 시를 형식에 따라 분류한 결과입니다. 산문시는 일반적인 시의 모습에서 벗어나 행과 연을 구별하지 않습니다. 마치 산문처럼 기록했다고 해서 산문시라고 부릅니다. 김관식의 「석상의 노래」, 조지훈의 「봉황수」 등이 산문시입니다.

벌레 먹은 두리기둥 빛 낡은 단청(丹靑) 풍경 소리 날러간 추녀 끝에는 산새도 비둘기도 둥주리를 마구 쳤다. 큰 나라 섬기든 거미줄 친 옥좌(玉座) 위엔 여의주(如意珠) 희롱하는 쌍룡(雙龍) 대신에 두 마리 봉황새를 틀어 올렸다. 어느 땐들 봉황이 울었으랴만 푸르른 하늘 밑 추석을 밟고 가는 나의 그림자. 패옥(佩玉) 소리도 없었다. 품석(品石) 옆에서 정일품(正一品) 종십품(從十品) 어느 줄에도 나의 몸 둘 곳은 바이 없었다. 눈물이 속된 줄을 모를 양이면 봉황새야 구천(九天)에 호곡(呼哭)하리라.

(조지훈, 「봉황수」)

하지만 박두진의 「어서 너는 오너라」는 6연으로 되어 있으므로 자유시입니다.

복사꽃이 피었다고 일러라. 살구꽃도 피었다고 일러라. 너이 오오래 정드리고 살다 간 집, 함부로 함부로 짓밟힌 울타리에, 앵두꽃도 오얏꽃도 피었다고 일러라. 낮이면 벌떼와 나비가 날고 밤이면 소쩍새가 울더라고 일러라.

다섯 묻과, 여섯 바다와, 철이야, 아득한 구름 밖 아득한 하늘가에, 나는 어디로 향해야 너와 마주 서는게냐. (박두진, 「어서 너는 오너라」)

그런데 한 가지 주의할 게 있습니다. 산문시라고 해서 일정한 운율감이 없는 것은 아닙니다. 운율이 겉으로 드러나지 않을 뿐입니다. 위의 「봉황수」도 찬찬히 읽어 보면 일정한 가락을 느낄 수 있을 거예요. 이런 것을 내재율이라고 합니다.

⇒33p 「내재율＊외형률」 참고

서사시는 시를 성격에 따라 분류한 결과입니다. 일반적으로 시는 서정적 자아의 정서를 노래합니다. 이에 비해 ==서사시는 어떤 사건을 독자들에게 전달하는 데 주력합니다. 서사(敍事)에는 사건이 있고, 그것을 전달하는 서술자가 등장합니다.== 서사의 대표적 장르는 소설입니다. 하지만 시 중에서도 이런 요건을 충족시키는 시가 있어 이를 서사시라고 부릅니다.
서사시는 산문시일 수도 있고 그렇지 않을 수도 있습니다. 김동환의 「국경의 밤」은 길이가 매우 긴 서사시지만 산문시는 아닙니다. 일반적으로 서사시는 장중한 문체를 써서 심각한 주제를 다루는데, 민족의 운명과 직결된 위대한 인물이 중심을 이룹니다. 그런 이유에서 「국경의 밤」은 서사시가 아니라, 이야기가 담긴 서정시라고 주장하는 학자도 있습니다.

상이한 해석 16

한 작품을 두고 설명하는 내용이 서로 다르다거나 선생님들마다 작품을 다르게 설명하면 적잖이 당황스럽지요? 무슨 큰일이 난 것 같기도 할 테고요.

문학 작품을 해석할 때에는 사전적인 의미가 아니라 함축적인 의미를 파악합니다. 사전적인 의미로 해석한다면 모든 사람이 똑같이 해석할 게 분명합니다. 하지만 함축적인 의미로 이해하기 때문에 평자마다 해석이 다를 수 있는 것입니다.

예를 들어 "가을"을 사전에서 찾아보면, 일 년 사계절 중에서 세 번째 계절이라고 풀이해 놓았습니다. 그러나 문학 작품에서 가을을 이런 의미로만 해석하는 사람은 없어요. 어떤 사람은 가을을 풍요로운 결실의 계절로 봅니다. 그런가 하면 또 어떤 사람은 낙엽이 떨어지는 쓸쓸한 계절로 받아들입니다. 이 두 사람은 "가을"의 함축적인 의미를 해석하여 상반된 풀이를 하고 있고 그 근거들은 각각 타당합니다. 이것이 바로 문학을 문학답게 하는 특성입니다.

한 작품을 두고 서로 다르게 해석하는 선생님 두 분을 만난 수험생의 심정을 나도 잘 압니다. 나도 학생이었을 때는 이런 문제 때문에 골머리를 앓았습니다. 이런 어려움은 국어교사가 된 지금도 마찬가지입니다.

이런 문제로 어려움을 겪는 학생들에게 해줄 수 있는 말은 하나뿐입니다. 문학은 그 특성상 서로 다르게 해석하는 게 자연스러운 현상입니다. 김수영의 「풀」은 민중의 강인한 생명력을 노래한 작품으로 평가받습니다. 그런데 어떤 사람은 이 작품이 "서로 다른 경험이 뒤섞이게 마련인 삶의 본질을 표현"했다는 전혀 다른 해석을 내립니다. 황동규 시인, 오세영 시인이 이렇게 해석하는 분들이지요. 박남수의 「새」에는 문명 비판 의식이 들어있다고 해석하는 게 일반적입니다. 하지만 어떤 교수님은 "절대 순수에 이르려다가 좌절하게 되는 예술가의 비극적 운명을 그린 작품"으로 해석합니다. 김광섭의 「성북동 비둘기」에서 "비둘기"가 무엇을 표상하는지에 관해서도 학자마다 견해가 다릅니다. 평생 시를 쓰고 문학을 가르치는 분들이 이렇듯 확연히 다르게 해석하시는 건 왜일까요. 문학은 문학이기 때문입니다.

만약 똑같은 수학 문제를 두고 두 분 선생님께서 서로 다른 답을 내놓으셨다면, 두 분 중 한 분은 틀렸습니다. 아니면 두 분 모두 잘못 풀이하셨을 수 있어요. 그런데 문학에서는 그런 일이 자연스럽게 자주 일어납니다.

"그러면 도대체 우리 같은 수험생더러 어쩌라는 건가요?" 이렇게 하소연하고 싶은가요? 이런 때는 어느 해석이 맞는 것이냐고 묻기보다는, 어떤 점에서, 무엇을 근거로 그렇게 달리 해석하는가에 관심을 가져야 합니다. 그래야 문학 작품을 읽어내는 안목이 높아지거든요.

그리고 한 가지 분명한 사실이 있어요. 한 작품에 대한 상이한 두 가지 해석을 선택지 ①번, ②번으로 동시에 제시하는 문제는 출제되지 않습니다. 오답 시비를 피해야 하니까요.

　서로 다른 두 가지 해석이 각각 무엇을 근거로 했는지 살펴보는 것이 바람직한 국어영역 공부 방법입니다. 문제가 어떤 식으로 출제되든 정확하게 해결하고 싶다면 평소에도 이런 공부를 해야 합니다. 학생도 충분히 이런 문제를 해결할 능력을 기를 수 있으리라 믿습니다. 해석의 근거를 살펴야 한다는 것, 잊지 마세요.

1_상징

'상징'(象徵, symbol)은 그리스어 symballein(to put to-gether, 짝 맞추다)에서 나온 말입니다. 짝을 맞추려면 적어도 두 가지 요소가 있어야 합니다. 두 요소의 속성을 각각 제대로 이해하고 그것이 어떻게 생겨났는가를 차분하게 살펴야 상징을 파악할 수 있습니다.

우선 상징의 한끝은 현상의 세계가 아닌, 눈으로 볼 수 없는 세계, 정신의 세계입니다. 상징은 정신의 세계를 눈으로 볼 수 있는 세계로, 즉 감각의 세계, 물질의 세계로 바꾸어 내는 기법입니다. 예를 들어 '기독교', '희생' 등의 정신적 세계를 눈에 보이는 '십자가'로써 표현하는 방법입니다.

상징에는 세 가지 종류가 있습니다.

① 관습적 상징(제도적 상징, 인습적 상징)
이미 되풀이해 사용되었기 때문에 그 의미 내용이 널리 알려진 상징입니다. 예컨대 '비둘기'는 평화를 상징하고, '십자가'는 기

독교를 상징하고, '국화'는 절개를 상징합니다. 태극기는 한국을, 교표는 여러분의 학교를 상징합니다.

② 개인적 상징(문학적 상징, 창조적 상징)

시인이나 작가 개인이 작품 속에서 창조한 상징입니다. 서정주의 「국화 옆에서」에 나오는 "국화"는 젊은 날의 방황을 거친 후 도달한 원숙한 삶의 경지를 상징합니다. 유치환의 "깃발"은 한 개인의 본질적인 열망을, 이상의 "날개"는 모순적인 현실에서의 탈출을 상징합니다.

③ 원형적 상징

현실 또는 문학에서 끊임없이 반복되는 기본적 상징입니다. 문학에서 '물'은 죽음이나 재생을 상징합니다. '불'은 원시적인 욕망과 파괴 혹은 정열적인 사랑을 상징합니다.

⇒83p 「원형적 심상 ※ 문화적 심상」 참고

2_은유

은유는 시를 공부할 때 가장 먼저 공부해야 하는 개념입니다. 은유가 있기 때문에 시가 시다워지는 것입니다. 아래 설명을 차근차근 읽어 보세요.

'은유'(隱喻, metaphor)는 meta(너머로)와 pherein(가져가다)의 합성어입니다. 은유는 한 사물이 다른 하나의 사물로 '넘겨가져가' 지거나 옮겨져서 서술되는 표현 기법입니다. 이때 한 사물을 원관념(tenor), 그것을 표현하기 위해 빌려 온 사물을 보조관념(vehicle)이라고 합니다.

여러분, 자동차 바퀴를 생각해 보세요. 바퀴 가운데에 동력이 전달되는 축이 있습니다. tenor가 이 중심축의 이름입니다. 그런가 하면 바퀴에는 원 모양인 테두리가 있습니다. vehicle은 이 테두리를 가리킵니다. 자동차는 엔진에서 나오는 힘이 tenor에 전달되고, 이것이 움직임에 따라 바퀴가 굴러서 자동차가 도로 위를 움직입니다. 만약 누군가가 여러분에게 바퀴를 주면서 먼 곳으로 옮겨 놓으라고 하면, 어떻게 하겠어요? 바퀴를 어깨에 짊어지고 갈까요? 아니면 굴리면서 갈까요? 당연히 굴려서 가는 게 편하지요.

그런데 바퀴를 굴릴 때 중심축과 테두리 중 어디에 손을 델까요? 설마 중심축을 힘겹게 돌리면서 가는 사람은 없을 겁니다. 바퀴를 땅 위에 세우고 테두리를 굴리면 쉽게 움직일 테니까요. 원관념과 보조관념은 이런 관계를 이룹니다.

He was a better target for a kiss.

스티븐 스펜더(Stephen Spender)가 지은 「왕의 최후 수단」(Ultima Ratio Regum)의 한 구절입니다. 위 문장을 그대로 해석하면 '그는 키스하기에 가장 알맞은 과녁(대상)이었다.' 입니다. 사람인 '그'(He)가 '과녁'일 수는 없지요. 그런데 여기 나오는 '그'는 과연 누구일까요. 그는 전쟁 중에 전사한 소년 병사입니다. 그는 얼마 전까지만 해도 가족들에게 귀엽다고 키스를 받기에 가장 적합한 대상이었는데 전쟁에 끌려 나왔습니다. 소년병이니까 전쟁터에서 살아남는 데 필요한 전투 기술을 충분히 익히지 못했습니다. 그 결과, 적병이 쏜 총에 목숨을 잃게 된 것이고요.

이 표현은 키스나 총알이 모두 그의 몸에 와서 '닿는다'는 공통점에 착안했습니다. 그러니까 위 은유는 '그는 예전에는 가족들의 키스를 받기에 적합한 아이였지만, 지금은 전쟁에 끌려 나와 결국

적군이 쏘는 총의 과녁이 되었다.'는 뜻을 담고 있습니다. 키스나 총알이나 모두 우리 몸에 와서 닿는 것입니다. 이처럼 은유는 원 관념과 보조관념 간의 유사성, 공통성을 기반으로 합니다. 이 하 나의 은유만으로도 전쟁이 가져다주는 참혹함이 절실하게 느껴지 지 않나요? 은유라는 표현 기법에는 이런 위력이 들어 있습니다.

학생은 '낙엽'이라는 말을 들었을 때 어떤 느낌, 생각을 갖게 되나요. 가을날의 쓸쓸함을 떠올리는 사람이 많을 겁니다.

㉠ 나는 지금 쓸쓸해.
㉡ 내 마음은 낙엽이야.

㉠은 자기 마음을 직접 드러낸 문장입니다. 이에 비해 ㉡은 쓸 쓸한 자기 마음을 표현하는 데 가장 적절한, 그리고 상대방도 쉽게 이해할 수 있는 사물 "낙엽"을 보조관념으로 빌려 온 표현입니다.

㉢ 내 마음은 솜사탕이야.

이렇게 말하는 사람은 ㉡처럼 말한 사람과는 다른 마음을 지니 고 있지 않을까요? 문학에서의 은유는 이런 식으로 구현됩니다.
이제까지 설명한 '은유'를 이해했다면, 학생 나름대로 은유를 만들어서 친구에게 선물해 보세요. 핸드폰 문자 메시지 보관함이 훨씬 아름다워질 거예요.

⇒ 45p 「묘사 ＊ 비유」 참고

3_은유와 상징의 차이는 무엇일까?

 말하자면 원관념 하나에 보조관념도 하나입니다.

이에 비해 즉 보조관념은 하나지만 그 원관념은 여럿일 수 있어요. 이상화의 「빼앗긴 들에도 봄은 오는가」에서 봄은 일 년 사계절 중의 하나인 봄〔春〕, 우리나라의 독립, 서정적 자아가 원하는 바람직한 상태 등 여러 가지를 표현합니다. 즉 상징입니다.

반면 "불황이 계속되던 우리 경제에 바야흐로 봄이 찾아온다."는 보조관념 '봄'으로 '호황'을 표현한 은유입니다.

서사적 ＊ 서정적 18

먼저 서사적인 특성이 두드러진 시 한 편을 함께 봅시다. 서정주의 「신부」입니다.

신부는 초록 저고리 다홍치마로 겨우 귀밑머리만 풀리운 채 신랑하고 첫날밤을 아직 앉아 있었는데, 신랑이 그만 오줌이 급해져서 냉큼 일어나 달려가는 바람에 옷자락이 문 돌쩌귀에 걸렸습니다. 그것을 신랑은 생각이 또 급해서 제 신부가 음탕해서 그 새를 못 참아서 뒤에서 손으로 잡아당기는 거라고, 그렇게만 알고 뒤도 안 돌아보고 나가 버렸습니다. 문 돌쩌귀에 걸린 옷자락이 찢어진 채로 오줌 누곤 못 쓰겠다며 달아나 버렸습니다.

그러고 나서 40년인가 50년이 지나간 뒤에 뜻밖에 딴 볼일이 생겨 이 신부네 집 옆을 지나가다가 그래도 잠시 궁금해서 신부방 문을 열고 들여다보니 신부는 귀밑머리만 풀린 첫날밤 모양 그대로 초록 저고리 다홍치마로 아직도 고스란히 앉아 있었습니다. 안쓰러운 생각이 들어 그 어깨를 가서 어루만지니 그때서야 매운 재가 되어 폭삭 내려앉아 버렸습니다. 초록 재와 다홍 재로 내려앉아 버렸습니다.

 그리고 사건이 일어나려면 '배경', '인물', '시간'이 필요합니다. 이 작품에서 배경에 해당하는 표현과 인물을 쉽게 찾을 수 있지요? 시간적 배경은 신혼 첫날밤이고, 등장인물은 신부와 신랑입니다. 이 작품은 한 순간의 오해와 신랑의 섣부른 판단 때문에 신부가 한을 간직한 채 삶을 마감한 사건을 이야기하고 있습니다. '서사적'이라는 특성을 이해하기 어렵다면 이런 식으로 등장인물과 배경을 설정할 수 있는지 따져 보세요.

시는 대부분 서정시입니다. 서정시는 개인의 정서를 펼치는 갈래입니다. 서정시는 구체적인 배경을 설정할 수 없는 경우가 많고, 일반적으로 서정적 자아를 제외한 다른 사람은 등장하지 않습니다. 요약하자면 황동규의 「즐거운 편지」를 함께 볼까요.

I

내 그대를 생각함은 항상 그대가 앉아 있는 배경에서 해가 지고 바람이 부는 일처럼 사소한 일일 것이나 언젠가 그대가 한없이 괴로움 속을 헤매일 때에 오랫동안 전해 오던 그 사소함으로 그대를 불러 보리라.

II

진실로 진실로 내가 그대를 사랑하는 까닭은 내 나의 사랑을 한없이 잇닿은 그 기다림으로 바꾸어 버린 데 있었다. 밤이 들면서 골짜기엔 눈이 퍼붓기 시작했다. 내 사랑도 어디쯤에선 반드시 그칠 것을 믿는다. 다만 그 때 내 기다림의 자세를 생각하는 것뿐이다. 그동안에 눈이 그치고 꽃이 피어나고 낙엽이 떨어지고 또 눈이 퍼붓고 할 것을 믿는다.

　서정적 자아가 어디에 있는지, 무엇을 하는 사람인지 파악하기
가 쉽지 않습니다. 게다가 서정적 자아를 제외한 다른 사람의 이
야기는 전혀 나타나지 않습니다. 이 시는 '그대'를 생각하면서 자
기 사랑도 언젠가는 그치게 될 거라는 사실을 빌려서, 삶이 지닌
유한함 그리고 그 한계를 응시하는 서정적 자아의 내면 상태를 표
현했을 뿐입니다. 이것이 서정시입니다.

선경후정 先景後情

자연 풍광을 먼저 말하고, 그 뒤에 서정적 자아의 정서를 드러내는 기법입니다. 예컨대 두보의 「춘망」(春望)을 보면 '선경'은 "나라가 망하니 산과 강물만 남아 있고 / 성 안의 봄에는 풀과 나무만 무성하구나"입니다. 앞 두 행은 나라가 멸망한 뒤의 쓸쓸한 봄날 광경을 노래했습니다. 이어서 "시절을 애상히 여기니 꽃까지 눈물을 흘리게 하고 / 이별하였음을 슬퍼하니 새조차 마음을 놀라게 한다."라고 화자의 정서가 드러납니다. '후정'입니다.

선경과 후정을 나누는 특별한 기준은 없습니다. 내용을 보면서 경치를 표현한 부분과 화자의 정서를 나타낸 부분을 구분하면 됩니다.

선경후정은 의미를 기준으로 나누는 개념이니까 분량과 직접적으로 연관되지는 않습니다. 다만 한문으로 창작된 시는 행의 개수가 짝수이기 때문에 선경 부분과 후정 부분의 분량이 비슷합니다. 또 그렇게 해야 시 전체의 균형감을 유지할 수 있고요. 만약 최치원의 「추야우중」(秋夜雨中)을 선경후정으로 분석한다면 앞의 2행은 선경, 뒤의 2행은 후정으로 볼 수 있습니다.

시상 전개 방식

'시상'(詩想)은 대체로 다음과 같은 의미를 지닙니다.

- 시를 짓는 데 바탕이 된 착상: 시상이 떠오르다.
- 시에 나타난 사상이나 감정: 시상 전개 방식을 파악하다.
- 시적인 생각: 시상에 잠기다.

이 중에서 주로 두 번째 의미가 많이 사용됩니다. 예컨대 시상 전개 방식을 묻는 문제를 자주 볼 수 있지요. 시인이 소재를 나열하여 주제를 형상화하는 과정을 '시상의 전개'라고 합니다. 시상의 전개 방식을 파악한다 함은 시의 특징, 시에 나타난 사상, 주제, 감정을 이해하는 사고에 해당합니다.

시상을 전개하는 구체적인 방법을 몇 가지 살펴볼까요.

1_시간의 흐름
이육사, 「광야」: 과거(1, 2, 3연) → 현재(4연) → 미래(5연)

윤동주, 「서시」: 과거 → 미래 →현재
김광균, 「외인촌」: 저녁 → 밤 → 아침
박남수, 「아침 이미지」: 어둠 → 아침
정지용, 「비」: 비 내리기 직전부터 비 내린 후 여울로 흐르는 시간
정철, 「사미인곡」: 봄 → 여름 → 가을 → 겨울
정학유, 「농가월령가」: 1월 → 12월

2_공간, 시선의 이동

김광균, 「데생」: 노을, 전신주, 고가선, 밤, 구름, 목장 깃발, 능금나무, 들길
김광림, 「산」: 매화 → 노승
김영랑, 「오월」: 근경 → 원경, 낮은 곳 → 높은 곳
박남수, 「마을」: 원경 → 근경
박목월, 「청노루」: 원경 → 근경(내경)
송순, 「면앙정가」: 원경 → 근경

⇒ 30p 「근경과 원경」 참고

3_선경후정: 앞에서 경치를 말하고 뒤에서 정서를 드러내는 방식

김광균, 「오후의 구도(構圖)」
조지훈, 「봉황수」

⇒ 68p 「선경후정」 참고

4_점층적 전개: 시상이 전개될수록 감정이나 의지가 고조되고 강해지는 경우

김수영, 「눈」
김지하, 「타는 목마름으로」
⇒92p 「점층 ※ 점강」 참고

5_**연상 작용**: 하나의 대상에서 이미지를 포착한 뒤, 그 이미지를 또
다른 사물로 연결해 나가는 방식
문덕수, 「선에 관한 소묘1」
전봉건, 「피아노」

6_**기승전결**: 시상 제기 → 시상의 반복 · 심화 → 시적 전환 → 끝맺음
서정주, 「국화 옆에서」
이육사, 「절정」

7_**수미상응(수미쌍관)**: 시의 처음과 끝을 같거나 비슷한 시구로 구
성하는 방식
김소월, 「산유화」
한용운, 「나룻배와 행인」
정지용, 「고향」

시상 집약 **21**

이란 시상을 하나의 대상, 하나의 단어로 응축해서 표현한다는 뜻입니다. 백석 시인의 「남신의주 유동 박시봉방」을 보았는지요. 서정적 자아는 고통스럽게 살아온 자기 삶을 회상하고 그 고통을 견디어 나가겠다는 마음을 다집니다. 그리고 그러한 마음을 "갈매나무"라는 단어에 집약해 놓았습니다. 김소월의 「초혼」에서는 한(恨)이 되어 남은, 임을 향한 간절한 그리움을 "돌"로 응축해 놓았습니다.

시를 독일에서는 dichtung이라고 하는데, 이 단어는 '응축(응결)하다, 침전시키다'는 의미를 지닌 dichten의 명사형입니다. 즉 시는 말을 극도로 압축한 문학입니다. 이런 점에서 시상 집약이야말로 시의 본질적 특성을 잘 드러내는 열매입니다.

⇒ 69p 「시상 전개 방식」 참고

🐢 시적 대상 ✳ 시적 화자 **22**

우리는 일상 세계와 예술 작품 속의 세계를 전혀 별개의 것처럼 생각합니다. 하지만 꼭 그런 건 아닙니다. 화장실의 변기가 예술 작품으로 전시된 적도 있으니까요. 말하자면 사물은 그 자체로 예술이 될 수는 없지만, 그것에 미적인 태도로 접근하는 사람〔예술가〕에 의해서 얼마든지 미적인 대상이 될 수 있습니다. 이런 현상을 시에 국한해서 말할 때 그 대상을 시적 대상이라고 합니다. 즉 시적 대상은 '시인의 미적인 태도에 의해 시에 나타나게 된 대상'을 가리킵니다.

그렇다면 시의 소재와 시적 대상이 어떻게 다른 걸까요? 시에 사용된 자연 상태—시인의 손길이 닿기 전—의 모든 대상은 시의 소재입니다. 즉 시인의 '미적인 태도'가 작용하기 이전의 사물을 소재라고 합니다. 이에 비해 시적 대상은 그 소재에 시의 형식이나 표현 기법 등이 작용하여 표현된 것을 말합니다. 예를 들어 진달래꽃은 산 속에 피는 자연물입니다. 그런데 김소월은 그 꽃을 시에 사용하여(소재), 이별의 아픔을 노래했습니다. 이때의 진달래꽃은 산 속에 아무렇게나 피어 있는 진달래꽃과는 다릅니다. 왜냐하면 시인의 미적인 인식, 태도가 작용한 결과이기 때문입니다. 이런 것을 시적 대상이라고 합니다. 이런 점에서 시에 사용된 인물, 풍경 등은 모두 시적 대상에 포함됩니다. 시인의 감정이나 정서 같은 내면적인 것도 마찬가지입니다.

이번에는 시적 화자를 설명할게요. 일상생활에서 우리에게 말을 건네는 사람이 무척 많지요? 가족과 친구, 학교 선생님 등이 그들입니다. 그런데 우리가 시를 읽다 보면 그 작품 안에서 누군가 우리에게 말을 해 나가는 것을 느끼게 됩니다. 그 인물을 가리켜서 시적 화자라고 합니다. 일상생활에서 말하는 사람을 화자라고 하는 것과 구별해서 '시 안에서 말하는 사람'을 가리키는 것입니다.

시적 화자는 대부분 '나'로 나타납니다. 하지만 그 '나'가 꼭 사람은 아닙니다. 박남수 시인의 「종소리」 중 첫 연을 읽어 볼게요.

나는 떠난다. 청동의 표면에서
일제히 날아가는 진폭의 새가 되어
광막한 하나의 울음이 되어
하나의 소리가 되어

이 작품의 시적 화자는 '종소리'입니다. 따라서 시적 화자는 시인과 동일한 존재가 아니라는 것을 알 수 있습니다. 종소리가 시를 쓸 수 없고, 박남수 시인이 종소리일 리도 없을 테니까요.

어조 23

'어조'는 시에서 제재나 청자, 때로는 자기 자신에 대한 화자의 언어적 태도, 말투를 가리킵니다. 주로 시적 정서와 관련을 맺으며 언어적인 분위기로 나타납니다. 그리고 어조는 시의 분위기를 지배할 뿐만 아니라 시인의 개성을 드러냅니다. 어조를 만드는 몇 가지 요인은 다음과 같습니다.

- 종결어미 : 의문형, 명령형, 감탄형 등
- 시어 선택 : 부드러움, 딱딱함
- 문체의 선택 : 경어체, 기도체
- 감정의 표출 : 남성적, 여성적

운율 – 음수율, 음보율 등 **24**

『표준국어대사전』을 열어 보았습니다.

운율(韻律)
시문(詩文)의 음성적 형식. 음의 강약, 장단, 고저 또는 동음이나 유음
의 반복으로 이루어진다.
운율에 맞추어 시를 낭송하다.

리듬(rhythm)
① 〔음악〕음의 장단이나 강약 따위가 반복될 때의 그 규칙적인 음의 흐름.
② 일정한 규칙에 따라 반복되는 움직임을 이르는 말. '박자감', '흐
름', '흐름새'로 순화.
리듬이 깨지다. / 생활의 리듬을 찾는 시간이 좀 걸린다.
③ 〔미술〕선, 형, 색의 비슷한 반복을 통하여 이루는 통일된 율동감. 즉
농담, 명암 따위가 규칙적으로 반복되거나 배열된 상태를 가리킨다.
'율동'으로 순화.

이제부터 운율을 좀 더 자세하게 공부해 볼까요.

여러분이 수업 시간에 읽어 보았을 정지상의 「송인」을 인용합니다.

雨歇長堤草色多　우헐장제초색다
비 개인 긴 언덕에는 풀빛이 푸른데,

送君南浦動悲歌　송군남포동비가
그대를 남포에서 보내며 슬픈 노래 부르네.

大同江水何時盡　대동강수하시진
대동강 물은 그 언제 다할 것인가,

別淚年年添綠波　별루년년첨록파
이별의 눈물 해마다 푸른 물결에 더하는 것을.

위의 시에서 1, 2, 4행의 끝 글자인 다(多), 가(歌), 파(波)가 운(韻)입니다. 이 중에서 가(歌)는 '노래'를 뜻하는 글자입니다. 그런데 한자 중에는 노래를 뜻하는 글자가 여럿 있습니다. 곡(曲)도 그중 하나이고요. 그런데도 작가가 곡(曲) 대신 가(歌)를 사용한 것은 운을 맞추기 위해서입니다. 다(多), 가(歌), 파(波), 이 세 글자는 모두 평성입니다. 한시는 단지 의미만 고려하는 게 아니라, 성조와 운자를 함께 감안해서 지어야 합니다. 우리가 한자의 성조까지 깊이 공부할 이유는 없으니까, 이런 원리가 있다는 것 정도만 확인해 두고 지나갑시다.

김소월의 「꿈길」은 압운의 묘를 잘 보여 줍니다. 일부분을 읽어 볼까요.

> 물구슬의 봄새벽 아득한 길
> 하늘이며 들 사이에 넓은 숲
> 젖은 향기 붉웃한 잎 위의 길
> 실 그물의 바람 비쳐 젖은 숲

운은 놓이는 자리에 따라 시행의 앞에 오는 두운(頭韻〔머리 두, 운 운〕), 중간 부분에 놓이는 요운(腰韻〔허리 요, 운 운〕), 끝 자리에 사용되는 각운(脚韻〔다리 각, 운 운〕)으로 구분합니다. 위 작품은 각운 '길', '숲'을 이용하여 음악적 효과를 거두었습니다.

이번에는 율(律)을 설명할게요. 율(律, meter, metre)은 소리의 고저(高低), 장단(長短), 강약(强弱) 등이 일정한 간격을 두고 되풀이됨으로써 형성됩니다. 장단은 말의 길고 짧음을 말합니다. 말의 길이 차이를 이용하는 것도 율격을 나타내는 방식 중 하나입니다. 소리의 높낮이를 이용한 음성률(音聲律), 일정한 위치에서 특정한 운이 반복되는 음위율(音位律), 글자 수가 반복되는 음수율(音數律), 한 번 호흡할 동안 띄어 읽는 횟수가 반복되는 음보율(音步律) 등이 있습니다. 이 역시 서양의 시에 주로 나타나지만, 우리말도 장단을 구별하지요.

꿩꿩꿩서방 무얼 먹고 사나. 꿩꿩꿩서방 콩을 먹고 살지.

아무리 읽어 보아도 일정한 율격이 없는 것만 같네요? 그런데 "꿩"을 길게 읽어 보세요. 즉 [꾸엉]으로 말이에요. 그리고 "사나"와 "살지"도 길게 읽어서 [사아나아]와 [사아알지]로 발음해 보세요. 그러면 다음과 같이 읽힙니다.

[꾸엉꾸엉 / 꾸엉서방 / 무얼 먹고 / 사아나아. 꾸엉꾸엉 / 꾸엉서방 / 콩을 먹고 / 사아알지.]

그런데 우리 문학에서는 음의 장단보다는 음의 숫자 즉 자수를 반복함으로써 율적 특성을 드러내는 음수율이 더 두드러지게 나타납니다. 몇 가지 작품을 볼까요.

살어리 살어리 랏다
청산에 살어리 랏다   「청산별곡」 3·3·2조

원순문 인노시 공로사륙
이정언 진한림 쌍운주필   「한림별곡」 3·3·4조

아리랑 아리랑 아라리요
아리랑 고개를 넘어간다   「아리랑」 3·3·4조

7·5조, 4·3조 등 '~조'는 글자 수를 이용한 음수율입니다. 어렸을 때 자주 부른 노래를 다시 불러 볼까요.

학교종이 땡땡땡 어서 모이자

아빠하고 나하고 만든 꽃밭에

태극기가 바람에 펄럭입니다

모두 7·5조입니다. [학교 종이 땡땡땡 / 어서 모이자] 이렇게 7
자 / 5자로 나뉩니다. 이 7·5조는 개화기 이후 일본의 하이쿠〔俳
句〕를 흉내낸 것이라는 비판을 받습니다. 이 비판을 받아들인다면
7·5조를 민요조로 볼 수 없습니다. 그러나 이런 음수율이 근대 이
후에 우리나라 시에서 널리 사용되어 하나의 전통으로 자리 잡았
다는 사실을 부정하기도 어렵습니다.

우리 시가의 운율을 공부할 때 가장 자주 보이는 게 음보율입
니다. 음보(音步〔소리 음, 걸을 보〕)는 시 작품을 읽을 때 적용되는
개념으로 소리의 등장성(等長性〔길이가 같은 특성〕)을 말합니다.
머릿속에 악보를 떠올려 보면, 좀 더 이해하기 쉽습니다. 악보는
'마디'로 구성됩니다. 그런데 각 마디마다 연주할 때 걸리는 시간
이 같아요. 이런 특성이 언어에서는 음보로 나타납니다. 작품을
함께 읽으면서 차근차근 접근해 볼까요?

나 보기가 역겨워
가실 때에는
죽어도 아니 눈물 흘리오리다

이 작품은 흔히 3음보 율격으로 읽습니다. 그러니까 [나 보기가
/ 역겨워 / 가실 때에는]으로 읽습니다. 각 마디를 읽는 시간이 같
다면 당연히 "역겨워"보다는 "가실 때에는"을 좀 더 빠른 속도로
읽어야 합니다. 그리고 조금 쉬었다가 [죽어도 / 아니 눈물 / 흘리
오리다]처럼 읽으면 한 연을 모두 읽게 됩니다. 이런 것이 3음보
율격입니다. 3음보 시는 세 개의 음보를 읽고 한 번 쉬는 식으로
읽습니다.

우리에게 널리 알려진 작품에 음보 개념을 적용해 볼까요.

대동강 / 너븐디 / 몰라서 //
배내여 / 노한다 / 샤공아 //
고려가요 「서경별곡」 3음보

보리밥 / 픗ᄂ몰(=나물)을 / 알마초 / 머근 후에 //
바회긋 / 물가의 / 슬ㅋ지(=실컷) / 노니노라. //
그나믄 / 녀나믄 일이야 / 부럴 줄이 / 있으랴. //
시조 「만흥2」 4음보

남들은 / 자유를 / 사랑한다지마는 // 나는 / 복종을 / 좋아하여요. //
자유를 / 모르는 것은 / 아니지마는 // 당신에게는 / 복종만 / 하고 싶
어요. //
「복종」 3음보

지금은 / 남의 땅 / 빼앗긴 들에도 / 봄은 오는가. //

나는 / 온몸에 / 햇살을 / 받고 //
푸른 하늘 / 푸른 들이 / 맞붙은 / 곳으로 //
가르마 같은 / 논길을 따라 / 꿈 속을 가듯 / 걸어만 간다. //
「빼앗긴 들에도 봄은 오는가」 4음보

해야 솟아라. / 해야 솟아라. // 말갛게 씻은 얼굴 / 고운 해야 솟아라. /
/ 산 넘어 / 산 넘어서 // 어둠을 / 살라 먹고 // 산 넘어 / 밤새도록 // 어
둠을 / 살라 먹고 // 이글이글 / 애띤 얼굴 // 고운 해야 / 솟아라. //
「해」 4음보 혹은 2음보의 중첩

지금까지 공부한 내용을 정리해 볼게요. ‘4·4조 4음보’는 무엇일까요? 네 글자 네 글자로 이루어져 있는데, 같은 길이로 네 마디씩 읽으면 내용이 구별된다는 뜻입니다.

우리 고전문학 작품은 3·4(4·3) 조, 4음보로 된 작품이 많습니다. “강호에 병이 깊어 죽림에 누웠더니”(「관동별곡」), “홍진에 묻힌 분네 이내 생애 어떠한고”(「상춘곡」), “이 몸이 죽고 죽어 일백 번 고쳐 죽어”(정몽주의 시조)가 그 예입니다.

고려가요에서는 3·3·2조 3음보가 자주 나타납니다. [살어리 / 살어리 / 랏다 ∥ 청산에 / 살어리 / 랏다]나 [가시리 / 가시리 / 잇고 ∥ 버리고 / 가시리 / 잇고] 등으로 읽히지요. 이처럼 우리 시가 문학에서 전통적으로 많이 사용해 온 율격을 ‘전통적 율격’ 혹은 ‘민요조의 운율’이라고 합니다.

원형적 심상
문화적 심상

25

1_원형적 심상

'원형'(原型, archetype)의 사전적 의미는 '근본적인 형태'입니다. 오늘날 이 말은 인류가 무의식 속에 공통적으로 지니고 있는 내용물을 뜻합니다. 심층심리학을 주장한 융(Carl Gustav Jung)에 따르면 원형이란 인류의 집단 무의식 속에 유전되는 것, 문학 작품 및 신화, 종교, 꿈, 그리고 개인의 몽상 안에 표현되는 것이라고 합니다.

원형은 시간과 공간, 시대와 나라를 초월하여 반복적으로 혹은 집중적으로 나타나는 이미지입니다. 예컨대 저승 세계를 색깔로 나타낸다면 아마도 검은색이겠지요? 동양인이든 서양인이든 마찬가지일 겁니다. 우리나라 TV 프로그램에서 저승사자는 검은색 도포를 입고 나타납니다. 그런가 하면 "그대를 남겨둔 채 저 쓸쓸한 어둠 속으로 나는 가야 하나요."라고 슬퍼하는 서양시에도 죽음의 세계가 "쓸쓸한 어둠"으로 나타나 있습니다.

동서양의 수많은 이야기에서 '태양'은 정열의 표상으로, '계모'는 나쁜 여자로 나타납니다. 이런 것을 '원형'이라 하고, 이들이 갖는 심상을 '원형적 심상'이라고 합니다. 홍길동이 '서자'로 태어나 왕위에 오르는 이야기도 일종의 원형입니다. 이것은 동서양 신화에서 영웅은 항상 비정상적으로 출생한다는 사실과 일치합니다.

2_문화적 심상

문화적 심상은 어떤 심상이 특정한 문화권 안에서만 지니는 의미입니다.

서정주의 「귀촉도」에 "흰 옷깃 여며 여며 가옵신 임의"라는 표현이 보입니다. 이 시를 영어로 번역했다고 가정해 봅시다. 서양 사람들이 "흰 옷"에 담긴 의미를 이해할까요? 우리 문화에서는 '흰 옷'이 장례 의식을 의미하지만 서양에서는 그렇지 않습니다. 이런 것을 문화적 심상이라고 합니다. 반면 서양인들은 '국화'를 보고 장례의식을 떠올리는 것 같습니다. 청소년 중에서도 서구적인 관념을 지닌 이들은 국화를 보고 '죽음'을 먼저 생각하겠지요. 그런데 동양 문화권에서 국화는 '절개'를 나타냅니다. 이것 역시 문화적 심상의 한 예입니다.

🐛 이미지   26

 '이미지'(image)는 영어이고, 한자어로는 '심상'(心象)이라고 합니다. 이 말의 사전적 의미는 '언어에 의해 재현된 감각적 체험의 표상'입니다. 말이 조금 어렵나요? 좀 더 쉽게 접근해 보겠습니다.

 학생은 '바다'라는 말을 들으면 마음속에 무엇이 떠오르나요? 아마 이런 생각이 나겠지요?

 ㉠ 파란 물, 흰 파도, 갈매기, 배
 ㉡ 파도 소리, 갈매기 울음 소리,
 ㉢ 바다 냄새

 사람들은 같은 '바다'를 생각하면서도 각각 다른 것을 연상합니다. 그중에서도 위의 ㉠은 눈으로 보는 것, ㉡은 귀로 듣는 것, ㉢은 코로 냄새 맡는 것입니다. 좀 더 구체적으로 말하면 ㉠은 시각적 심상, ㉡은 청각적 심상, ㉢은 후각적 심상입니다. 이런 심상들을 정신적 이미지, 또는 감각적 이미지라고 합니다. 이미지를 드러내는 가장 대표적인 방법에는 비유와 상징이 있습니다.

1_비유적 이미지

비유 등의 수사적 표현이나 유추에 의해 표현되는 심상입니다. 시에서 사용하는 심상의 대부분이 여기에 해당합니다. 은유나 직유, 활유, 제유, 환유 등의 여러 가지 비유법이 모두 여기에 해당합니다.

김춘수의 「나의 하나님」에는 "사랑하는 나의 하나님, 당신은 / 늙은 비애다 / 푸줏간에 걸린 커다란 살점이다."라는 은유법이 보입니다.

2_상징적 이미지

상징적 표현에 의해 드러나는 심상입니다. 비유적 심상보다 폭과 깊이가 넓고 깊으며, 대체로 한 작품 속에서 몇 번 반복되면서 시의 분위기를 압축적으로 제시합니다.

이상화의 「빼앗긴 들에도 봄은 오는가」의 "봄"은 광복을 상징합니다.

이미지는 시를 이해하는 데 매우 중요한 요소입니다. 그러므로 깊이 있게 공부해야 합니다. 아래 자료를 잘 읽어 가면서 공부를 더 해 보길 권합니다.

이 용어는 문학 작품에서 어떤 사물을 감각적으로 정신 속에 재생시키도록 자극하는 말을 뜻한다. 따라서 이것은 감각적 요소를 되도록 배제하려는 이성에 호소하는 것이 아니라 감각적 체험과 밀접한 관계를 맺고 있는 상상력에 호소하도록 의도된 것이라고 할 수 있다. 그리고 심상은 추상적 내용에 대한 장식이나 설명이 아니라 작품의 형성에 참여하는 본질적 요소로서 인정되어 현대 비평에서 매우 중시되는 개념이다.

그러나 문학에서 이 용어는 매우 광범위하고 다양하게 쓰이는데, 크게 다음 세 가지로 나누어 정리해 볼 수 있다. 첫째는 가장 넓은 의미로서, 문학 작품에서 축어적 묘사나 비유의 보조관념들에 의해서 언급된 감각적 지각의 모든 대상과 그 특성을 의미하는 것이다. 둘째는 좁은 의미로 생생하고 상세한 시각적 대상이나 장면들의 묘사만을 가리키는 경우다. 그리고 셋째는 가장 흔히 사용되는 경우로서, 독자의 감각적 재생을 만들어 주는 주된 언어적 표현인 비유의 보조관념을 의미한다. 이런 용법은 신비평에서 심상을 시의 필수적인 구성 요소로, 그리고 시의 의미와 구조, 효과들을 파악하는 주요 단서로서 강조한 것에서 연유한다.

 ‘임’ * ‘님’

27

임과 님은 어떤 차이가 있는 말일까요? 사전에서 그 의미를 찾아봅시다.

⌄ 님
(사람의 성이나 이름 다음에 쓰여) 그 사람을 높여 이르는 말. ‘씨’ 보다 높임의 뜻을 나타낸다.
홍길동 님 / 길동 님 / 홍 님

⌄ 님
① (직위나 신분을 나타내는 일부 명사 뒤에 붙어) ‘높임’ 의 뜻을 더하는 접미사.
사장님 / 총장님
② (사람이 아닌 일부 명사 뒤에 붙어) ‘그 대상을 인격화하여 높임’ 의 뜻을 더하는 접미사.
달님 / 별님 / 토끼님 / 해님

◇ 님
① '임1'의 옛말.
② '주인'(主人)1의 옛말.

이번에는 '임'을 찾아볼까요?

◇ 임
사모하는 사람.
임을 그리는 마음 / 임을 기다리다. / 임을 못 잊다. / 임과 이별하다.

위 사전에서 알 수 있듯 사랑하는 사람은 '임'이라고 써야 합니다. 사랑하는 사람을 가리키는 '님'은 '임'의 옛말입니다. 오늘날에는 사용하지 않습니다. 그러나 한용운 시인이 쓴 「님의 침묵」은 작품 제목, 즉 고유명사입니다. 이럴 때는 「님의 침묵」이라고 쓰는 것도 허용됩니다.

장별 배행 시조
구별 배행 시조

28

오백 년 도읍지를 필마로 돌아드니
산천은 의구하되 인걸은 간 데 없다.
어즈버 태평연월이 꿈이런가 하노라.

고시조는 위와 같이 초장(初章), 중장(中章), 종장(終章)을 한 행으로 삼습니다. 즉 "오백 년 ~ 돌아드니"가 초장입니다. 이렇게 한 장을 한 행으로 처리하는 방식을 장별 배행 시조라고 합니다.

이에 비해 현대시조는

둥기둥 줄이 울면
초가삼간 달이 뜨고

목메어 흐느끼면
꽃잎도 떨리는데

손 닿자 애절히 우는
서러운 내 가얏고여.

이렇게 표현하는 기법을 쓰기도 합니다. 이때는 한 구(句)가 한 행입니다. 그렇기 때문에 구별 배행 시조라고 합니다. 구 2개가 모여 한 장이 됩니다. 위의 작품을 장별 배행 시조로 표현하면 아래와 같습니다.

둥기둥 줄이 울면 초가삼간 달이 뜨고
목메어 흐느끼면 꽃잎도 떨리는데
손 닿자 애절히 우는 서러운 내 가얏고여.

29

점층 ✳ 점강

'점층'은 시상이 전개 과정에서 점점 넓어지고, 커지고, 강해지는 표현 방식입니다. 그러한 구조를 '점층적 확장 구조'라고 부릅니다. 점층적 확장 구조는 간단한 문장을 앞에 제시하고, 시상을 전개해 가면서 문장을 점차 확장해 나갑니다. 구체적인 예를 들어 설명하는 게 좋겠네요. 김수영의 「눈」의 첫 연을 볼까요.

눈은 살아 있다.
떨어진 눈은 살아 있다.
마당 위에 떨어진 눈은 살아 있다.

3행으로 되어 있네요. 1행을 보면 '주어 + 서술어'의 단순한 구조입니다. 그런데 2행은 수식어 "떨어진"이 붙어 문장이 확대되었고, 3행은 "마당 위에"가 덧붙어 더욱 확장되었습니다. 이런 것이 점층적 확장 구조입니다.

점층적으로 시상을 강조하는 작품을 하나 더 볼까요. 김지하의 「타는 목마름으로」의 두 번째 연을 인용합니다.

아직 동트지 않은 뒷골목의 어딘가
발자욱 소리 호르락 소리 문 두드리는 소리
외마디 길고 긴 누군가의 비명 소리
신음 소리 통곡 소리 탄식 소리 그 속에 내 가슴팍 속에
깊이깊이 새겨지는 네 이름 위에
네 이름의 외로운 눈부심 위에
살아오는 삶의 아픔
살아오는 저 푸르른 자유의 추억
되살아오는 끌려가던 벗들의 피묻은 얼굴
떨리는 손 떨리는 가슴
떨리는 치떨리는 노여움으로 나무판자에
백묵으로 서툰 솜씨로
쓴다.

"그 속에 내 가슴팍 속에"라든가 "살아오는 저 푸른 자유의 추억 / 되살아오는 끌려가던 벗들의 피묻은 얼굴", 그리고 "떨리는 손 떨리는 가슴 / 떨리는 치떨리는 노여움으로"와 같이 점층적인 표현을 이용하여 서정적 자아의 정서를 강조했습니다. 우리가 이 작품을 읽는 동안 민주주의를 향한 강렬한 열망을 절감하게 되는 것도 이 표현 기법이 내는 효과입니다.

점강법은 점층법과 반대로 표현하는 기법입니다.

도련님 가시는 것을 바라보니 가는 대로 적게 뵌다. 이만큼 보이다가 저만큼 보이다가 달만큼 별만큼 나비만큼 불티만큼 망중고개 넘어 아주 깜박 사라지니 그림자도 안 뵈네그려. (「춘향가」)

🐸 중의법 30

'중의적' 표현을 설명합니다. 먼저, 시조를 한 수 보아 주세요.

수양산 바라보며 백이(伯夷)와 숙제(叔齊)를 한하노라.
차라리 굶어 죽을지언정 고사리를 캐먹었다는 것인가.
비록 풀일지라도 그것이 누구의 땅에서 생겨났는가.

성삼문이 지었다는 시조입니다. 시인은 중국 사람들이 지조를 지킨 인물이라고 자랑하는 "백이와 숙제"마저도 비판적인 관점에서 바라보는 매서운 기개를 보여 줍니다. 수양산은 백이와 숙제가 부당한 왕이 지배하는 세상에서는 살지 않겠다며 들어가 은둔했던 산입니다. 그런데 이 시조의 "수양산"은 그 산의 이름이자, 단종을 폐위시킨 수양대군을 의미하기도 합니다. 이와 같이 한 단어가 두 개 이상의 의미로 사용될 때 이를 중의적 표현이라고 합니다.

청산리(青山裏) 벽계수(碧溪水)야 수이 감을 자랑 마라
일도창해(一到滄海)ᄒ면 다시 오기가 어려오니

94

명월(明月)이 만공산(滿空山)ᄒ니 쉬여 간들 엇더리.

　초장의 "벽계수"는 푸른 시냇물을 뜻하는 동시에, 이 작품의 배경 설화에 등장하는 남자를 가리킵니다. 또 종장의 "명월"은 밝은 달인 동시에, 이 작품을 쓴 황진이의 기명(妓名〔기생 기, 이름 명〕)입니다.
　이 작품을 사전적인 의미로만 이해하면, "푸른 시냇물은 한번 바다로 흘러가면 산으로 돌아오지 못하는 법이니 보름달이 밝은 때 쉬었다가 흘러갑시다." 이런 뜻이 됩니다. 반면에 중의적인 표현으로 해석하면 "이봐요 벽계수 씨, 사람은 한번 늙으면 다시 젊어지지 못하는 법이니 나 명월이가 여기 있을 때 쉬어 간들 어떻겠어요." 이렇게 풀이됩니다. 화자인 황진이는 중의법을 사용하여 청자인 벽계수를 절묘하게 조롱했습니다.

 직유법

  내가 근무하는 서울 중앙여고 학생들은 나보고 "고릴라같이 생겼다."고 말하곤 해요. 학생들이 나를 표현하려고 나와 비슷하게 생긴 동물을 빌려 왔습니다. 이럴 때 원래 표현하려는 대상(김권섭)을 원관념이라고 하고, 그 원관념을 표현하기 위해 빌려 오는 대상(고릴라)을 보조관념이라고 합니다.

  원관념과 보조관념을 '처럼', '인 듯', '인 양', '~같이' 등의 매개어로 연결짓는 비유법을 직유법이라고 합니다. 직접 비유한다는 뜻이지요. 정지용은 직유법을 애용한 시인입니다. 그는 "아아, 너는 산새처럼 날아갔구나", "바다가 이리떼처럼 짖으며 온다", "하늘이 함폭 나려 앉어 / 큰악한 암탉처럼 품고 있다"와 같이 무생물인 원관념에 동물인 보조관념을 연결함으로써 동적인 이미지를 그려냈습니다. 여러분에게 널리 알려진 김영랑의 「돌담에 속삭이는 햇발같이」도 직유법이 돋보입니다.

  돌담에 속삭이는 햇발같이
  풀 아래 웃음 짓는 샘물같이

내 마음 고요히 고운 봄길 위에
오늘 하루 하늘을 우러르고 싶다.

새악시 볼에 떠오르는 부끄럼같이
시의 가슴에 살포시 젖는 물결같이
보드레한 에메랄드 얇게 흐르는
실비단 하늘을 바라보고 싶다.

하지만 '~한 듯'이라는 말이 나타난다고 해서 모두 직유법은 아닙니다.

지혜는 병이 다 나은 듯했다.

이 문장에서는 원관념과 보조관념의 관계를 설정할 수가 없습니다. 이런 것은 직유법이 아니라 말하는 사람의 추측을 담은 문장입니다. 직유법은 원관념과 보조관념이 분명히 나타나 있고, 그 둘이 '인 듯', '처럼', '같이' 등의 매개어로 연결되어 있는 수사법이라고 기억하세요.

통사 구조 반복 32

'통사'를 『표준국어대사전』에서 찾아보았습니다.

∨ 통사(統辭)

생각이나 감정을 말로 표현할 때 완결된 내용을 나타내는 최소의 단위.
주어와 서술어를 갖추고 있는 것이 원칙이나 때로 이런 것이 생략될 수
도 있다. 문장의 끝에 '.', '?', '!' 따위의 마침표를 찍는다. '철수는 몇
살이니?', '세 살.', '정말?' 따위이다.

통사는 단어가 아니라 문장 단위를 말합니다. 즉 '통사 구조 =
문장 구조'인 셈입니다. 예를 들어, 천상병의 「귀천」은 3연으로 되
어 있는데, 각 연의 첫 행에 "나 하늘로 돌아가리라"가 반복됩니
다. 이런 것을 두고 '동일한 통사 구조를 반복'했다고 합니다.

🐷 함축적 의미   **33**

"내 짝 길동이는 돼지예요."

학생이 옆 친구에 대해 위와 같이 설명했다고 가정해 봐요. '돼지'를 사전에서 찾아보면, "멧돼짓과의 포유동물. 몸무게는 200~250킬로그램이며, 다리와 꼬리가 짧고 주둥이가 뾰죽하다. 잡식성으로 온순하며 건강하다. 임신 4개월 만에 8~15마리의 새끼를 낳는다."고 나와 있어요. 이런 의미를 지시적 의미, 사전적 의미, 객관적 의미라고 합니다.

그렇다고 해서 학생 어머니가 저 말을 들으시고는 '아, 우리 아이 짝은 몸무게가 200킬로그램이 넘고, 다리와 꼬리가 짧겠구나.' 하고 생각하시지는 않을 겁니다. 아마 '길동이는 매우 비만한가 보다.' 이렇게 판단하겠지요. 아니면 '길동이가 좀 미련한 사람인가 보다.' 고 짐작할 것입니다. 이처럼 겉으로 드러나지 않은 속성과 관련된 의미를 비유적 의미, 주관적 의미, 혹은 함축적 의미라고 합니다. 시어는 대체로 함축적 의미로 사용됩니다.

🐢 환유 ✳ 제유

1_환유

'환유'(換喻, metonymy)는 meta(change, 변화)와 onoma (name, 이름)의 합성어인데, 사물의 이름이 그 사물과 관련된 다른 어떤 것을 대신하기 위하여 전이되는 방법입니다.

은유법이 유추 작용을 통하여 유사성을 찾아내는 수사법이라면, 환유법은 인접성에 따른 수사법입니다. 이때의 인접성은 공간적, 시간적, 인과적 인접성을 말합니다. 그리고 인접성은 '속성', '특성'과도 밀접히 연관되는 개념입니다.

신동엽의 「껍데기는 가라」를 읽어 볼까요.

껍데기는 가라.
4월도 알맹이만 남고
껍데기는 가라.

껍데기는 가라.
동학년 곰나루의, 그 아우성만 살고

껍데기는 가라.
그리하여, 다시
껍데기는 가라.
이곳에선, 두 가슴과 그곳까지 내논
아사달 아사녀가
중립의 초례청 앞에 서서
부끄럼 빛내며
맞절할지니

껍데기는 가라.
한라에서 백두까지
향그러운 흙가슴만 남고
그, 모오든 쇠붙이는 가라.

"4월"은 4·19 혁명을, "한라에서 백두까지"는 우리나라를 의미합니다. 전자는 시간적으로, 후자는 공간적으로 인접성을 지녔습니다. 이런 것을 환유라고 합니다. "청와대가 발표했다.", "할리우드가 발칵 뒤집혔다."는 표현도 환유이고요.

2_제유

'제유'(提喩, Synecdoche)의 어원은 Synekdechesthai(함께 받아들이다)입니다. 제유는 어떤 것의 일부분으로 그 전체를 대신하는 표현 방법입니다. 제유법 또한 환유법과 마찬가지로, 인접성이나 논리적 연관성에 기초하여 부분과 전체의 관계를 나타냅니다. 그렇기 때문에 환유법이나 제유법은 의미가 같은 의미 영역이나 개념 안에서 전이됩니다.

몇 년 전 아시아에 몰아닥친 금융위기 이후 해외 두뇌 유출이 심각하다. 그는 그 일에 손톱 하나 까딱하지 않았다.

한울은 사람에 의지하고 사람은 먹는 데 의지하나니, 만사를 안다는 것은 밥 한 그릇을 먹는 이치를 아는 데 있느니라. 사람은 밥에 의지하여 그 생성(生成)을 돕고 한울은 사람에 의지하여 그 조화(造花)를 나타내는 것이니라. (최시형, 「천지부모」)

신체의 일부분인 "두뇌"로 '사람'을, "밥 한 그릇"으로 '음식' 을 대신했네요. 이런 것이 제유법입니다.

⇒243p 「수사법」 참고

활유법 ✳ 의인법 35

'활유법'은 무생물을 생물인 것처럼, 감정이 없는 것을 감정이 있는 것처럼 표현하는 수사법입니다. '의인법'은 무생물이나 동물에 인간적 속성을 부여하는 표현 방법입니다. 의인법과 활유법의 차이는 인간적인 특성이 나타났는가 그렇지 않은가에 있습니다. 활유법에서는 반드시 인간적인 속성을 부여해야 하는 것은 아닙니다. 이해를 돕기 위해 아래 작품을 함께 볼까요.

> 산은 사람들과 친하고 싶어서
> 기슭을 끌고 마을로 들어오다가도
> 사람 사는 꼴이 어수선하면
> 달팽이처럼 대가리를 들고 슬슬 기어서
> 도로 험한 봉우리로 올라간다. (김광섭, 「산」)

산이 사람이 사는 꼴이 마음에 들지 않아서 다시 산봉우리로 올라가는 일이 일상 세계에서 일어나지는 않습니다. 그러나 문학적 수사로는 얼마든지 가능합니다. 이것은 산에게 인간적 속성을 부여한 표현입니다. 즉 의인법을 사용했습니다. 하지만 "달팽이처럼 대가리를" 드는 게 인간만이 지닌 특성은 아닙니다. 살아 움직이는 생물이라면 어느 것이나 다 그런 행동을 합니다. 이처럼 무생물인 산을 생물에 견주는 표현 방법이 활유법입니다.

의인화되는 대상이 사물에만 제한되지는 않습니다. 추상화된 관념도 의인화의 대상이 됩니다. 조지훈의 「병에게」에서는 병을 "자네"라고 부르며 의인화했고, 김남조는 「봄에게」에서 봄을 해마다 빈손으로만 다녀가지만 참 어여쁘게도 생긴 사람으로 표현했습니다. 학자에 따라서는 의인법을 활유법의 한 부분으로 보기도 합니다.

⇒ 243p 「수사법」 참고

후렴, 조흥구, 여음　36

　이 단어들을 『표준국어대사전』에서 찾아보았습니다(➕으로 표시한 내용은 내가 간단히 덧붙인 설명입니다).

후렴(後斂)

① 시(詩)의 각 절 끝에 되풀이되는 같은 시구.

② 노래 곡조 끝에 붙여 같은 가락으로 되풀이하여 부르는 짧은 몇 마디의 가사.

➕ 「청산별곡」의 "얄리 얄리 얄라성 얄라리 얄라"처럼 각 연의 마지막에 사용됩니다.

조흥구(助興句)

시에서 흥을 돋우기 위하여 운율 조성의 보조 수법으로 넣는 구. 우리나라의 민요, 고려가요, 별곡체 시가에서 흔히 볼 수 있는데, 음악적 선율을 말로 옮겨 놓음으로써 시의 가요적 성격을 뚜렷이 나타낸다.

➕ 「가시리」의 "가시리 가시리잇고 나 "에서 "나 "처럼 흥을 돋우기 위해 사용하는 표현.

국악 가곡에서 기악으로만 연주하는 전주곡이나 후주곡.

사전적인 의미는 위와 같지만, 이들 단어는 서로 뒤섞여 쓰이기도 합니다. 이 중 가장 대표적인 말은 '후렴' 입니다. 『국어교육학대사전』에서 후렴을 설명한 내용을 인용합니다. 내용이 다소 어려울지 모르지만, 차근차근 읽어 보면 많은 것을 배울 수 있습니다.

민요나 시에 일정한 간격으로 반복되는 내용적 · 형식적 요소로서, 일반적으로는 반복되는 요소가 각 절의 마지막에 놓이는 것이며, 그러한 요소가 없어도 시상의 전개에 지장을 주지 않는 여음(餘音)이라 불리는 것들 중에서 행이나 연의 끝에 있는 것을 가리키기도 한다.

이 후렴의 형식은 시대와 작품에 따라 매우 다양한데, 고대의 가요나 민요에서 특히 발달하였다. 집단적으로 부르는 노래의 경우, 노래를 혼자서 먹이는 선창자(先唱者)의 선창에 이어서 다중의 후창에서는 같은 내용이나 리듬을 함께 부르기 때문에 후렴은 필수적이다. 근대에 오면서 특히 시의 경우 많이 약화되어 형식상으로 약간의 기능을 나타낼 뿐이다.

후렴은 음성 상징 효과의 의미로 시가의 분위기를 돋우고, 가창이나 음영(吟詠)을 더욱 흥겹게 하는 기능을 지닌다. 후렴에는 의미는 없고 음성 상징적 효과만 지닌 "아리랑 아리랑 아라리요"〈아리랑〉, "옹헤야"〈보리 타작 노래〉 등의 가창적 후렴 ―「가시리」의 "위 증즐가 대평성대"―가 있고, 이와는 달리 의미 있는 말로만 된 '조사적 후렴' ―「정석가」의 "유덕하신 님을 여의겠습니다" ― 으로 나뉘어진다.

고려가요에는 향가와는 달리 후렴이 발달한 것을 볼 수 있는데, 경기체가 「한림별곡」의 "긔 엇더하니잇고"가 대표적인 예이다. 「동동」의 후렴 "아으 動動다리"는 정확히 장마다 끝에 정형적으로 반복된다. 그 외에도 「서경별곡」, 「청산별곡」, 「가시리」, 「쌍화점」, 「정읍사」 등에 나타난다. 이러한 노래에서 후렴과 반복음의 관용은 민요적 상식이며, 성인 남성들의 타령이나 노동요에서는 노래의 장 끝에 반복된다. 민요의 후렴 형식이 고려 시대의 속요에 집중적으로 나타나는 것을 통해 고려 속요가 민요의 정착임을 짐작케 해준다. 고려의 별곡에서는 이 후렴구를 여음구(餘音句) 또는 악기의 구음(口音)을 음사(音寫)한 것으로 보기도 한다.

후렴은 시가의 형식적 특성을 이해하는 데 하나의 준거가 된다. 아울러 시가가 민요와 상관성을 지닌다는 점을 암시한다. 또한 현대시에 나타나는 후렴을 통해서 시가의 전통을 이해하는 단서로 삼을 수도 있다.

시가
예문

「귀천」에 나타난 화자의 태도는? 37

나 하늘로 돌아가리라.
새벽빛 와 닿으면 스러지는
이슬 더불어 손에 손을 잡고,

나 하늘로 돌아가리라.
노을빛 함께 단 둘이서
기슭에서 놀다가 구름 손짓하면은,

나 하늘로 돌아가리라.
아름다운 이 세상 소풍 끝내는 날,
가서 아름다웠더라고 말하리라……. (천상병, 「귀천」)

여느 문학 작품과 마찬가지로 「귀천」이라는 작품도 다양한 관점에서 해석할 수 있습니다. 평자에 따라서는 이 작품에서 말하는 "아름다웠더라고"를 반어로 봅니다. 즉 천상병 시인의 삶을 생각하며 시를 읽을 때 시인이 이 세상을 아름답다고 말할 리가 없다는 주장입니다. 실제로 천상병 시인은 죄도 없이 붙잡혀 가서 모진 고문을 당했고, 그 때문에 행려병자 취급을 받았습니다. 시인은 이 고난을 「그날은」에서 "아이론 밑 와이셔츠"같이 당했다고 표현했습니다. 뜨거운 아이론(다리미) 밑에서 쫘악 펴지는 와이셔츠같이 심신이 철저하게 짓밟히고 말았던 것이지요. 이 사실을 근거로 해서 「귀천」에 접근하는 사람들은 이 작품이 현실을 비판적으로 바라본다고 이해합니다. 남달리 불행한 삶 속에서 고통을 당한 사람이 이 세상을 두고 "아름다웠더라"고 말할 까닭이 없으니까요. 이렇게 본다면 이 표현은 반어입니다.

반면에 어떤 사람들은 "아름다웠더라고 말하리라"를 반어가 아니라고 해석합니다. 그들은 천상병이 현실의 고통을 극복하는, 남달리 높은 정신적 경지에 오른 시인이라는 사실에 주목합니다. 그는 「소릉조」에서 남들은 다 고향을 찾아가는 추석에 자기는 고향인 부산에 가지 못한다고 고백하면서, 저승 가는 데도 여비가 든다면 저승에도 갈 수 없다고 노래하는 시인입니다. 보통 사람이라면 이런 상황에서 현실에 대한 분노, 적개심을 드러낼 법도 합니다. 그런데도 그는 "생각느니 인생은 얼마나 깊은 것"이냐고 물을 뿐입니다. 그의 시인다운 면모가 현실에 대한 비관보다는 현실적 고통을 극복해 낸 사유의 깊이에 있다고 평가한다면, 「귀천」을 반어로 보기는 어렵습니다. 또 천상병 시인이 쓴 다른 작품에서도 삶의 고통을 뛰어넘은 모습이 자주 발견된다는 근거가 이 견해를 뒷받침합니다.

시 작품을 설명한 글을 읽을 때는 필자가 어떤 관점에서 작품에 접근하는지를 면밀하게 살펴보는 지혜가 필요합니다.

⇒57p 「상이한 해석」 참고

「문의 마을에 가서」 해설 38

겨울 문의에 가서 보았다
거기까지 닿은 길이
몇 갈래의 길과
가까스로 만나는 것을.
죽음은 죽음만큼 길이 적막하기를 바란다.
마른 소리로 한 번씩 귀를 닫고
길들은 저마다 추운 쪽으로 뻗는구나.
그러나 삶은 길에서 돌아가
잠든 마을에 재를 날리고
문득 팔짱을 끼어서
먼 산이 너무 가깝구나
눈이여, 죽음을 덮고 또 무엇을 덮겠느냐.

겨울 문의에 가서 보았다.
죽음이 삶을 껴안은 채
한 죽음을 받는 것을

끝까지 사절하다가
죽음은 인기척을 듣고
저만큼 가서 뒤를 돌아다본다.
모든 것은 낮아서
이 세상에 눈이 내리고
아무리 돌을 던져도 죽음에 맞지 않는다.
겨울 문의여, 눈이 죽음을 덮고 또 무엇을 덮겠느냐.

이 작품은 아무리 읽어도 시인이 무슨 말을 하려는 것인지 알 수가 없다고 하소연하는 학생이 많습니다. 나도 고은 시인이 쓴 『이상 평전』, 『한용운 평전』을 읽으면서 내용을 이해하느라 고생한 경험이 있습니다. 하지만 아무리 어려운 시도 차근차근 읽어 보면 시인이 무엇을 말하려는 것인지 알게 됩니다. 되도록 알기 쉽게 이 시를 해설해 보겠습니다.

이 작품은 고은 시인이 동료 시인 신동문의 모친 장례식에 참가했던 일을 계기로 창작했다고 합니다. 이런 사실을 감안한다면 이 작품의 제목은 '문의 마을에 가서 (죽음을 보았다)'는 정도로 해석됩니다.

1연은 장례식에 가느라고 문의 마을에 간 경험을 표현했습니다. 문의 마을까지 이어진 "길"은 그 곳에서 다시 몇 갈래로 갈라져서 계속 뻗어 나갑니다. 그런데 이 길은 한 인간의 죽음을 경험하는 길이므로 적막한 길입니다. 또한 죽음의 길이기에 이 세상과 단절된 상태입니다. 이것을 서정적 자아는 "귀를 닫"았다고 말합니다. 그런 채로 이 세상의 길은 저 세상을 향해 뻗어 있습니다. "추운 쪽으로 뻗는"다는 표현이 이를 나타냅니다. 이 길을 우리가 살아온 삶의 과정으로 볼 수도 있습니다. 인간은 누구나 죽음을 향해 하루하루 걸어가는 존재니까요.

　장례를 마치고 돌아오면 유족들은 고인의 유품을 태우는 의식을 치릅니다. 유품이 타면서 불길이 오르고, 그 재가 바람을 타고 고인이 살았던 마을 여기저기로 날립니다. 화자는 팔짱을 낀 채로 그것을 바라보면서 삶과 죽음이 가깝다는 인식에 닿습니다. 평소에는 잊고 지냈지만, 장례 절차를 치르는 동안 이승과 저승이 별개의 세계가 아니라 하나라는 사실을 다시금 깨닫는 것입니다. 눈이 온 세상을 덮는 걸 바라보면서 죽음을 덮고 또 무엇을 덮겠느냐고 묻는 음성은 그래서 더더욱 차분하고 진지하게 들립니다.

　2연을 볼까요. "죽음이 삶을 껴안은 채 / 한 죽음을 받는 것"은 죽음과 삶이 하나라는 인식의 표현입니다. 고인(古人)은 죽음을 받아들이기를 "끝까지 사절하다가" 살아 있는 사람들의 "인기척을 듣고"는 죽음을 받아들입니다. 죽음을 받아들였으므로 그는 저승을 향해 발걸음을 옮기겠지요. 그렇게 몇 걸음을 가다가 "저만큼 가서 뒤돌아 봅"니다. 이런 모습이 실제로 눈에 보이지는 않아요. 서정적 자아는 마음의 눈으로, 상상의 힘으로 그 모습을 본 것입니다.

　그 모습을 본 경험이 서정적 자아의 내면에 삶의 경건함을 심어 줍니다. 삶과 죽음이 매우 가까운 거리에 있음을 인식한 서정적 자아는 엄숙하고 겸허한 내면 세계를 간직합니다. 자기를 비롯한 "모든 것은 낮"음을 깨닫는 것이지요. 이제 장례 절차는 모두 끝났습니다. 고인은 저승으로 떠났고, 이승과 저승 사이에는 도저히 회복할 수 없는 거리가 놓입니다. 그렇기에 아무리 돌을 던져도 죽음에는 닿지 않습니다. 눈이 내리는 겨울날, 눈은 죽음을 덮고 서정적 자아를 덮을 뿐만 아니라 이 세상마저 덮어 버립니다. 화자는 문의 마을에 가서 죽음을 보았고, 삶과 죽음이 하나임을 체득한 사람입니다. 나는 이 작품을 이렇게 이해했습니다.

벼는 서로 어우러져
기대고 산다.
햇살 따가워질수록
깊이 익어 스스로를 아끼고
이웃들에게 저를 맡긴다.

서로가 서로의 몸을 묶어
더 튼튼해진 백성들을 보아라.
죄도 없이 죄지어서 더욱 불타는
마음들을 보아라. 벼가 춤출 때,
벼는 소리 없이 떠나간다.

벼는 가을 하늘에도
서러운 눈 씻어 맑게 다스릴 줄 알고
바람 한 점에도
제 몸의 노여움을 덮는다.

저의 가슴도 더운 줄을 안다.

벼가 떠나가며 바치는
이 넓디 넓은 사랑,
쓰러지고 쓰러지고 다시 일어서서 드리는
이 피묻은 그리움,
이 넉넉한 힘……. (이성부, 「벼」)

학생들은 이 시를 두고 1연에 나오는 "햇살"이 긍정적인 시어인가 부정적인 시어인가를 물어 옵니다. "햇살 따가워질수록 / 깊이 익어 스스로를 아끼고 / 이웃들에게 저를 맡긴다."라고 노래했습니다. 일반적으로 '햇살'은 긍정적인 의미를 지닙니다. 그러나 여기서는 그렇지 않습니다. 만약 '햇살 화창할수록'이라고 했다면 긍정적인 의미일 것입니다. 하지만 '따갑다'라고 표현한 데 주목해야 합니다. 따갑다는 것은 결코 바람직한 상태가 아닙니다. "햇살"이 '시련'을 의미한다고 볼 만한 이유가 또 하나 있습니다. "햇살"을 부정적인 것으로 보아야 시상의 흐름이 한결 자연스럽다는 것입니다. 즉 "벼"는 힘겨움이 닥쳐올수록 자기를 아끼고 남들과 더불어 살아가는 존재입니다. 그리고 서정적 자아는 "벼"에게서 이런 가치를 발견했습니다. 2연에서 "벼"를 "백성"이라고 말한 것으로 보아 그는 민중이 지닌 덕성을 예찬하는 사람입니다.

이번에는 3연에 나타난 "벼"를 주의 깊게 들여다볼까요. 벼는 어질고 현명한 존재입니다. 맑은 하늘을 보면서 서러움을 달랠 줄도 알고 불어오는 바람에 노여움을 삭일 줄도 압니다. 이를테면 자연의 질서를 따르면서 자기 감정을 통제할 줄 아는 현명함, 그리고 분노를 참을 줄 아는 덕성을 모두 갖춘 존재가 "벼"입니다. 그러면서도 "벼"는 자기의 가슴에 뜨거운 피가 용솟음치고 있음을 잊지 않습니다.

　문학 작품에서 ‘바람’은 부정적인 의미로 쓰이는 때가 많습니다. 하지만 이 작품의 “바람”은 일반적인 의미와는 다르게 읽힙니다. 시행 배열을 눈여겨보면 이 사실을 쉽게 확인할 수 있습니다. 내가 설명하려는 뜻을 정확하게 나타내기 위해 3연을 산문처럼 바꾸어 보겠습니다.

　벼는 가을 하늘에도 서러운 눈 씻어 맑게 다스릴 줄 알고, (벼는) 바람 한 점에도 제 몸의 노여움을 덮는다.

　문장 구조로 보아 시어 “가을 하늘”과 “바람”은 동일한 기능을 합니다. 즉 “가을 하늘”과 “바람”은 “벼”가 스스로를 제어하도록 만드는 소재입니다. 그러므로 “바람”은 “가을 하늘”과 마찬가지로 부정적인 대상은 아닙니다. ‘햇살’과 ‘바람’이 지닌 관습적인 의미를 극복한 것이 이 작품이 지닌 미덕이라고 생각합니다.

누이야
가을산 그리메에 빠진 눈썹 두어 낱을
지금도 살아서 보는가
정정(淨淨)한 눈물 돌로 눌러 죽이고
그 눈물 끝을 따라가면
즈믄 밤의 강이 일어서던 것을
그 강물 깊이깊이 가라앉은 고뇌의 말씀들
돌로 살아서 반짝여 오던 것을
더러는 물 속에서 튀는 물고기같이
살아오던 것을
그리고 산다화 한 가지 꺾어 스스럼없이
건네이던 것을

누이야 지금도 살아서 보는가
가을산 그리메에 빠져 떠돌던, 그 눈썹 두어 낱을 기러기가
강물에 부리고 가는 것을

내 한 잔은 마시고 한 잔은 비워 두고

더러는 잎새에 살아서 튀는 물방울같이

그렇게 만나는 것을

누이야 아는가

가을산 그리메에 빠져 떠돌던

눈썹 두어 낱이

지금 이 못물 속에 비쳐옴을. (송수권, 「산문에 기대어」)

이 작품은 3연으로 구성되어 있는데, 분량으로 보면 1연보다 2연이, 2연보다 3연이 적습니다. 그리고 각 연은 누이에게 묻는 형식입니다. 1연과 달리 2연과 3연에는 그 질문이 도치되어 나타납니다. 마지막 연에는 "보는가" 대신에 "아는가"라고 물었고요. 이

연	질문 형태	대 상 물	이미지 구 분	시간
1연	살아서 보는가	가을산 그리메에 빠진 눈썹 두어 낱	죽음	과거
		즈믄 밤의 강이 일어서던 것	재생	과거
		고뇌의 말씀들 반짝여 오던 것	재생	과거
		물고기같이 살아오던 것	재생	과거
		산다화 건네이던 것	재생	과거
2연	살아서 보는가 도치법	눈썹 두어 낱을 기러기가 강물에 부리고 가는 것	죽음	현재
		누이와 내가 만나는 것	재생	현재
3연	아는가 도치법	눈썹 두어 낱이 이 못물 속에 비쳐옴	재생	현재

시를 지배하는 것이 이 질문들입니다. 옆의 표는 이런 구조를 정리한 것입니다.

서정적 자아는 "누이"를 잃은 이입니다. 그는 죽은 누이를 부르는 것을 시상의 실마리로 삼았습니다. 살아 있는 화자가 죽은 누이에게 말을 건네는 것은 불가능합니다. 그런 사실을 모를 리가 없는 화자가 대화 형식으로 시상을 전개함으로써 누이를 향한 간절한 그리움을 효과적으로 드러냅니다.

이 작품에는 "눈썹"이 세 번이나 등장합니다. 눈썹은 사람의 인상을 좌우하는 중요한 역할을 합니다. 그런가 하면 눈썹은 사람이 죽은 후에 가장 마지막까지 썩지 않고 남는 신체 부분이라고도 합니다. 이런 사실을 연결지어 본다면, "눈썹"은 누이가 죽은 뒤에도 사라지지 않는 '추억'을 의미합니다.

"가을산 그리메에 빠진 눈썹"은 강물에 비친 가을산을 묘사한 표현입니다. 상상해 보세요. 강의 수면에 비친 산 그림자는 마치 눈썹처럼 생겼겠지요. 그러고 보니 기러기가 날아가는 모습도 눈썹을 닮았습니다. 화자는 이 산 그림자를 바라보면서 과거를 추억하고 있습니다.

1연에서는 누이가 살았을 적 자기와 함께 본 적 있는 추억을 되살려 냅니다. 과거 회상을 의미하는 '—던'을 반복한 것이 이를 말해 줍니다. 1연에 보이는 나머지 네 개의 질문은 이런 추억을 여러 가지로 변형한 것으로 보입니다. 그런데 그 소재를 모두 역동적인 심상으로 제시함으로써 죽음이 아니라 재생이나 부활의 의미를 드러내고 있습니다.

2연은 1연과 달리 누이에게 현재의 정황을 묻고 있습니다. 기러기가 강물에 내려놓고 간 눈썹(추억)은 지금도 내 눈앞을 떠돌고 있습니다. 즉 지금도 예전처럼 가을산 그림자가 강물 위에 비

칩니다. 화자는 그것을 바라보면서 누이를 회상합니다. 조촐한 술
잔을 마련해 놓고, 혹은 누이의 제사를 마친 후에 술잔을 마주한
채로 화자는 누이에게 말을 건넵니다. 이것은 단지 과거를 회상하
는 데에 그치지 않습니다. 화자는 지금 누이와 만나고 있는 것입
니다. 비록 잎새에 튀는 물방울같이 짧은 만남이지만, 그 만남은
아름답습니다. "누이"는 객관적으로는 죽었지만, 주관적으로는 화
자의 가슴속에 살아 있는 존재입니다.

3연은 이런 사실을 집약해서 보여 줍니다. "눈썹 두어 낱이 지
금 이 못물 속에서 비쳐 옴"을 누이도 알고 있는가 물었습니다. 여
기서 '아느냐'는 것은 '추억하느냐'는 뜻으로 이해됩니다. 즉 살
아 있는 내가 죽은 누이를 회상하는 것처럼, 누이도 지금 나를 떠
올리고 있는가 묻는 것입니다. 이 물음이 던지는 짙디 짙은 그리
움이 독자의 가슴을 울립니다.

산문(山門)은 절의 문입니다. 제목에 산문이 들어 있다고 해서
이 작품을 불교적 의미로 이해할 당위성은 없습니다. 또 불교적인
모습이 구체적으로 드러나 있지도 않습니다. 하지만 불교와 관련
이 깊은 단어가 사용된 데다가 누이의 죽음을 소재로 했기 때문에
이 작품은 흔히 「제망매가」와 비교됩니다. 그리고 이 작품에는
'물'이 눈물, 강물, 못물로 구체화되었습니다. 물은 죽음과 재생을
상징하는 원형적 심상입니다. 시상의 흐름으로 보아 눈물은 죽음
을, 강물은 죽음과 재생을, 못물은 재생을 의미합니다. 그런 점에
서 '물'은 이 작품의 주제를 형상화하는 데 더없이 적합한 소재였
다고 생각합니다.

「새」에 나오는 '답새라'의 의미

새

저 청청한 하늘
저 흰 구름 저 눈부신 산맥
왜 날 울리나
날으는 새여
묶인 이 가슴

밤새워 물어뜯어도
닿지 않는 밑바닥 마지막 살의 그리움이여
피만이 흐르네
더운 여름날의 썩은 피

땅을 기는 육신이 너를 우러러
낮이면 낮 그여 한 번은
울 줄 아는 이 서러운 눈도 아예

시뻘건 몸둥아리 몸부림 함께
함께 답새라
아 끝없이 새하얀 사슬 소리여 새여
죽어 너 되는 날의 길고 아득함이여

낮이 밝을수록 침침해가는
넋 속의 저 짧은
여위어가는 저 짧은 볕발을 스쳐
떠나가는 새

청청한 하늘 끝
푸르른 저 산맥 너머 떠나가는 새
왜 날 울리나
덧없는 가없는 저 눈부신 구름
아아 묶인 이 가슴.

(「타는 목마름으로」, 창작과비평사, 1982)

수업 시간에 자주 만나는 작품이지요? 이 작품에 사용된 '답새라'의 의미를 궁금해하는 사람들이 적지 않았습니다. 그러나 이 시어의 의미에 대해서는 정설이 없었어요. 그렇기 때문에 평자마다 달리 설명하는 일이 적지 않았고, 이런 현상은 고등학교 국어 수업 시간에도 마찬가지였습니다. 나는 이 문제를 해결하려는 생각에서 김지하 시인께 직접 여쭈어 보기로 했습니다.

다음은 김지하 시인께 드린 편지 내용입니다.

보낸 날짜 2012년 3월 22일 (목) 12:15
보낸 이 "김권섭"

김지하 선생님께

안녕하세요?

저는 서울 중앙여고 국어 교사 김권섭입니다. 허락 없이 불쑥 메일을 드려서 선생님 마음을 어지럽힌 건 아닌지 모르겠습니다. 학생들을 가르치다가 궁금한 게 생겨서 여쭈어 보려고 서신을 드립니다.

저는 수업 시간에 선생님의 「새」를 매개로 학생들을 자주 만납니다. 그런데 그때마다 '답새라'를 설명하는 문제로 어려움을 겪고 있습니다. 이런 어려움은 제 주변의 동료 교사들도 마찬가지인 것 같습니다.

『표준국어대사전』을 비롯한 각종 방언 사전, 그리고 선생님의 문학 세계를 조명한 저서들까지 찾아 보고 고민도 해 보았지만 궁금증을 걷어내지 못 했습니다.

'답새라'를 두고 '어떤 대상을 몹시 두들겨 패거나 다그치다'의 활용형으로 보는 견해가 지배적인 듯합니다. 그런데 선생님께서 북쪽 사투리를 시어로 사용하셨을까, 고개를 젓게 됩니다. 심지어는 '답새'를 날아가는 새로 잘못 설명한 문구도 본 기억이 납니다.

선생님께서 발표하신 시를 읽고 감상하는 것은 독자의 몫이며, 시인께서 당신의 작품에 관해 일일이 설명하실 의무가 없다는 걸 잘 압니다. 하지만 어린 학생들과 선생님의 문학 세계로 동행하기 위해 이 단어의 의미를 정확하게 아는 게 꼭 필요합니다. 선생님의 가르침을 받아 이 작품을 더 깊이 이해하고, 학생들에게 1970년대를 '김지하의 시대'라고 기억하는 이유를 가르쳐 주고 싶습니다. 선생님의 가르침을 엎드려 기다리겠습니다.

내내 건필하시기를 기원하며 이만 줄입니다. 안녕히 계십시오.

2012년 3월 22일. 서울 중앙여고 교사 김권섭 올림

2012년 3월 23일(금) 오전 김지하 시인께서 직접 전화를 해 주셨습니다. 이후 약 10분간 통화하면서 이 시어에 대한 가르침을 얻을 수 있었어요. 김지하 시인께서 설명해 주신 내용을 정리하면 다음과 같습니다.

1) 이 단어는 자주 사용되는 단어가 아니고
2) 다른 작품에서 흔하게 볼 수 있는 시어도 아님
3) 나(＝김지하 시인)는 이 단어를 김수영 시인의 작품에서 본 기억이 남(이 기억이 틀림없다고 말할 수는 없으나 김수영 시인의 작품이었던 것으로 기억됨)
4) 다른 시인의 작품에서 흔하지 않은 단어를 발견한 시인의 기쁨에 이 시어를 사용하게 됨
5) '답새다'는 '없애다, 치워버리다'는 의미로 사용한 시어임

나는 시인께서 설명하신 내용을 확인해 보기로 했습니다. 그래서 『김수영 전집』(민음사, 1984. 4. 5)을 찬찬히 읽어 보았어요. 이 책의 237쪽부터 239쪽까지 「六五년 새해」라는 작품이 실려 있었습니

다. 이 시는 1965년을 맞이하여 해방된 지 20년이 된 우리나라의 역사를 갓 태어나서 성장해 가는 존재로 의인화한 내용을 담고 있었습니다. 이 작품은 모두 8연으로 되어 있는데, 238쪽에 실린 6연에 '답새다'가 보입니다.

너는 이제 스무살이다
너는 이제 스무살이다
너는 여전히 기적일 것이다
너의 사랑은 익어가기 시작한다
너의 사랑은
삼팔선(三八線) 안에서 받은 모든 굴욕이
삼팔선(三八線) 밖에서 받은 모든 굴욕이
전혀 정당한 것이 아니라는 것을 알았고
너는 너의 힘을 다해서 답새버릴 것이다

독자들에게 '답새다'의 의미가 정확하게 전달되기를 바라는 마음에서 이 시어의 의미를 확인한 과정을 소개했습니다.

흐르는 것이 물뿐이랴.
우리가 저와 같아서
강변에 나가 삽을 씻으며
거기 슬픔도 퍼다 버린다.
일이 끝나 저물어
스스로 깊어가는 강을 보며
쭈그려 앉아 담배나 피우고
나는 돌아갈 뿐이다.
삽자루에 맡긴 한 생애가
이렇게 저물고, 저물어서
샛강 바닥 썩은 물에
달이 뜨는구나.
우리가 저와 같아서
흐르는 물에 삽을 씻고
먹을 것 없는 사람들의 마을로
다시 어두워 돌아가야 한다. (정희성, 「저문 강에 삽을 씻고」)

이 작품의 서정적 자아는 한평생을 노동자로 살아 온 사람입니다. 그는 "삽자루에 맡긴 한 생애"를 살았습니다. 그는 하루의 노동을 마치고 돌아가는 길에 강가에 나와 삽자루를 씻고, 담배를 피웁니다. 그리고 강물을 바라다봅니다. 그는 흘러가는 강물을 자기가 살아온 인생 여정과 동일시합니다. "흐르는 것이 물뿐이랴 / 우리가 저와 같아서"라고 말합니다. 자신의 인생도 강물이 흐르듯 흘러왔으며, 강가에 황혼이 찾아드는 것처럼 이제 자신의 삶이 그리 많이 남지 않았음을 생각합니다.

일반적으로 노동자가 등장하는 시는 부당한 현실에 분노하는 목소리를 담은 작품이 많았습니다. 이 시는 그런 일반적인 경향과 달리 자기를 성찰하는 자세를 담았기 때문에 우리에게 널리 읽힙니다. 이 작품은 "스스로 깊어가는 강"물을 바라다보는 그윽한 시선이 매력적입니다.

그런데 화자는 그 강물을 "샛강 바닥 썩은 물"이라고 말합니다. 여기서의 강물은 앞에 나오는 강물과 다소 이미지가 다릅니다. '썩다'라는 수식어가 지니는 의미 때문입니다. "이렇게 저물고, 저물어서 / 샛강 바닥 썩은 물에 / 달이 뜨는구나." 이 표현을 두고 어떤 독자는 긍정적인 의미로, 또 다른 독자는 부정적인 의미로 이해합니다. 그래서 참고서마다 해설이 달라지기도 합니다.

단지 "샛강 바닥 썩은 물"만 떼어 놓고 본다면, 부정적인 이미지가 더 강하게 느껴집니다. "샛강 바닥 썩은 물"은 서정적 자아가 살아온, 혹은 현재 살아가고 있는 삶을 암시합니다. 그런데 그냥 물이 아니고 "바닥 썩은 물"이라고 묘사한 점을 주의해야 하겠어요. 정희성 시인은 노동자인 서정적 자아의 삶이 비극적이고 소외된 삶임을, 그가 어두운 현실을 살아왔음을 나타내려고 이런 표현을 사용하지 않았을까요?

반면에 "샛강 바닥 썩은 물에 / 달이 뜨는구나"까지 묶어서 이해할 때면 다소 긍정적인 이미지로 느껴집니다. 전체적으로 보아 이 시는 어둡고 우울한 분위기를 자아내고 있지만 이 어두운 분위기에 완전히 함몰되지는 않습니다. 비록 썩은 강물이긴 하지만 거기에 달이 뜹니다. 이 구절은, 희미하게나마 서정적 자아가 품고 있는 희망의 빛을 보여 줍니다. 만약 달을 부정적인 이미지로만 파악하면 "썩은 물에 달이" 뜬다는 표현은 조금도 새롭지 않습니다. 따라서 시가 전체적으로 느슨해지고, 응축된 시상이 한꺼번에 무너져 버립니다. 시인들이 가장 꺼리는 결과가 이것입니다. 너무도 뻔한 표현을 완성하려고 시를 쓰는 시인은 없으니까요. 특히 이 시를 지은 정희성 시인은 작품 한 편 한 편, 단어 하나하나까지 세심하게 손질하는 시인으로 유명합니다.

"우리가 저와 같아서"의 "저"가 무엇인지 생각해 봅시다. "저"는 달이거나 강물이겠지요. 그런데 "저와 같아서 / 흐르는 물에 삽을 씻고"라는 표현으로 보아 "저"는 '달'로 이해됩니다. 달은 자연의 순리에 따라 저절로 뜨고 집니다. 삶이 아무리 고달파도 달은 뜨게 마련입니다. 그런데 서정적 자아는 자기가 달과 같아서 먹을 것 없는 사람들의 마을로 돌아가야 한다고 끝을 맺습니다. 가난한 마을로 돌아가는 일은 고달프기 그지없는 일입니다. 그러나 그 일은 때가 되면 달이 떠오르듯이, 서정적 자아가 감내해야 할, 혹은 감내해 온 일이라고 말하는 듯합니다. 이런 견해에서 보는 사람들 역시 "달"을 긍정적인 의미로 파악합니다.

⇒ 57p 「상이한 해석」 참고

소설

간결체 ※ 만연체 43

간결체와 만연체를 구분하는 절대적인 기준은 없습니다. 예컨대 한 문장의 길이가 몇 자 이내면 간결체고 그렇지 않으면 만연체다, 이런 식으로 구별하는 게 아닙니다. 그렇다면 어떻게 구별할까요? 간결체는 문장에 꼭 필요한 성분으로만 이루어집니다. 즉 수식어를 사용하지 않습니다.

㉠ 언덕 위에 집이 있다. 지붕 위로 구름이 떠 있다. (간결체)
㉡ 저 멀리 보이는 언덕 위에 창문이 유난히 커다란 집이 한 채 덩그러니 서 있는데, 그 집 빨간 지붕 위로 한가로이 풀을 뜯고 있는 양 떼 같은 구름이 두둥실 떠 있는 게 내 눈을 편안하게 해 주었다. (만연체)

간결체는 홑문장을, 만연체는 겹문장을 주로 사용합니다.

㉢ 나는 어제 공원에서 은정이를 만났다. 몹시 반가웠다. 우리는 근처 찻집으로 옮겨 그동안 지냈던 일을 이야기했다. 시간이 매우 빨리 지나갔다. 어찌나 빨리 지나갔던지 시간을 도난당한 기분이었다. (간결체)

㉣ 나는 어제 공원에서 은정이를 만났는데, 반갑기가 그지없었다. 우리는 공원 근처에 있는 찻집으로 들어가서 그동안 지냈던 일을 이야기했는데, 이야기가 어찌나 재미있던지, 시간이 너무 빨리 지나가서 마치 시간을 도난당한 기분이 들었다. (만연체)

이처럼 문장이 지닌 특성에 주목해서 문체를 구별해 보기 바랍니다. 처음엔 낯설겠지만 이내 익숙해질 겁니다.
논의를 하는 김에 만연체 문장 하나를 읽어 볼까요. 박상륭의 소설 「죽음의 한 연구」의 첫 문장입니다.

공문(空門)의 안뜰에 있는 것도 아니고 그렇다고 바깥뜰에 있는 것도 아니어서, 수도도 정도에 들어선 것도 아니고 그렇다고 세상살이의 정도에 들어선 것도 아니어서, 중도 아니고 그렇다고 속중(俗衆)도 아니어서, 그냥 걸사(乞士)라거나 돌팔이중이라고 해야 할 것들 중의 어떤 것들은, 그 영봉을 구름에 머리 감기는 동녘 운산으로나, 사철 눈에 덮여 천년 동정스런 북녘 눈뫼로나, 미친년 오줌 누듯 여덟 달간이나 비가 내리지만 겨울 또한 혹독한 법 없는 서녘 비골로도 찾아가지만, 별로 찌는 듯한 더위는 아니라도 갈증이 계속되며 그늘도 또한 없고 해가 떠 있어도 그렇게 눈부신 법 없는데다, 우계에는 안개비나 조금 오다 그친다는 남녘 유리(羑里)로도 모인다.

어떤가요? 한 문장이 약 360자 정도나 됩니다. 이렇게 긴데도 수식어와 피수식어, 주어와 서술어의 관계가 분명하게 드러나 있지요. 얼마나 훈련을 했을지, 작가의 예술혼에 고개가 숙여집니다.
아 참, 박태원의 소설 「방란장 주인」을 소개하고 싶지만 그럴 수가 없네요. 이 작품은 약 8,000자 분량의 단편소설인데, 그 전체가 한 문장으로 되어 있답니다.

44

갈등

이 용어는 심리학과 문학에서 주로 사용합니다. 차근차근 접근해 볼까요.

① 심리학에서는 모순·대립되는 두 가지 욕구 사이의 긴장에서 생기는 감정의 태도를 갈등이라고 합니다. 예컨대 친구 집에 가려는 욕구와 영화 구경을 가려는 욕구 사이의 갈등이 심리학에서 말하는 갈등입니다.

② 정신분석학에서는 무의식 속에 억압된 욕구가 의식에 나타나려고 하는 경우에, 이 욕구와 이것을 억눌러 방해하는 요소의 대립 상태를 갈등이라고 합니다. 예컨대 남의 아내를 사랑하려는 욕구와 이러한 욕구를 사회 도덕 때문에 억누르려는 마음 사이의 갈등입니다.

③ 문학에서는 희곡, 소설 등에서 의지를 지닌 두 성격의 대립 현상을 갈등이라고 합니다. 등장인물이 환경과 일으키는, 또는 등장인물 간에 일어나는 대립과 충돌을 '외적 갈등'이라고 합니다. 즉 외적 갈등은 개인 간의 갈등, 주인공과 운명 사이의 갈등, 주인

공과 환경 사이의 갈등입니다. 예컨대 집단 간의 투쟁, 인물과 자연(가뭄, 홍수 등)의 싸움, 인물이 재난(전염병 등)과 벌이는 투쟁도 외적 갈등입니다. 이와는 달리 한 인물의 마음속에서 일어나는 두 힘의 모순적인 대립은 '내적 갈등'이라고 합니다. 즉 이성과 감정, 욕망과 두려움, 애정과 증오 등 두 가지 상반된 힘이 빚어내는 갈등입니다. 문학에서는 이 외적 갈등과 내적 갈등이 뒤섞이기도 합니다.

윤흥길의 「장마」는 할머니들 사이의 갈등 관계를 드러내고, 「벙어리 삼룡이」는 주인공과 주인 사내의 대립을 다루고 있으며, 「광장」은 주인공의 내면에서 상반된 가치가 충돌하면서 갈등이 발생합니다. 이처럼 갈등은 플롯상의 대립이나 투쟁 관계를 가리킵니다. 그러므로 이야기가 무의미하게 나열되거나 습관적으로 반복될 때는 갈등이 일어날 수 없습니다. 갈등이 있기 위해서는 독자들을 사로잡을 수 있는 얼크러진 이야기와 플롯이 필요합니다.

참고로 심리학에서 이야기하는 갈등의 유형을 좀 더 구체적으로 소개합니다.

++ 갈등

갈등이라고 해서 꼭 괴로운 고민이라는 법은 없습니다. 가끔은 동일한 가치를 지닌 매력적인 목표 사이에서 고민하기도 합니다. 아이는 집에서 TV를 보고 싶은데, 엄마가 피자 가게에 가자고 합니다. 마음속으로 좋아하는 남학생이 두 명인데, 같은 날 같은 시간에 한 명은 함께 영화를 보러 가자고 하고, 한 명은 보드카페 가자고 한다면 더없이 행복한 갈등 아닌가요?

- - 갈등

등굣길에 만난 불량 학생이 "너 돈 내놓을래, 아니면 맞을래?"라며 윽박지르는 일을 겪어 보았나요? 그런 일은 없기를 바랍니다. 아무튼, 둘 다 싫은데도 둘 중 어느 하나를 꼭 해야 하는 경우가 있습니다. 지각을 해서 담임선생님이 "벌청소 할래, 반성문 쓸래?"라고 물으실 때 여러분은 이 갈등 앞에 놓인 것입니다.

+ - 갈등

밖에 나가 놀고 싶지만 내일이 시험일일 때, 소개팅에서 만난 상대가 꽤 잘 생기긴 했지만 유머 감각이 매우 부족할 때와 같이, 어떤 목표 한 가지에 매력적인 것과 불쾌한 것이 동시에 들어 있는 상황에서 느끼는 갈등입니다. 디자인은 몹시 산뜻한데 성능이 뒤떨어지는 물건을 살까 말까 고민해 본 학생이라면, 이미 이 갈등을 경험한 셈입니다. 또 마음 같아서는 실컷 먹고 싶지만 지난달 훌쩍 늘어버린 몸무게가 우리를 갈등에 빠뜨리네요.

이중 + - 갈등

각각의 목표가 매력적인 것과 불쾌한 것을 동시에 갖고 있을 때 느끼는 갈등입니다. 진학하고 싶지만 집에서 거리가 너무 먼 대학과, 진학하고 싶지는 않으나 거리가 가깝고 장학금을 제시한 대학 중 하나를 선택해야 하는 경우가 이 갈등입니다. 안정된 직장을 가졌지만 정서가 불안정한 사람과, 성격은 좋은데 장래가 불안한 사람 중 하나를 배우자로 선택해야 하는 갈등도 여기에 해당하고요.

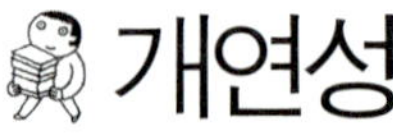 개연성

45

* 필연성

※ 우연성

개연성(蓋然性)

절대적으로 확실하지 않으나 아마 그럴 것이라고 생각되는 성질.

개연성이 있다. / 개연성이 없다. / 오류 발생의 개연성이 크다. / 이 교통사고는 운전자의 부주의로 일어났을 개연성이 높다.

개연성이란 어떤 일이 일어날 법한 성질을 말합니다. 소설은 현실에서 일어날 수 있는 사건, 일어날 법한 일을 다룹니다. 이런 특성을 개연성이라고 합니다.

필연성(必然性)

① 어떤 사물이 그렇게 될 수밖에 없는 요소나 성질.

사건의 필연성을 강조하다. / 인과의 끈은 무섭도록 질긴 것인지도 몰랐다. 아무런 필연성도 없어 보이던 관계가 모든 것을 능가해 운명을 이끌어 가고 있었다. (윤후명, 「별보다 멀리」) / 권력의 필연성은 참으로 자유를 억압하는 데 있는 것이오. (김진섭, 「인생 예찬」)

② 법칙, 규범 따위에 불가피하게 제약받고 있는 성질. 일정한 조건에

서는 다르게 되지 않고 반드시 그렇게 되어야 하는 사물 현상의 연관과 그런 특성을 이른다.

앞에 일어난 사건과 뒤에 일어난 사건이 반드시 그렇게 될 수밖에 없는 인과 관계에 놓여 있을 때 '필연적'이라고 합니다. 옛날 소설에서는 앞의 사건과 뒤의 사건에 필연성이 없었습니다. 반면에 현대적인 소설에서는 사건 간의 관계가 필연적입니다. 김동인의 「감자」를 생각해 보세요. "복녀는 가난했다. 그렇기 때문에 칠성문 밖으로 팔려 갔다. 먹고 살기 위해서 일을 시작했다." 이렇게 필연성을 중심으로 이야기가 전개됩니다.

˅ 우연성(偶然性)

① 우성(偶成)

우연성이 많다. / 현대인에게는 우연성보다는 인과성을 중시하는 과학적 사고가 필요할 것이다. / 이야기꾼들이 곧잘 쓰는 우연성이란 것을 아주 싫어하는 나지만, 그날 저녁 일만은 사실대로 적지 않을 수가 없다. (김정한, 「모래톱 이야기」)

② 어떤 사물이 인과율에 근거하지 아니하는 성질.

앞의 필연성과 반대되는 개념입니다. 반드시 그런 결과가 나와야 하는 것이 아닌데도 그런 일이 벌어지는 것을 가리킵니다.

홍길동이 잠을 자지 않고 괴로워 할 때가 있습니다. 형과 아버지를 마음대로 부르지 못하는 현실 때문입니다. 그런데 그런 날 밤이면 이상하게 길동의 아버지도 잠을 못 이룹니다. 두 사람이 여러 날 동시에 잠을 이루지 못하는 것은 우연한 일이겠지요. 그런가 하면 심 봉사가 개천에 빠졌을 때, 스님이 왜 하필이면 그곳을 지나가는지 모르겠군요. 이런 것을 우연성이라고 합니다. 고전

소설에서 흔히 발견되는 특성입니다.

　반면에 심 봉사가 맹인 잔치에 가는 것은 필연적입니다. 맹인이 아니라면 갈 수가 없는 곳이니까요. 춘향이가 절개를 지켜서 이몽룡의 사랑을 받게 되는 것 역시 필연적인 결과겠지요. 자기와 맺은 약속을 굳게 지킨 여성을 사랑하지 않는 남성은 없습니다.

구어체 ※ 문어체 **46**

구어체와 문어체를 『표준국어대사전』에서는 이렇게 설명하고
있습니다.

- **구어체**(口語體) | 문장에서만 쓰는 특별한 말이 아닌, 일상적인 대화
에서 쓰는 말로 된 문체

- **문어체**(文語體) | 일상적인 대화에서 쓰는 말이 아닌, 문장에서만 쓰
는 말(문어 〔文語〕)로 쓰인 문체

"나는 어제 학교에 갔다." 우리는 일상 생활에서 이렇게 말을
합니다. 혹은 "나는 어제 학교에 갔어." 라고 해요. 이런 문체가 구
어체입니다.

반면 "나는 어제 학교에 갔더니라." 이것은 문어체입니다. 문어
체는 주로 옛날 글에서 보이는 문체입니다. 옛사람들 생각에 말과
글은 서로 다른 것이었습니다. 그래서 글을 쓸 때는 특별한 말을
사용했어요. 이것이 문어입니다. 그리고 문어를 사용한 문체를 문

어체라고 했고요.

오늘날에도 말과 글이 완전히 일치하지는 않습니다. 글을 쓸 때는 일정한 격식을 갖추게 마련이니까요. 그런데 문법이나 격식을 일부러 지키지 않고 구어체적인 특성을 부각시킴으로써 주제를 효과적으로 형상화할 수도 있습니다.

박목월의 「만술 아비의 축문」은 "아배도 알지러요. / 등잔불도 없는 제사상에 / 축문이 당한기요. / 눌러 눌러 / 소금에 밥이나마 많이 묵고 가이소."와 같이 경상도 사투리가 보입니다. 이것도 구어체의 일종입니다.

극적

'극적'은 '연극적'의 준말입니다. 연극은 배우들이 관객들의 눈앞에서 대사와 행동을 통해 직접 표현하는 예술 갈래이지요. '극적'이라 함은 ①연극과 같은 요소가 있는 것, ②연극을 보는 것처럼 감격적이고 인상적인 것을 말합니다.

'극적'의 첫 번째 의미를 살펴봅시다. 소설 작품에서 등장인물의 대사, 행동을 나타내는 방법에는 어떤 것들이 있을까요? 아마 등장인물로 하여금 직접 행동하고 말하게 하는 방법이 가장 대표적이겠지요. 황순원의 「소나기」에는 소녀가 소년에게 벌 끝에 보이는 산 너머에 가 본 일이 있느냐고 묻는 장면이 나옵니다.

소녀가 걸음을 멈추며, "너, 저 산 너머에 가 본 일 있니?"
벌 끝을 가리켰다.

만약에 이 대목을 희곡으로 바꾼다면 다음과 같이 될 겁니다.

소녀: (걸음을 멈추고 무대 구석을 가리키며) 너, 저 산 너머에 가 본

일이 있니?

  이때 괄호 안에 들어 있는 (걸음을 멈추고 무대 구석을 가리키며)를 지문이라고 합니다. 지문은 희곡에서 등장인물의 행동을 지시하는 역할을 합니다. 소설과 달리 희곡에서는 지문을 사용합니다. 그래서 이처럼 행동을 직접 보여 주는 특성을 '극적'이라고 부르는 것입니다.

  '극적'의 두 번째 의미를 설명해 볼게요. 문학이 어디에서 생겨났는가에 대해서는 사람마다 견해가 다릅니다. 그중 문학은 하늘에 제사를 지내던 고대의 관습에서 출발했다고 보는 이론이 오늘날 널리 용인되고 있습니다. 예술은 사람들이 제물을 차려 놓고 집단적인 소망을 빌던 의식에서 출발했다고 보고 이 제천의식을 원시종합예술이라고 부릅니다. 사람들은 하늘에 제사를 지낼 때 노래를 부르고 춤을 추었는데 이런 관습이 오늘날 연극으로 전해지는 것입니다.
  하늘에 제사 지내던 풍습이 오늘날 연극으로 이어졌다는 사실은 대단히 의미심장합니다. 고대사회에서 제사는 늘 있는 일이 아니었습니다. 마을이 자연재해를 입었을 때, 혹은 중요한 행사가 있을 때 제사를 지냈겠지요. 그러므로 연극은 일상적인 경험에서 벗어난, 무언가 신기하고 구경거리가 있는 행사였으리라 추측됩니다.
  학생은 오영진의 「맹진사댁 경사(시집가는 날)」를 읽어 보았나요? 갑분이 대신 입분이를 초례청에 올려 보냈는데, 정작 김 판서의 아들이 신체가 멀쩡한 사람으로 등장하는 장면은 관객이 예상하지 못했던 뜻밖의 상황이지요. 그런가 하면 김유정의 「봄봄」을 읽는 독자는 점순이가 아버지 편을 들고 나서는 장면을 '극적'으로 느낍니다. 나도향의 「B사감과 러브레터」에는 B사감이 학생들에게서 압수한 연애편지를 읽으며 혼자 감동하는 장면이 나옵니다. 학생들에게는 더없이 엄격하기만 한 그녀가 뜻밖의 행동을 보여주는 극적인 사건을 통해 등장인물이 처한 상황과 심리를 드러내는 사례입니다. 독자가 예상하지 못한 인상적인 요소가 나올 때, 이를 '극적'이라고 합니다.

경기 종료 10분 전까지 2:1로 지고 있던 축구 대표팀이 10분 동안 동점골, 역전골을 넣었을 때 '극적'인 승부를 펼쳤다고 표현하는 것도 이런 의미입니다.

'말하기'(직접 제시)는 작중인물의 정신과 마음을 신빙성 있게 전달하기 위해 서술자가 인물 행동의 심층에까지 들어가는 방식입니다. 즉 서술자가 등장인물의 정신과 마음을 직설적인 방법으로 표현하는 방법이에요.

선영이는 착하다. 너무 착해서 다른 사람들이 그와 가까이 하기를 꺼렸다. 물이 너무 맑으면 고기가 살 수 없다는 말은 그에게 대단히 잘 어울리는 말이었다.

이처럼 작가가 등장인물의 내면까지 지배하면서 직설적으로 서술하는 방식을 말하기라고 합니다. 이 방법을 쓰면 작가가 인물에 대해 모든 걸 말하기 때문에 독자 입장에서는 달리 할 일이 없습니다. 즉 독자와 인물과의 거리가 멀어집니다. 반면 서술자와 인물의 거리는 가까워집니다. 인물의 내면까지 일일이 서술할 수 있으니까요.

'보여 주기'(간접 제시)는 인공의 흔적을 지우고 화가가 그림을 그리듯이, 혹은 배우가 무대 위에서 연기하듯이 인물의 언행을 보여 주는 방식입니다. 그러므로 독자는 스스로 이야기의 추이를 판단할 수 있습니다. 보여 주기에서는 작가가 등장인물에 대해서 이러니저러니 말하는 대신(즉 "선영이는 착하다"고 말하는 대신), 독자에게 인물의 말과 행동을 보여 주고 독자가 인물을 판단하게 합니다. 그렇기 때문에 서술자와 인물의 거리는 멀어지고, 독자와 인물 간의 거리는 가까워집니다.

선영이는 3남 4녀 중 막내였다. 작년에 어머니가 몸져 누웠다. 그때부터 집안일은 모두 그의 차지가 되어 버렸다. 청소며 빨래를 그가 도맡아 했다. 다른 형제들이 나 몰라라 해도 불평 한 번 하는 법이 없었다. 수능을 앞둔 고 3인데도 그는 싫은 내색조차 하지 않았다.

위의 예문은 선영이의 행동만을 나타냈습니다. 작가는 그가 착하다고 직접적으로 말하지 않지요. 위 예문을 읽으면서 어떤 독자는 선영이가 착하다고 판단할 것이고, 어떤 독자는 어수룩하다고 판단할 겁니다. 인물의 행동이 아니라 외양을 묘사함으로써 인물의 내면을 간접적으로 드러내는 방법도 보여 주기에 해당합니다. 아래 예문은 이런 특성을 잘 보여 줍니다.

여학교에서 교원 겸 기숙사 사감 노릇을 하는 B여사라면 딱장대요 독신주의자요 찰진 야소꾼으로 유명하다. 사십에 가까운 노처녀인 그는 죽은깨투성이 얼굴이 처녀다운 맛은 약에 쓰려도 찾을 수 없을 뿐인가, 시들고 거칠고 마르고 누렇게 뜬 품이 곰팡 슬은 굴비를 생각나게 한다.
여러 겹 주름이 잡힌 훌렁 벗겨진 이마라든지, 숱이 적어서 법대로 쪽 찌거나 틀어 올리지를 못하고 엉성하게 그냥 빗어 넘긴 머리꼬리가 뒤통

수에 염소 똥만 하게 붙은 것이라든지, 벌써 늙어 가는 자취를 감출 길이 없었다. (현진건, 「B사감과 러브레터」)

　새침한 얼굴이 파르족족하고 기다란 눈썹과 검푸른 두 눈 가장자리에 예쁜 입, 뾰로통한 뺨이며 콧날이 오똑한 데다가 후리후리한 키에 떡 벌어진 엉덩이가 아무리 보더라도 무섭게 이지적(理智的)인 동시에 또는 창부형(娼婦型)으로 생긴 것이다. (나도향, 「물레방아」)

믿을 수 없는 화자 **49**

소설은 사건이 일어난 세계의 자초지종을 잘 다듬어진 언어로 표현하는 문학 장르입니다. 독자들은 화자가 안내해 주는 데에 따라 소설의 내용을 이해하게 됩니다. 즉 독자는 화자의 말을 전적으로 신뢰하며 받아들이는 것이 일반적입니다. 그런데 간혹 몇 가지 이유 때문에 그의 말을 믿을 수 없거나 의혹을 가지게 하는 화자도 있습니다. 이런 화자를 '믿을 수 없는 화자' 라고 합니다.

하지만 어느 정도까지 믿을 수 있느냐 혹은 믿을 수 없느냐 하는 기준은 그 자체가 매우 주관적이고 추상적입니다. 그렇기 때문에 믿을 수 있는 화자와 믿을 수 없는 화자를 엄정하게 구분해 내는 것은 결코 쉬운 일이 아닙니다. 그러나 화자의 말을 전적으로 믿을 수 없는 대표적인 몇 가지 경우를 생각해 볼 수는 있겠네요.

첫째로 화자가 너무 어린 경우입니다. 어리다는 것은 인생살이 경험이 부족하고 자기가 살아가는 사회의 문화나 관습, 환경 등을 깊이 이해하지 못했다는 증거이기도 합니다. 이런 화자가 하는 말을 곧이곧대로 믿어도 될까요? 예컨대 주요한의 「사랑 손님과 어머니」는 여성의 재혼이 자유롭지 않았던 시대에 남편을 잃은 한

여인의 사랑 이야기를 다룬 작품입니다. 그런데 이 작품은 옥희라는 어린 여자아이가 화자로 등장합니다. 겨우 여섯 살 난 어린 소녀의 진술을 그대로 믿을 수만은 없지요. 김유정의 「봄봄」, 「동백꽃」의 화자는 나이가 어리지는 않습니다. 하지만 제한된 분별력을 지녔다는 점에서 '옥희'와 다를 바가 없네요.

둘째로 화자가 지닌 가치관이 의심스러운 경우입니다. 화자가 남들과는 전혀 다른 가치관을 지니고 살아가는 사람일 때 그의 말을 전적으로 신뢰할 수 없는 법이지요. 남들과 다르다는 것이 꼭 나쁜 것만은 아닙니다. 다만 그가 부도덕한 삶을 바람직하다고 여기거나, 수단과 방법을 가리지 않고 목적만 달성하면 된다고 믿는다면 그의 상황 판단이나 논평을 신뢰할 수는 없을 겁니다. 채만식의 「치숙」의 화자는 역사적 양심은 도무지 갖추고 있지 않은 인물입니다. 일제 강점기 시대를 아파하며 살아가는 숙부를 어리석기 그지없는 인물로, 일본인의 지배 속에서 부귀영화만을 추구하는 자신은 더없이 영특한 인물로 여기고 있습니다. 이런 화자는 믿을 수 없는 것 아닌가요?

🐢 속도감 **50**

'서술 속도를 빠르게 한다'는 것은 사건을 긴박하게 서술한다는 뜻입니다. 달리 말하면, 독자들에게 꼭 필요한 정보만 서술함을 의미합니다. 예문을 한번 만들어 볼까요.

㉠ 경기 종료 2분 전이었다. 이영표는 운동장 반대편에 박지성이 상대편 수비수로부터 조금 떨어져 있는 것을 보았다. 그는 재빨리 패스를 했다. 박지성은 그 골을 가슴으로 처리한 뒤 침착하게 골을 넣었다.

㉡ 2분이 지나면 이대로 경기가 끝날 상황이었다. 이영표는 운동장 반대편에 박지성이 상대 수비수로부터 조금 떨어져 있는 것을 보았다. 순간 그는 망설였다. 자기가 계속 몰고 갈 것인가 아니면 공을 보낼 것인가. 공을 넘기는 게 낫겠다고 판단한 그는 "지성아!"라고 소리를 지르면서 발끝에 힘을 주었고, 공은 날아가 박지성 앞에 떨어졌다. 박지성은 공을 가슴으로 한 번 처리한 뒤 왼발로 공을 힘차게 찼다. 공이 골망을 흔들었다.

같은 상황을 다르게 표현해 보았습니다. 하지만 ⓛ은 ㉠에 비해 문장이 길고, 등장인물의 심리나 주변 상황이 자세하게 묘사되어 있습니다. 그렇기 때문에 독자는 사건의 전개 속도가 느리다고 느낍니다. 말하자면 덜 긴박합니다.

그렇다면 소설에서 대화를 많이 사용하면 어떻게 될까요.

ⓒ 그들은 잠깐 논의한 끝에 내일 축구 연습을 하기로 했다.

ⓔ 지성: 형, 내일 비가 오면 어떻게 하지?

영표: 그래도 연습하자. 시합이 멀지 않았잖아.

지성: 그렇긴 한데, 혹시 감기라도 걸리면 컨디션 조절이 어렵잖아.

영표: 뜨거운 물을 준비하고, 쉴 때 몸이 식지 않도록 조심하자.

지성: 그래 그렇게 하자.

영표와 지성은 내일 축구 연습을 하기로 의기투합하였다.

ⓒ과 달리 ⓔ은 대화를 가지고 사건을 전개시켰습니다. 그래서 독자는 사건이 전개되는 속도가 느리다고 느낍니다. 대화가 많다, 적다를 가르는 절대적인 기준은 없습니다. 대화가 지문에서 차지하는 상대적인 비중을 따져 보면 됩니다. 간접 제시는 직접 제시에 비해 지문 분량이 많아질 수밖에 없습니다. 한 예로, 등장인물의 외모를 묘사하는 간접 제시를 찾아볼까요.

ⓜ 새침한 얼굴이 파르족족하고 기다란 눈썹과 검푸른 두 눈 가장자리에 예쁜 입, 뾰로통한 뺨이며 콧날이 오뚝한 데다가 후리후리한 키에 떡 벌어진 엉덩이가 아무리 보더라도 무섭게 이지적(理智的)인 동시에 또는 창부형(娼婦型)으로 생긴 것이다. (나도향, 「물레방아」)

위의 내용을 직접 제시 방식으로 바꿔 봅시다.

ⓗ 그녀는 매우 음탕해 보이는 외모를 지녔다. 성품도 그러했다.

ⓜ과 ⓗ을 비교해 보면, ⓗ쪽이 훨씬 속도감이 있습니다. 즉, 소설의 속도감은 지문의 분량과 지문 안에 흐르는 시간 사이의 관계와 연관되어 있습니다. 속도감이 있으려면 중요한 정보만을 제대로 전달하고 나머지는 압축해서 전달해야 합니다. 압축이 심할수록 속도감은 빨라집니다. 이효석의 「메밀꽃 필 무렵」을 예로 들어 볼까요.

드팀전 장돌림을 시작한 지 이십 년이나 되어도 허 생원은 봉평장을 빼논 적은 드물었다. 충주 제천 등의 이웃 군에도 가고, 멀리 영남 지방도 헤매기는 하였으나 강릉쯤에 물건 하러 가는 외에는 처음부터 끝까지 군내를 돌아다녔다. 닷새만큼씩의 장날에는 달보다도 확실하게 면에서 면으로 건너간다. 고향이 청주라고 자랑삼아 말하였으나 고향에 돌보러 간 일도 있는 것 같지는 않았다. 장에서 장으로 가는 길의 아름다운 강산이 그대로 그에게는 그리운 고향이었다. 반날 동안이나 뚜벅뚜벅 걷고 장터 있는 마을에 거지반 가까웠을 때 거친 나귀가 한바탕 우렁차게 울면—더구나 그것이 저녁녘이어서 등불들이 어둠 속에 깜박거릴 무렵이면 늘 당하는 것이건만 허 생원은 변치 않고 언제든지 가슴이 뛰놀았다.

이 한 문단 안에 20년의 세월이 들어 있습니다. 등장인물 간의 대화를 제시하거나 주변 경치를 세밀하게 묘사하는 대신, 20년 동안 있었던 중요한 일만을 압축하여 제시했습니다.

이에 비해 간접 제시에서는 외양을 묘사하고 대상을 세세하게 드러내는 부분이 많기 때문에 시간의 흐름이 느립니다. 그러므로 속도감을 느낄 수 없습니다. 소설에서 속도를 줄일 때 작가는 간접 제시를 사용합니다.

스토리(story)는 사건을 시간 순서대로 나열한 것이고, 플롯 (plot)은 사건을 인과적 질서에 따라 배열한 개념입니다. 현대소 설의 작가들은 사건을 발생한 순서대로 늘어놓지는 않습니다. 그 런 작품이 있지만, 그것은 작가가 그렇게 배열하는 게 가장 효과 적이라고 판단했기 때문입니다. 하지만 대부분의 작가들은 사건 을 원인과 결과의 관계로 파악하고, 이 질서에 따라 작품을 써내 려 갑니다. 이 개념을 설명하는 데 널리 인용되는 자료를 볼까요.

㉠ 옛날에 왕과 왕비가 살았다. 왕비가 죽었다. 그리고 왕이 죽었다.
㉡ 옛날에 왕과 왕비가 살았다. 왕이 죽었다. 왜냐하면 얼마 전에 왕비 가 죽었는데, 그 슬픔을 견디지 못했기 때문이다.

㉠과 ㉡은 같은 이야기입니다. 다만 ㉠은 사건이 일어난 순서 대로 늘어 놓았고, ㉡은 인과관계에 따라 기술했습니다. ㉠은 스 토리(줄거리)이고, ㉡은 플롯입니다.
이처럼 플롯은 두 가지 이상의 사건이 인과적 질서에 따라 이

루어지는 경우를 가리킵니다. 하지만 두 개 이상의 사건을 다루었다는 단순한 사실만으로 서사를 이룰 수 없어요. 말하자면 낱낱의 사건이 논리와 의미면에서 밀접한 관련이 있어야 합니다. 최상규 교수님께서 만드신 아래 예문은 이런 사실을 잘 보여주네요.

ⓒ 그날 아침에 A는 부부싸움을 했다. 그 무렵 B는 첫 출근 준비를 했다. 잠시 후 네거리에서 교통사고가 일어났다. 그날 오후, A의 아내와 B의 어머니는 각각 남편과 아들의 시체 앞에서 통곡을 했다.

ⓓ 운전기사 A는 그날 아침 하찮은 일로 심통을 부리는 아내와 대판 싸움을 했다. 그래서 아침밥도 안 먹은 채 차를 몰고 거리에 나온 그는 심중이 편안치 못했다. 그날 첫 손님은 처음으로 취직이 되어 출근을 하는 B라는 청년이었다. B를 태우고 가면서도 A는 여전히 마음속이 어두웠다. 아내에게 손찌검까지 했던 것이 후회스럽기 이를 데 없었다. 그 때문에 깜빡 신호등을 보지 못하고 달리다가 대형 트럭과 충돌하고 말았다.
몇 시간 후 그들 둘은 시체가 되어 누워 있었다. 그들 곁에서 A의 아내와 B의 어머니가 각각 남편과 아들의 시체를 부여잡고 통곡을 하고 있었다.

ⓒ과 ⓓ은 같은 내용을 다루고 있어요. 그런데 ⓒ은 전체적인 내용을 알아차리기가 어렵지요. 반면에 ⓓ은 우리한테 '그럴 법도 하다'라는 생각을 갖게 만듭니다.
우리는 소설을 읽을 때 플롯을 따라가며 읽습니다. 그리고 스토리 형식으로 정리하여 머릿속에 저장하지요. 예를 들자면 황순원의 「소나기」는 '소년은 소녀를 보자 그가 윤 초시네 증손녀 딸이란 것을 알 수 있었다'라는 문장부터 읽기 시작해서 '그대로 문어 달라고 했다잖아'를 읽는 것으로 끝납니다. 그런데 우리 머릿

153

속에는 '옛날에 어떤 시골 마을에 사는 소년이 있었는데, 도시에서 전학 온 소녀하고~' 식으로 기억합니다. 플롯을 따라 읽고 스토리를 기억하는 셈이지요.

그러므로 소설은 반드시 자기가 직접 읽어야 해요. 설령 작가 황순원 선생님을 모셔다가 「소나기」를 설명해 달라고 한다고 해도, '소년은 소녀를 보자~'와 같이 말씀하시지는 않겠지요. 그렇기 때문에 소설은 자기가 직접 읽는 것만이 유일한, 그리고 가장 효과적인 공부입니다.

요즈음 소설의 줄거리를 요약해 놓은 책이 넘쳐납니다. 공부하기에도 벅찬 학생들이 소설 읽을 시간은 없고, 시험은 치러야 하니까 이런 종류의 책에 손이 갈 수밖에 없겠지요. 하지만 이런 책 열 권을 읽는 것보다 원작 한 편을 읽는 것이 더 좋은 소설 공부입니다. 줄거리를 읽는 것은 남이 이해한 플롯을 받아들이는 행위에 불과하니까요. 우리 삶에서의 중요한 일이 모두 그렇듯이 독서는 대리 체험이 불가능합니다.

52

시점과 거리

1_ 시점

'시점'(視點)은 서술자가 작품을 바라보는 각도, 지점을 의미합니다. 영어 point of view를 번역한 용어입니다.

서술자가 작품의 등장인물 중 한 사람이면 '1인칭 시점'입니다. 작품 안에 인물로 존재한다는 것은 서술자도 작품 속의 사건을 직·간접적으로 체험하는 사람 중 한 명이란 뜻입니다. 1인칭 시점 중에서도, 서술자가 자기의 내면까지 표현하는 시점이 '주인공 시점'이고, 이와 달리 타인의 행동이나 대화를 관찰하는 입장에서 서술하면 '관찰자 시점'입니다.

「날개」는 '나'가 등장하여 아내가 매매춘을 해서 벌어오는 돈에 의지해 살아가는 자신의 무기력한 내면을 표현하므로 1인칭 주인공 시점의 작품입니다. 「사랑 손님과 어머니」는 옥희가 어머니와 아저씨의 관계를 옆에서 바라보며 어머니를 표현하는 데 주력하므로 1인칭 관찰자 시점입니다.

　그런가 하면 서술자가 사건을 작품 밖에서 바라보는 것은 '3인칭 시점'입니다. 서술자가 사건 밖에 있다는 것은 서술자가 직·간접적으로 사건을 체험하는 사람(등장인물)이 아니라는 뜻입니다.「소나기」의 시작은 "소년은 소녀를 보자 그가 윤 초시네 증손녀딸이란 걸 알 수 있었다."입니다. 이 문장에 나오는 사실을 우리에게 알려 주는 서술자는 소년도 소녀도 아닙니다. 그는 사건 밖, 작품 밖에 있는 인물입니다. 3인칭 시점 중에서도 작품 밖에 있는 인물이 등장인물의 내면 심리까지 표현하면 전지적 작가 시점이고, 등장인물의 외면을 묘사함으로써 내면 심리를 드러내면 작가 관찰자 시점입니다.

　시점을 잘 이해하려면 같은 상황을 서로 다른 시점으로 표현한 것을 직접 보는 것이 좋겠어요. 다음 예문을 꼼꼼하게 비교해 보기 바랍니다.

　편의상 이런 상황을 설정해 볼게요. 한 쌍의 남녀가 여러 차례 흉악한 범죄를 저지르고 경찰에 쫓겨 다녔습니다. 그들은 경찰을 피해 산장으로 숨어들었는데, 경찰은 거기까지 포위망을 좁혀 왔습니다. 그런 상황에서 남자는 어떻게든 도망을 가려고 합니다. 이에 비해 여자는 자신의 죗값을 치르겠다는 생각을 굳힙니다.

　이 상황을 네 가지 시점에서 각각 기술해 볼게요. 글을 읽고 해당 시점이 무엇인지 생각해 보세요. 정답은 예문 ㉣ 뒤에 있습니다.

　㉠ 나는 산장에 숨어 그가 초조하게 걸어 다니는 것을 보았다. 그는 돌연 "자, 이제 탈출의 마지막 순간이야! 어서 일어나!" 하고 소리쳤다. 그러나 그녀는 말없이 기도만 하고 있었다. 나는 그들이 부부 사이인가 하고 생각하면서 바깥 경찰차의 사이렌 소리를 들었다.

　㉡ 그는 어떻게 하든지 그녀와 함께 탈출해야 한다는 생각으로, "자,

이제 탈출의 마지막 순간이야! 어서 일어나!" 하고 애원하듯 말했다. 그러나 그녀는 죄의 대가를 받아야 한다고 생각하면서 조용히 기도만 했다. 밖에서는 경찰차가 점점 가까이 다가왔다.

ⓒ 그는 초조한 빛을 감추지 못하면서 산장 안을 이리저리 걸어 다녔다. "자, 이제 탈출의 마지막 순간이야! 어서 일어나!" 하고 소리쳤다. 그녀는 그 소리를 들은 체 만 체하고 기도만 했다. 그는 주먹을 쥐었다 폈다 하면서 바깥에서 경찰차의 사이렌 소리가 창틀을 넘어오는 걸 들었다.

ⓓ 최후의 순간은 오고 있는 것 같았다. "자, 이제 탈출의 마지막 순간이야! 어서 일어나!" 하고 나는 소리쳤다. 그러나 그녀는 성경 위에 손을 얹고 앉아서 기도만 하고 있었다. 나는 경찰차의 사이렌 소리를 들었다.

위 글은 순서대로 1인칭 관찰자 시점, 3인칭 전지적 작가 시점, 3인칭 작가 관찰자 시점, 1인칭 주인공 시점을 취했습니다. 1인칭 관찰자 시점인 ⓐ에서는 산장 주인을 '나'로 설정했습니다. 등장 인물 '나'는 남녀의 모습을 전달하는 역할을 맡았습니다.

⇒176p 「초점화」 참고

2_거리

학생에게도 친구가 여럿 있지요? 그중에는 심리적으로, 그러니까 마음속으로 유난히 가깝다고 느끼는 친구가 있고 그보다는 조금 멀게 느껴지는 친구도 있을 거예요. 말하자면 고민이 생겼을 때 가장 먼저 찾고 싶은 친구는 따로 있지요. 소설에서 말하는 '거리'는 이런 심리적 거리를 의미합니다. 즉 물리적인 거리가 아니라 얼마나 잘 공감하고 있는가, 또는 얼마나 냉정한 태도를 보이는가 하는 추상적이고 관념적인 거리입니다. 문학 연구자들은 이 거리를 결정짓는 요소는 무엇일까를 두고 오랫동안 고민했습니다.

거리는 서술자와 인물의 거리, 그리고 인물과 독자의 거리로 나누어서 생각해야 합니다. 이 중 서술자와 인물의 거리를 기준으로 이야기해 볼게요. 학생이 마음속으로 무척 가깝다고 생각하는 친구라면, 그 친구의 취미며 특징, 가족 관계 등을 속속들이 알고 있겠지요? 마찬가지로 서술자가 등장인물에 대해 친근하게 느끼려면 그 인물에 대해 모든 것을 알고 있어야 합니다.

주인공 시점이나 전지적 작가 시점은 서술자가 인물을 속속들이 알고 있어서 인물에 대해 무엇이든지 이야기합니다. 이때 서술자는 인물과 가깝습니다. 등장인물은 서술자가 '잘 아는 친구'인 셈이죠. 그런데 이때 독자는 인물이 멀다고 느낍니다. 왜냐하면 작가가 인물에 대해 모르는 게 없고 또 독자에게 직접적으로 이야기해 주기 때문에 독자로서는 그 인물에 대해 곰곰이 생각하거나 깊이 느끼는 일이 줄어드는 것이죠.

관찰자 시점의 서술자는 등장인물의 생각을 그의 말이나 행동을 통해서 간접적으로 표현해야 합니다. 따라서 서술자는 인물이 멀다고 느낍니다. 반면 독자에게는 등장인물에 대해 주체적으로 감상, 판단할 여지가 생깁니다. 따라서 독자는 인물이 가깝게 느껴집니다. 마치 자기가 공들여 만든 그림이나 선물에 마음이 가는 것과 마찬가지입니다.

시점과 거리를 공부할 때는 파악하고자 하는 거리가 서술자와 인물 간의 거리인지, 인물과 독자 간의 거리인지를 구별해서 생각해야 합니다. 처음에는 이 개념을 이해하기가 쉽지 않습니다. 시점과 그로부터 생기는 거리를 공부할 때는 단순히 암기하는 것보다 자기 나름대로 이해하는 것이 바람직합니다. 그래야 더 정확하게, 더 오래 기억합니다.

지금까지 설명한 내용을 요약하면 다음과 같습니다.

서술자 — 인물의 거리 (✚ 서술자와 독자의 거리도 이 거리와
같습니다.)
① (1, 3인칭)관찰자 시점
서술자가 인물의 심리를 독자에게 일일이 다 설명해 줄 수 없
습니다. 등장인물의 말이나 행동만으로 그 내면을 그려내야 하
므로 거리가 멉니다.
② 주인공 시점과 전지적 작가 시점
서술자가 인물의 심리를 모두 알고 있습니다. 독자에게 직접적
으로 자세히 언급할 수 있으니까 거리가 가깝습니다.

인물 — 독자의 거리
① (1, 3인칭) 관찰자 시점
독자는 인물의 심리를 전혀 알 수 없습니다. 인물의 행동이나
외모 등을 주의 깊게 관찰해서 따져 보아야 합니다. 독자 나름
대로 인물에 관해 생각할 일이 많으므로 거리가 가깝다고 느낍
니다.
② 주인공 시점과 전지적 작가 시점
서술자가 모든 것을 다 알려 주어서 독자로서는 할 일이 없으
므로 거리가 멀다고 느낍니다.

⇒ 144p 「말하기 × 보여 주기」 참고

지금까지 설명한 '거리' 개념을 그림으로 표현해 볼까요.

1인칭 주인공 시점, 전지적 작가 시점, 말하기

| 서술자 | 가깝다 — 멀다 | 인물(대상) | 멀다 — 가깝다 | 독자 |

1인칭 관찰자 시점, 작가 관찰자 시점, 보여 주기

159

 # 암시와 복선

53

‘암시’는 일상적인 생활에서도 자주 사용하는 말입니다. "그 친구 표정이 이상했어. 그 표정이 암시하는 게 뭘까?" 이런 식으로 말하기도 하지요. 시나 소설에서는 어떤 소재가 주제와 관련된 의미를 은연중에 나타낼 때 이 효과를 암시(暗示 〔어두울 암, 보일 시〕)라고 합니다. 암시는 말 그대로 환한 곳이 아니라 어두운 곳에서 보여주듯 희미하게 드러내는 표현 방법입니다. 요컨대 암시란 어떤 내용을 간접적으로 나타내는 방법을 두루 일컫는 말입니다.

암시인지 아닌지를 구분하는 특별한 기준은 없습니다. 어떤 소재나 행동이 소설의 전개 과정상 나중에 이루어지는 일과 연관되어 있을 때, 그리고 그것이 노골적으로는 드러나지 않을 때 이를 암시라고 합니다. 이 개념을 바탕으로 암시를 구별해 낼 수 있을 뿐입니다.

‘복선’은 소설이나 희곡 따위에서, 독자에게 앞으로 일어날 사건에 대하여 미리 넌지시 암시하는 장치입니다. 결말에 이르러 독자들이 예상하지 못한 방향으로 사건이 전개될 때 독자들이 받게 될 당혹감을 줄이기 위하여 소설가는 사전에 복선이라는 장치를 심어 놓습니다.

예컨대 「심청전」에서 심청이가 가마 타고 가는 꿈을 이야기하는 장면이 나옵니다. 이때의 '가마'는 그녀가 저승으로 가게 될 것이며, 나중에는 가마를 타는 귀한 신분이 될 거라는 점을 은근히 알려 주는 복선입니다. 그런가 하면 「메밀꽃 필 무렵」의 앞부분에는 허 생원이 왼손잡이라서 장터 아이들에게 놀림 받는 장면이 나옵니다. 이 '왼손잡이'는 결말에 가서 허 생원과 동이가 부자(父子)라는 사실을 드러내기 위한 복선입니다.

요약하자면, 복선은 독자의 흥미를 불러일으켜서 독서의 재미를 강화하거나, 독자들이 미리 심리적 준비 단계를 거치게 해서 다가올 사건을 필연적으로 받아들이도록 하는 장치입니다.

54

액자소설, 역순행적 구성

1_액자소설

눈을 돌려 벽에 걸린 액자를 바라보세요. 모든 액자는 틀과 그 안에 담긴 그림으로 이루어져 있습니다. 소설 중에는, 액자 틀에 해당하는 이야기와 그림에 해당하는 이야기가 합쳐진 작품이 있습니다. 틀에 해당하는 이야기를 외화(外話, 바깥 이야기), 그림에 해당하는 이야기를 내화(內話, 안 이야기)라고 합니다. 이런 종류의 소설을, 마치 액자처럼 구성되었다고 해서 '액자소설'(額子小說, frame story)이라 부릅니다.

김동인의 「배따라기」를 읽었나요? 일인칭 시점인 이 작품에서 화자는 배따라기를 부르는 사내를 만납니다. 그 사내는 사이좋게 지내던 형제가 한순간의 오해 때문에 비극에 빠지는 이야기를 들려줍니다. 이때 화자가 사내를 만난 이야기가 외화, 사내가 들려준 이야기 즉 아우와 아내의 관계를 의심한 형의 이야기가 내화입니다. 이런 것이 액자소설입니다.

김동리는 액자소설을 즐겨 창작했습니다. 「무녀도」, 「등신불」

이 모두 액자소설입니다. 이문열의 「사람의 아들」, 이청준의 「매잡이」 등도 유명한 액자소설입니다.

2_역순행적 구성

시간은 일정한 순서를 따라 흘러갑니다. 그제, 어제, 오늘, 내일, 모레, 이런 식으로요. 사건이 일어난 시간의 흐름을 그대로 따라가면서 쓰는 방식을 '순행적 구성'이라고 합니다. 고전소설은 모두 순행적 구성으로 되어 있습니다. 심청이는 태어나서, 엄마를 여의고, 홀아버지와 살다가, 인당수에 팔려 갔고, 황후가 되어서, 아버지와 재회했습니다. 「흥부전」, 「춘향전」 역시 순행적 구성입니다.

이에 비해 시간 순서를 그대로 따르지 않는 소설도 존재합니다. 즉 순행적 구성을 거스릅니다. 이런 방식을 거스를 '역'(逆) 자를 붙여 '역순행적 구성'이라고 합니다. 김유정의 「동백꽃」을 자료로 삼아 설명할게요. 이 작품에 나오는 사건을 순서대로 기술하면, 즉 순행적 구성으로 하면 다음과 같습니다.

  ㉠ '나'의 가족이 점순이가 사는 동네로 이사 옴.
  ㉡ 점순이가 감자를 가져와서 주지만 내가 거절함.
  ㉢ 점순이가 닭을 몰고 와서 우리집 닭을 괴롭히기 시작함.
  ㉣ 사흘째 되는 날인 오늘도 또 우리 수탉이 막 쫓김.

그런데 원작을 보면 사건이 위의 순서대로 제시되어 있지 않잖아요? 이 작품의 첫 문장은 "오늘도 또 우리 수탉이 막 쫓기었다."입니다. 그러니까 이 작품은 사건이 ㉣에서 시작하여 시간적 순서를 거슬러 갑니다. 이런 것이 역순행적 구성입니다. 액자식 구성과는 전혀 다른 개념이지요.

언어유희, 동음이의어 55

'언어유희' 는 발음이 유사한 단어를 이용하여 즐기는 고급스러운 말장난입니다. 「춘향전」을 자료로 설명해 보겠습니다. 어사또가 변학도의 생일잔치에 끼어들어 일부러 훼방을 놓는 장면입니다.

어사또 들은 척도 아니 허고, 부채를 거꾸로 쥐고 부채 꼭지로 운봉 옆구리를 쿡 찌르며, "여보, 운봉 영감! 거 갈비 한 대 주." 운봉이 깜짝 놀래며, "허어, 그분이 갈비를 달래면 익은 소갈비를 달래지, 사람의 생갈비를 달랜단 말이오? 얘, 여봐라! 저 냥반께 상에 갈비 한 대 갖다 드려라."

이몽룡이 곁에 앉은 운봉 고을의 사또에게 짓궂은 행동을 하고 있습니다. 부채를 가지고 옆구리를 힘껏 찌른 것인데, 이때 운봉 영장이 한 말입니다. "소갈비"와 "생갈비"를 이용한 언어유희가 엿보이지요.

'동음이의어' 는 형태는 같은데 의미는 서로 관련이 없는 말입니다. 예를 들어 소리는 [배]로 같지만, 뜻은 다른 말이 여럿 있어요. 과일인 배, 인체의 일부분인 배, 물 위에서 타고 다니는 배, 갑절의 뜻을 지닌 배 등이 있습니다. 이런 것을 동음이의어라고 합니다. 이런 동음이의어를 이용한 언어유희도 생각해 볼 수 있어요. 다시 「춘향전」을 볼까요.

각 읍 수령 모아들 제, 인물 좋은 순창 군수, 임실 현감, 운봉 영장, 자리로사 옥과 현감, 부채 치레 남평 현령, 울고 나니 곡성 원님, 운수 좋다 강진 원님, 사면으로 들어올 제, 청천에 구름 뫼듯, 백운 중에 신선 뫼듯,

변학도가 생일잔치를 벌이는 곳에 이웃 고을 사또들이 축하를 하러 모여드는 상황입니다. 위 예문에서 "곡성"(谷城)은 지명입니다. 그런데 사람이 우는 소리를 '곡성'(哭聲)이라고 하지요. 즉 지명인 곡성과 울음소리 곡성은 동음이의어입니다. 즉 위의 예문에 나오는 언어유희는 동음이의어를 이용했군요.

⇒ 440p 「다의어 ＊ 동음이의어」 참고

옴니버스 구성
피카레스크식 구성

1_옴니버스 구성

'옴니버스'는 합승버스를 가리키던 말인데, 오늘날에는 작품 한 편 안에 여러 개의 이야기가 들어 있는 형식을 나타냅니다. 「봉산탈춤」은 각 과장(科場, 막, 마당)마다 주인공이 다 다릅니다. 노장 과장은 노장과 취발이, 양반 과장은 말뚝이와 양반 삼 형제, 미얄 과장은 미얄과 영감이 등장하여 이야기를 전개합니다. 그러나 「봉산탈춤」의 모든 과장은 반봉건성, 근대 지향성이라는 공통점으로 한데 엮입니다. 이와 같이 여러 이야기들을 연결하여 하나의 주제를 드러내는 게 옴니버스 구성입니다.

코끼리 열차를 타 본 적 있나요? 각 칸에 앉아 있는 사람들은 저마다 목적지가 다르지만, 크게 보아 이 열차는 하나의 종착역을 향해 달리는 것입니다. 옴니버스도 이와 같습니다. 즉 이야기마다 주제와 인물이 다르다고 해도 작품 전체로서 하나의 큰 주제를 드러내는 구성이 옴니버스 구성입니다. 이제 옴니버스를 생각할 때면 코끼리 열차를 떠올려 보세요.

2_피카레스크식 구성

'피카레스크식 구성'을 설명할게요. 이 말은 ①16세기 스페인에서 일어나 17세기에 성행한 것으로 악한이나 도적들의 모험을 주제로 한 구성, ②동일한 주제 아래 독립된 여러 이야기를 모아 하나의 계통으로 정리한 구성을 가리킵니다. ②번 뜻으로 사용되는 경우가 더 많습니다.

『데카메론』에서는 열 사람이 10일간 체류하며 오후의 가장 더운 시간에 나무 그늘에 모여 앉아 이야기를 합니다. 한 사람이 한 가지씩, 하루에 열 가지 이야기를 하고는 헤어지기 전에 좌상(座上)을 임명하여 다음날의 이야기 주제를 정하고 저녁 식사 후에는 노래를 부르고 잠자리에 듭니다. 이런 식으로 100가지 이야기가 등장하는데, 이야기가 한 테두리 안에서 구성되기 때문에 내용이 다채로우면서도 통일성을 잃지 않습니다. 이런 방식을 피카레스크식 구성이라고 합니다. 조세희의 「난장이가 쏘아 올린 작은 공」 같은 연작소설도 피카레스크식입니다.

3_옴니버스 구성과 피카레스크식 구성의 차이점

● 옴니버스 구성
〈주인공 ㉠, 사건 ㉠〉 + 〈주인공 ㉡, 사건 ㉡〉 + 〈주인공 ㉢, 사건 ㉢〉 = 전체 주제
● 피카레스크식 구성
〈주인공 ㉠, 사건 ㉠〉 + 〈주인공 ㉠, 사건 ㉡〉 + 〈주인공 ㉠, 사건 ㉢〉 = 전체 주제

　　이 두 방식은 몇 개의 독립된 이야기가 모여 있다는 점에서 같습니다.

　　반면에 옴니버스는 각 이야기마다 다른 주인공이 등장하는 데 비해, 피카레스크식 구성은 중심인물이 같습니다.

　　예컨대 가면극 「봉산탈춤」은 옴니버스 구성이고, 동일한 주인공이 매번 다른 사건을 해결하는 코난 도일(Conan Doyle)의 『셜록 홈즈 전집』은 피카레스크식 구성입니다. 위의 정리에 나타나듯 옴니버스는 주인공이 ㉠, ㉡, ㉢으로 바뀌는 데 비해 피카레스크식 구성은 주인공이 ㉠ 하나만 등장한다는 것, 꼭 기억해 두세요.

'우의'를 『표준국어대사전』에서 찾아보니 이렇게 풀이되어 있습니다.

❯ 우의(寓意)
다른 사물에 빗대어 비유적인 뜻을 나타내거나 풍자함. 또는 그런 의미.
토끼와 거북이에 관한 우화는 재주보다는 노력이 더 중요함을 강조하는 우의를 가지고 있다. / 이솝우화는 여러 가지 우의를 통해서 인생의 중요한 교훈들을 가르치고 있다.

즉 우의는 동물이나 여타 사물에 빗대어 표현하는 방법입니다. 어린 시절에 재미있게 읽은 이솝우화가 대표적이지요. 우화에 등장하는 동물들은 궁극적으로 인간을 나타냅니다. 즉 표면은 동물로 나타나지만, 실제로는 인간을 표현합니다. 대체로 인간 세계의 부조리함, 약점 등을 꼬집는 내용이 많지요.
'우회적'은 곧바로 가지 않고 멀리 돌아간다는 뜻입니다. 어떤 뜻을 전달할 때 그 의미를 직접 드러내지 않고 간접적으로 표현하는 것이지요. 친구가 그만 집으로 가 주기를 바랄 때, "너 이제 그만 가라."라고 하면 직접적입니다. 반면에 "밤이 많이 깊었다."고 말하면 우회적인 표현입니다. 또 "우화는 우회적인 표현 방법이다."라고 말할 수 있겠지요.

🧒 인물 유형 58

소설을 읽으면 새로운 인물을 만나서 무척 행복해집니다. 일상 생활에서는 만나지 못했던 사람을 만나고 그가 살아가는 모습을 바라보는 즐거움 때문에 소설을 읽게 됩니다. 그 즐거움은 무엇과 비교해도 결코 뒤지지 않습니다. 오랜 세월이 지나 소설 제목은 생각도 나지 않는데 그 소설 주인공은 또렷이 떠오를 때가 있어요. 또한 예전 소설들은 주인공의 이름을 따서 제목을 짓는 경우가 많았습니다. 「흥부전」, 「심청전」, 「백설공주」, 「헨젤과 그레텔」이 그렇습니다. 인물은 그만큼 중요한 요소입니다. 소설에서 말하는 인물이란, 단순히 등장하는 사람의 외적인 모습만 가리키는 게 아니라 그 인물의 내면적 성격까지 아우르는 개념인 것입니다.

소설을 논의할 때 자주 나오는 인물 유형을 정리해 보았습니다.

① '평면적 인물'은 작품 처음부터 끝까지 성격이 변화하지 않고 주위의 어떠한 변화에도 영향을 받지 않는 인물입니다. 정적 (靜的) 인물이라고도 합니다. 평면적 인물은 능동적으로 어떤 행위를 하는 게 아니라, 어떤 사건이 그들에게 와서 벌어집니다. 이

사건이 일어난 후에도 인물의 성격은 단순하게 고정된 채 변화, 발전하지 않습니다. 그들은 그냥 하나의 문장으로 표현할 수 있을 만큼 사고가 단일하고 특질이 단순합니다. 「흥부전」의 흥부는 작품 처음부터 끝까지 착한 사람입니다. 「토끼전」의 자라는 시종일관 우직하고 충성스럽기만 합니다. 벙어리 삼룡이는 주인아씨를 향한 호의를 끝까지 간직합니다. 셜록 홈즈는 실험과 사건 해결에만 몰두하는, 지치지 않는 모험가입니다. 이런 인물들이 평면적 인물입니다.

　② '입체적 인물'은 한 작품 속에서 성격이 발전하고 변화하는 인물입니다. 원형적 인물, 또는 발전적 인물이라고도 합니다. 입체적 인물은 특질이 한 가지 이상이거나, 스토리가 전개되면서 성격이 변화하는 인물입니다. 「감자」의 복녀는 원래 환경은 가난하지만 기품 있는 여자였는데, 결국은 도덕적으로 타락하고 맙니다. 「붉은 산」의 익호는 망나니였으나 나중에는 한국인의 권익을 위해 싸우다 죽어 가는 인물이 됩니다. 이처럼 성격이나 가치관이 변모하는 인물이 입체적 인물입니다.

　③ '전형적 인물'은 어떤 사회 집단, 계층을 대표하는 인물로서, 그 집단의 보편적인 특성을 발휘합니다. 이들의 특질은 미리 규정된 범주에서 나온 것, 즉 그가 속한 사회나 계층의 집단적 성격입니다. 「춘향전」의 춘향이는 열녀를, 「흥부전」의 놀부는 인색한 부자 계층을 대표합니다. 유난히 청결을 강조하는 「꺼삐딴 리」의 이인국 박사도 의사의 전형성을 보여 주는 인물입니다. 「삼대」는 조의관, 조상훈, 조덕기라는 인물들을 통해 각자가 속한 세대의 전형성을 극명하게 보여 줌으로써 당대 사회를 사실적으로 그려 냈습니다.

④'개성적 인물'은 전형적 인물의 상대어입니다. 그러니까 성격이 독자적인 인물입니다. 「B사감과 러브레터」의 B사감은 사감으로서의 일반적 특성을 지닌 한편, 노처녀로서의 독특한 면모도 간직하고 있습니다. 「봄봄」의 점순이도 보통 생각하는 순박한 시골 처녀와는 다소 다르지요. 이들이 개성적 인물입니다.

⑤주동 인물은 작품의 주인공입니다.

⑥반동 인물은 작품 속에서 주인공과 대립하는 인물을 의미합니다. 「모래톱 이야기」에서는 유력자와 그를 추종하는 무리들이 반동 인물을 맡고 있습니다.

➕ 평면적/입체적, 전형적/개성적, 주동/반동은 각각 상대적인 개념입니다.

전기적

'전기'는 중국 당나라 시대에 발생한 문어체 소설인데, 대체로 귀신과 인연을 맺는다거나 용궁에 가 보는 등 기괴하고 신기한 일을 담고 있습니다. 우리나라의 경우 김시습의 『금오신화』에 실려 있는 다섯 작품이 여기에 속합니다. 전기는 현대인이 생각하기에는 말도 안 된다 싶은 내용입니다. 현실 세계를 벗어난 천상과 지옥, 용궁이 공간적 배경이 되는가 하면, 초인적인 능력을 발휘하는 인간이 등장합니다. 이들은 둔갑술을 부리고, 구름을 타고 날아다니기도 하지요. 전기성은 고대의 서사물에 있어 중요한 구성 요소였습니다. 신화나 민담에 전기성이 두드러지게 나타나는 것을 보면 알 수 있습니다.

전기(傳記 〔전할 전, 기록할 기〕)
① 한 사람의 일생 동안의 행적을 적은 기록.

② 전하여 듣고 기록함.

　여러분이 예전에 읽은 위인전은 대부분 전기문(傳記文)입니다. 위인의 생애를 처음부터 끝까지 기술했으니까요. 그런데 소설 중에도 이런 작품이 많습니다. 「홍길동전」은 길동이가 태어나서 죽을 때까지의 일대기를 그리면서(傳記), 동시에 도술을 부리는 기이한 일(傳奇)을 다루었습니다. 즉, 뜻이 다른 전기 두 가지가 동시에 나타난 작품이네요. 「단군 신화」, 「동명왕 신화」도 마찬가지입니다.

　소설의 시점은 서술자의 위치에 따라 구분합니다. 서술자가 사건 안에 있으면 일인칭 시점, 사건 밖에 있으면 삼인칭 시점입니다. 즉 서술자가 등장인물 중 한 사람이면 일인칭 시점, 서술자가 등장인물에 포함되지 않으면 삼인칭 시점입니다. 이런 점에서 시점은 서술자를 매우 중요하게 여기는 개념입니다.

　전통적인 시학(작품 창작의 원리, 작품의 본질 등을 연구하는 학문)은 이야기를 독자에게 전달하는 사람(화자, 서술자)이 이야기의 내용을 보고 있는 것으로 간주했습니다. 그렇기 때문에 화자의 위치에 따라 시점을 구분했습니다.

　그런데 이를 비판하는 의견이 대두되었습니다. 이들은 '시점' 개념으로는 인식하는 역할과 이야기하는 역할을 분리할 수 없다고 지적합니다. 그들은 '서술의 주체'와 '인식의 주체'를 구분해서 설명합니다. 서술은 서술자가 하지만, 인식의 주체는 서술자가 아니라고 주장합니다. 예컨대 일인칭 소설에서 60대의 '나'가 10세의 어린 '나'의 시점을 빌어서 서술하거나, 삼인칭 소설의 화자가 특정한 인물의 시점을 빌려 서술할 수도 있습니다.

　서술자는 대상을 직접 보고 직접 말할 수 있지만, 다른 인물의 눈을 빌려 대상을 바라보면서 그 인물의 목소리로 혹은 서술자 자신의 목소리로 말할 수도 있습니다. 그리고 대상을 긍정적으로 볼 수도 있고 차갑게, 멀게 볼 수도 있습니다. 이처럼 대상을 서술할 때 특정 부분에 중점을 두고, 특정한 방식으로 바라보는 행위를 '초점화'라고 합니다. 말하자면 초점화는 하나의 인식주체가 일정한 대상을 향해 자신의 지각을 보내고, 그것을 인식하는 행위입니다. 그리고 초점화의 주체를 '초점화자'라 하고, 그가 지각하는 대상을 '초점화 대상'이라고 합니다. 초점화자는 작품 내부에 있을 수도 있고, 외부에 있을 수도 있습니다. 예컨대 신경숙의 「외딴방」은 일인칭 소설로 화자와 인물이 같습니다. 그런데 자세히 들여다보면 화자와 인물이 엄격하게 구분됩니다. 화자는 30대의 성인이 된 '나'이고, 인물은 16세의 어린 '나'입니다. 즉 어린 '나'가 이 작품의 초점화자입니다.

⇒ 155p 「시점과 거리」 참고

판소리 사설 문체

'판소리계 소설'은 판소리로 불리던 내용(판소리 사설)이 소설 형식으로 정착된, 소설의 한 갈래입니다. 그런데 판소리 사설은 노래로 부르던 것이기 때문에 일정한 운율이 느껴지지요. 이런 특징이 소설에 와서도 일부 남게 됩니다. 그래서 판소리계 소설은 산문 소설이면서도 운문적인 성격이 강합니다. 「흥부전」은 놀부의 고약한 심보를 이렇게 표현했습니다.

술 잘먹고, 욕 잘 하고 거드름 빼고, 싸움 잘 하고, 초상난 데 춤추기, 불난 데 부채질하기, 해산한 데 개 잡기, 장에 가면 억지 흥정, 우는 아기 똥 먹이기, 죄 없는 놈 뺨 치기, 빚값으로 계집 뺏기, 늙은 영감 덜미 잡기, 아이 밴 아낙네 배 차기, 우물 곁에 똥 누어 놓기, 올벼 논에 물 터 놓기, 잦힌 밥에 흙 퍼붓기, 패는 곡식 이삭 빼기, 논두렁에 구멍 뚫기, 애호박에 말뚝 박기, 곱사등이 엎어 놓고 밟아 주기, 똥 누는 놈 주저앉히기, 앉은뱅이 턱살 치기, 옹기장수 작대기 치기, 면례하는데 뼈 감추기, 남의 양주 잠 자는데 소리 지르기, 수절과부 겁탈하기, 통혼한 데 간혼 놀기, 만경창파에 배 뚫기, 닫는 말에 앞발 치기, 목욕하는 데 흙 뿌리기, 담 붙은 놈 코침

주기, 얼굴에 종기 난 놈 쥐어박기, 눈 앓는 놈 눈에 고춧가루 넣기, 이 앓
는 놈 뺨치기, 어린아이 꼬집기, 다 된 흥정 파의하기, 중을 보면 대테메
기, 남의 제사에 닭 울리기, 큰 한길에 허망 파기, 비 오는 날에 장독 열기
등이었다.

판소리 사설의 두 번째 특징. 서술자의 판단을 직접 드러내는
표현이 많다는 것입니다. 이런 표현은 주로 '~것다', 때로는 '~
다요'의 형식을 씁니다. 그리고 이런 특징을 '편집자적 논평'이라
고 부릅니다.

⇒180p 「편집자적 논평」 참고

점잖고 격조 높은 단어보다는 비속어 등 일반 백성들의 귀에
익은 말을 많이 사용하는 것도 판소리 사설의 특징입니다.
판소리 사설의 특징이 많이 드러난 소설의 문체를 판소리 사설
문체, 판소리 어조라고 합니다. 채만식이 이런 문체를 즐겨 사용
한 대표적인 작가입니다. 「태평천하」를 조금 옮겨 볼게요.

이 놈이 썩 묘하게 생겼습니다. 우선 부룩송아지 대가리같이 머리가
곱슬곱슬하고 노랗기까지 한 것이 장관이요, 그런 대가리가 어쩌면 그렇
게도 큰지, 남의 것 같습니다. 눈은 사팔이어서 얼굴을 모로 돌려야 똑바
로 보이고 코는 비가 오면 고개를 숙여야 합니다. 나이는 스무 살인데 그
것은 이 애한테만 세월이 빨리 갔는지 열 살은 에누리 없이 모자랍니다.
그러나 이 애야말로 윤직원 영감한테는 대단히 보배스러운 도구입니다.
윤직원 영감은 상노아이놈을 똑똑한 놈을 두는 법이 없습니다. 똑똑한
놈이면 으레껏 흠치, 흠치, 즉 태을도(太乙道, 도둑질)를 한대서 그러는
것입니다. 이 삼남이는 너무 멍청해서 데리고 부리기가 매우 갑갑하기도
하지만 그 대신 일 년 삼백 예순 날을 가도 동전 한 푼은커녕, 성냥 한 개
비 몰래 축내는 법이 없습니다.

　　옛날 작가들은 오늘날 작가들과는 달리, 작가와 서술자를 분리해서 생각하는 정도가 미약했습니다. 그렇기 때문에 작가 혹은 서술자가 작품 속 상황에 직접 개입하여 자기 생각을 드러내는 일이 많았습니다. 이런 개입을 '편집자적 논평'이라고 합니다. 편집자적 논평이 현대 소설에서 완전히 사라진 것은 아닙니다. 예컨대 판소리계 소설 문체를 계승했다고 평가받는 채만식의 소설에는 편집자적 논평이 가끔 나타납니다. 하지만 이렇게 특수한 경우를 제외하면 편집자적 논평은 대체로 고전소설에서 사용되었다고 볼 수 있어요.

　　편집자적 논평이 특별히 어려운 개념은 아닙니다. 말 그대로 논평이 나타나 있는 것을 찾으면 됩니다. '논평'(論評, Commentary)은 화자가 자신의 견해를 명백하게 드러내 보이는 서술 행위, 혹은 화자가 어떤 의지를 가지고 제시하는 서술 행위입니다. 논평은 독자들이 다른 방법으로는 알기 어려운 사실을 전달해 주는 역할을 합니다.

　　논평은 평서문 형태보다는 의문문이나 감탄문, 혹은 판단을 드러내는 형태로 많이 등장합니다. 그러므로 고대소설을 읽을 때 이런 문장 형태가 나오는지 유심히 관찰하면 편집자적 논평을 잘 찾을 수 있습니다.

편집자적 논평을 정리해 보았습니다.

"… 지야자 두덩실 하는 소리 어사또 마음이 심란하구나."
"… 하니 '마는' 소리 훗입맛이 사납겠다."
"… 민정을 생각하고 본관의 정체를 생각하여 지었것다."
"이렇듯 요란하니 잔치가 되겠느냐."
"통곡하는 옥단춘의 정상을 누가 아니 슬퍼하랴."
"길동이 절하고 문을 나와 멀리 바라보니 첩첩한 산중에 구름만 자욱한데 정처없이 길을 가니 어찌 가련치 않으랴."

편집자적 논평과 전지적 작가 시점은 어떻게 다를까요? 단정적으로 말하면 '논평'에 해당하는 내용이 있는가 없는가의 차이입니다. 전지적 작가 시점의 서술자는 등장인물의 내면을 속속들이 알지만 그의 행동이나 작품 속 상황에 대해서 이러니저러니 논평하지는 않습니다.

직접 예문을 만들어 볼까요.

㉠ 그는 이목구비가 뚜렷하지 않은 데다가 흉터까지 있었다. 그 때문에 늘 콤플렉스를 지니고 있었다.
㉡ 그는 이목구비가 불분명하고 얼굴에 흉터까지 있었다. 이러니 처녀들 마음을 사로잡을 리가 있겠는가.

㉠은 전지적 작가 시점으로 기술된 문장이고, ㉡은 편집자적 논평에 해당합니다. ㉠만으로는 그가 아가씨들에게 인기가 있는

지 없는지 단정할 수 없습니다. 인기가 없을 거라고 추측할 수는 있지만, 틀림없이 인기가 없다고 확정지어 말하는 건 어불성설입니다. 반면에 ㉡은 독자로서는 확실하게 알 수 없는 사실을 서술자가 자기 견해를 나타내는 방식으로 분명하게 표현했습니다. 이를 편집자적 논평이라고 합니다.

63

풍자 ✳ 해학

해학(humour)은 우리말 골계, 익살 등에 대응될 수 있는 말로서, 우스꽝스러움의 현상을 가리킵니다. 그런데 이 웃음은 이웃에 대한 관용과 동정을 수반합니다. 냉소, 조소 등 적대감과 경멸의 감정이 담긴 웃음과는 다릅니다.

해학과 좀 더 적극적으로 대비되는 웃음의 양상이 풍자입니다. 풍자는 적의와 경멸, 공격적 의도를 드러냅니다. 말하자면 '무기로 사용된 웃음(laughter as a weapon)'인 셈입니다. 그러나 모든 문학 작품이 풍자와 해학 중 어느 한 쪽에만 속하지는 않습니다. 반어와 풍자, 해학은 한 작품 안에서 삼투현상을 일으키기도 합니다. 그럴 때 풍자적 해학이라든가 반어적 풍자 같은 말을 사용하지요.

김유정이 쓴 「봄봄」의 서술자는 3년여 동안 돈 한 푼 못 받고 노동력을 제공한 인물입니다. 그러나 그가 '장인님'을 미워하는 것은 결코 아닙니다. 작품 안에 이런 사실이 직접적으로 두 번이나 기술되어 있으므로 해학성이 두드러집니다. 그런 반면 채만식의 「치숙」은 배운 것 없으면서도 일제 치하에 잘 적응하며 살아가는 조카가 숙부를 '사회주의라든가 막걸리라든가'를 공부해서 폐인(?)이 된 사람이라고 비웃는 내용입니다. 조카가 숙부를 노골적으로 경멸하는, 짙은 풍자성을 담은 작품입니다. 물론 이 작품이 가진 풍자성은 작가가 조카를 조롱하려는 데 있습니다. 풍자와 해학을 구별하기 위해서는 더 많은 작품을 읽으면서 기본적인 개념을 적용해 보는 훈련이 필요합니다.

풍자에 대해 좀 더 공부해 볼까요.

풍자(諷刺, satire)
무엇을 빗대어서　재치 있게　깨우치거나 비판하는 것
　　　A　　　　　B　　　　　　C

위 설명에는 세 가지 사실이 들어 있습니다. 첫째, 표현 방법(A), 둘째, 웃음을 유발시킨다는 특성(B), 셋째, 사용하는 의도(C)입니다.

흔히 풍자를 '무기로 사용된 웃음'이라고 합니다. 풍자가 일으키는 웃음에는 상대방을 공격하려는 의도가 들어 있다는 말입니다. 풍자는 미소가 아니라 냉소, 조소, 차가운 웃음을 짓게 만들어요. 채만식의 「치숙」은 표면적으로는 조카가 숙부를 경멸한 작품입니다. 즉 위의 설명을 적용하면 A가 없고 B와 C만 있지만 역시 '풍자'라고 볼 수 있습니다.

그런가 하면 웃음과 관련이 없어도, 즉 A와 C만 있어도 '풍자적'이라고 합니다. 이제현이 쓴 「사리화」의 전문을 현대어로 풀어 보면 "참새야 어디서 오가며 나느냐 / 일 년 농사는 아랑곳하지 않고 / 늙은 홀아비 홀로 갈고 맸는데 / 밭의 벼며 기장을 다 없애다니"입니다. 결코 웃을 만한 상황이 아니지요. 하지만 백성을 '홀아비'로 표현하고, 백성을 괴롭히는 관리를 '참새'에 빗대어 비판하고 있지요. 이런 것도 풍자입니다.

드물게는 A와 B가 아주 희미하거나 심지어는 아예 없어도 풍자라는 말을 쓸 수 있습니다. '풍자적', '풍자의 태도', '풍자성' 등의 형태로 쓰이면서 '대상의 부정적인 속성에 대한 비판'이라는 제한된 의미를 나타냅니다. 즉 C만 가진 풍자입니다. 정약용의 「가마꾼」은 관리들의 횡포를 고발하는 작가의 의식이 짙게 배어 있는 작품입니다. 대상을 사뭇 공격적인 어조로 표현하고 있을 뿐만 아니라, 그들의 모습을 그림으로 그려 임금님께 보이고 싶다고 말함으로써 현실의 모순을 바로잡고 싶다는 생각을 직접 드러냈습니다. 즉 풍자적 태도가 보이는 작품입니다.

정리하자면, 풍자는 현실의 부정적인 모습을 드러내는 비판적 속성이 가장 본질적인 요소입니다. 여기에 더하여 웃음을 유발하거나 다른 대상에 빗대는 등의 특성을 지닐 수 있습니다.

허구 虛構, fiction

영어 '픽션'(fiction)의 어원 fictio는 '모양을 빚어내다' 라는 뜻입니다. 이 말은 본래 진흙을 빚어서 그릇을 만드는 행위를 가리켰는데, 그로부터 '꾸며내다' 란 뜻이 덧보태졌고, 문학에서는 '재료를 가공하여 새로운 것을 만들다' 라는 뜻으로 사용됩니다.

그리고 이때의 재료는 현실입니다. 작가는 현실을 재료로 상상력을 발휘하여 새로운 세계를 만들어 냅니다. 소설은 역사적 사실이 아닙니다. 투박하게 말한다면 허구는 거짓말입니다. 플라톤이 작가를 추방해야 한다고 생각한 것도 이런 이유 때문입니다. 문학은 거짓을 생산해 내는 것이므로, 그런 일에 종사하는 것은 무가치한 삶이라고 판단했던 것입니다. 이에 비해 소크라테스는 문학이 사실은 아닐지라도 현실을 잘 반영했으니 가치가 있다고 생각했습니다.

그렇다면 거짓으로서의 허구에는 어떤 가치가 있는 것일까요? 누군가가 여러분에게 이렇게 주장한다고 가정해 봅시다.

모든 거짓말은 나쁘다.

소설은 거짓말(=허구)이다
그러므로 소설은 나쁘다.

이 논증 앞에서 무어라고 대답하겠습니까? 소설은 나쁜 것이니까 어린애들도 읽지 못하게 하고 나도 앞으로 소설 같은 것은 절대로 읽지 않겠다고 할 건가요? 그렇지 않다면 어떤 식으로 대응할 수 있을까요? 나 같으면 이렇게 말하겠습니다.

남의 몸에 칼을 대는 사람은 감옥에 보내야 한다.
의사는 남의 몸에 칼을 댄다.
그러므로 의사는 감옥에 보내야 한다.

강도는 칼로 사람을 죽이지만, 의사는 칼로 생명을 구합니다. 의사는 칼로 생명을 구하는 방법을 익혀서 그 능력을 인정받은 사람입니다. 칼로 사람을 살려내지 못하면 의사가 아닙니다. 소설가도 마찬가지입니다. 소설가는 거짓말(허구)을 만들어 냄으로써 우리가 살아가는 세계의 불완전함을 폭로합니다. 의사가 수련 과정을 마치고 의료 행위를 펼치듯, 소설가는 현실을 재료로 삼아 새로운 세계, 새로운 인식을 독자 앞에 펼쳐 보입니다. 즉 허구화를 할 줄 모르는 사람은 작가가 아닙니다. 신문기자로는 제격일지 모르겠습니다만.

소설가가 펼쳐내는 거짓 이야기는, 남을 속여 경제적 이익을 꾀하려는 사기꾼의 거짓말과는 다릅니다. 소설가는 삶의 본질을 들여다보고, 이 세상을 새롭게 파악하려는 의도를 달성하기 위해 거짓말을 할 수밖에 없습니다. 제대로 된 거짓말을 할 수 있어야 위대한 작가의 반열에 듭니다. 이런 점에서 허구는 작가의 특권이자 작가를 다른 사람과 구별 짓는 특성입니다.

확장적 문체와 장면의 극대화 **65**

어떤 국면을 확장적으로 표현함으로써 주어진 장면에서 기대

되는 효과를 최대화한다.

고대소설의 특징 중 하나는, 작품 속에서 벌어지는 상황과 관련된 내용을 잡다하게(?) 열거하는 것입니다. 「장끼전」에서 죽어가는 장끼를 보면서 까투리가 신세타령을 하는 장면입니다.

이제는 속절없네. 저편 눈의 동자부처 첫새벽에 떠나가고, 이편 눈의 동자부처는 지금 막 떠나려고 파랑보에 봇짐 싸고 곰방대 붙여 물고 길목 버선 감발하네, 애고애고, 이내 팔자 이다지도 기박한가, 상부(喪夫)도 자주 하네, 첫째 낭군 얻었다가 보라매에 채여 가고, 둘째 낭군 얻었다가 사냥개에 물려 가고, 셋째 낭군 얻었다가 살림도 채 못 하고 포수에게 맞아 죽고, 이번 낭군 얻어서는 금실도 좋거니와 아홉 아들 열두 딸을 남겨 놓고 아들딸 혼사도 채 못 해서 구복(口腹)이 원수로 콩 하나 먹으려다

덫에 덜컥 치였으니 속절없이 영 이별하겠구나.

이 말을 들은 장끼가 이렇게 답하네요.

죽은 자는 불가부생(不可復生)이라, 다시 보기 어려울 테니 나를 굳이 보겠으면 내일 아침 일찍 먹고 덫 임자 따라가면 김천장에 걸렸거나 청주장에 걸렸거나, 그렇지 아니하면, 감령도나 병영도나 수령도나 관청고에 걸렸든지 봉물짐에 얹혔든지 사또 밥상에 오르든지, 그렇지도 아니하면 혼인 폐백건치 되리로다.

장끼는 자신이 죽어 가는 상황인데도, 자기가 죽은 후에 어찌 될 것이라는 점을 여러 가지 사례를 들어가면서 장황하게 반복했습니다. 이런 방법을 사용함으로써 상황을 강조하고, 나아가 해학적 효과를 얻었습니다. 이 부분에서 독자들은 죽어 가는 장끼가 불쌍하게 여겨지기보다는 장끼 고기가 다양하게 활용(?)된다는 사실을 확인하면서 웃음을 참지 못합니다. 이런 표현 기교를 '확장적 문체', 혹은 '장면의 극대화'라고 합니다.
이와 비슷하게, 「춘향전」에는 암행어사가 출두했을 때 관아 아전들이 혼비백산하는 장면이 있습니다. 아전들이 자기 업무와 관련된 행동을 하면서 허둥대는 모습이 장황하게 반복되고, 독자들은 웃음을 터트리게 되지요. 장면의 극대화에서 오는 효과입니다.
어떤 대목이 장면의 극대화인가를 판단하는 기준은 두 가지입니다. 우선, 여러 가지 사실을 나열했는가 하는 점을 살핍니다. 한 가지를 깊이 이야기하는 것보다 여러 가지를 반복하는 사례가 나타나겠지요. 둘째로 상황을 강조하거나, 해학적인 효과를 거두는지 살핍니다. 위의 두 가지 요건을 모두 충족시킨다면 확장적 문체로 볼 수 있습니다. '장면의 극대화'라고 부를 수도 있고요.

기타

간지 干支

- ∨ 천간(天干) | 갑(甲), 을(乙), 병(丙), 정(丁), 무(戊), 기(己), 경(庚), 신(辛), 임(壬), 계(癸)

- ∨ 지지(地支) | 자(子, 쥐), 축(丑, 소), 인(寅, 호랑이) 묘(卯, 토끼), 진(辰, 용), 사(巳, 뱀), 오(午, 말), 미(未, 양), 신(申, 원숭이), 유(酉, 닭), 술(戌, 개), 해(亥, 돼지)

간지는 천간과 지지를 함께 이르는 말입니다. 천간 10글자에서 한 글자, 지지 12글자에서 한 글자씩 순서대로 모아서 만듭니다. 즉 갑자, 을축, 병인……계유, 갑술, 을해, 병자, 정축……계해, 이런 순서입니다. 이렇게 하면 천간은 여섯 번, 지지는 다섯 번을 순환해서 전체 한 주기가 완성됩니다. 10과 12의 최소공배수는 60이니까 한 주기는 60년이겠지요? 즉 61번째 해는 다시 갑자년이 됩니다. 그래서 태어난 지 61년째 되는 해를 환갑(還甲), 즉 갑자년이 다시 돌아왔다고 하는 것입니다.

그렇다면 서기를 이용해서 간지를 파악하는 방법을 알아볼까요. 먼저 천간은 서기로 나타난 해의 마지막 숫자를 다음에 제시하는 표에서 찾으면 됩니다.

숫자	4	5	6	7	8	9	0	1	2	3
천간 (天干)	갑(甲)	을(乙)	병(丙)	정(丁)	무(戊)	기(己)	경(庚)	신(辛)	임(壬)	계(癸)

지지는 서기로 나타난 해를 12로 나눈 뒤에 그 나머지를 다음에 제시하는 표에서 찾으면 됩니다.

나머지	4	5	6	7	8	9	10	11	12	1	2	3
지지 (地支)	자(子)	축(丑)	인(寅)	묘(卯)	진(辰)	사(巳)	오(午)	미(未)	신(申)	유(酉)	술(戌)	해(亥)

예를 들어 볼게요. 2009년 올해의 간지는 어떻게 될까요. 끝자리 숫자가 9이므로 천간은 기(己)입니다. 그리고 2009를 12로 나누면 몫은 167이고 나머지는 5가 됩니다. 5에 해당하는 지지는 축(丑)이지요. 그러므로 2009년은 '기축(己丑)' 년입니다. 한 번 더 해볼까요. 1592년은 무슨 해였을까요. 끝자리가 2이므로 천간은 '임(壬)' 이고, 1592를 12로 나눈 나머지가 8이니까 지지가 '진(辰)' 이므로 이 해는 임진년이었습니다.

각 지지에는 동물이 한 마리씩 있습니다. 이것이 우리가 말하는 '띠' 입니다. 그리고 지지는 시간을 나타내는 데도 쓰입니다. 맨 앞 '자' (子)시는 밤 11시부터 다음날 새벽 1시까지입니다. 여기서부터 두 시간 단위로 축시, 인시, 묘시라고 부릅니다. 자시의 가운데는 밤 12시입니다. 그래서 밤 12시를 '자정' (子正)이라고 합니다. 마찬가지로 낮 11시부터 오후 1시까지는 '오' (午)이므로 낮 12시를 '정오' (正午)라고 부릅니다. 그런가 하면 옛날에는 밤 7시부터 9시까지를 '초경' (初更), 9시부터 11시까지를 '이경' (二更), 11시부터 다음날 1시까지를 '삼경' (三更)이라고 부르기도 했습니다.

⇒257p 「음양오행설」 참고

감정感情과 정서情緒 67

'감정'(感情, feeling)은 생활체(生活體)가 어떤 행동을 할 때 생기는 주관적 동요를 말합니다. 이 말은 사람이 일상적으로 간직하고 있는 마음 상태, 혹은 상황에 따라 일어나는 마음의 움직임을 가리킵니다. 쉽게 말해 일상생활에서 어떤 현상이나 사건을 보았을 때 일어나는 마음이 감정입니다. 그런데 똑같은 사물을 경험하고도 사람마다 다른 느낌을 받습니다. 즉 감각은 객관적인 경험이지만 감정은 주관적인 경험입니다.

'정서'(情緒, emotion)는 비교적 단시간 동안 강하게 지속되는 감정을 의미합니다. 즉 어떤 상황에 처했을 때 일어나는 여러 가지 감정이나 상념을 정서라 하며, 혹은 그러한 감정을 불러일으키는 기분이나 분위기를 정서라고 합니다. 이를테면 정서 불안이란 짧은 시간 동안 강하게 자극되는 감정 때문에 불안해 하는 증세입니다. 정서는 '마음이 움직이고 감동한다'는 의미에서 '정동'(情動)이라고도 하는데, 대표적인 것이 칠정(七情, 기쁨·노여움·슬픔·즐거움·사랑·미움·욕심)입니다. 여러분들이 사용하는 이모티콘도 '정서'를 아이콘으로 표현한 기호입니다.

"정서는 어떤 보이지 않는 음성이 우리 마음을 울리는 발소리다."라는 말이 있습니다. 문학은 정서를 기반으로 합니다. 우리는 이 세상을 살아가면서 여러 가지 정서를 갖게 되고, 그 정서를 이용하여 이 세상과 만납니다. 우리는 언젠가 죽을 수밖에 없는 존재임을 스스로 인식하고 있으며, 그래서 늘 두려움과 근심에서 벗어나지 못합니다. 문학은 이러한 정서들을 언어로 표현한 것입니다. 달리 말해 기쁨과 노여움, 슬픔과 즐거움 등의 정서는 문학을 해명하는 열쇠인 셈이지요.

강호가도 ✻ 안빈낙도　68

강호(江湖)는 강과 호수, 즉 '자연'을 의미합니다. 한정(閑情)은 한가로운 심정을 뜻합니다. '강호한정'은 자연 속에서 한가롭게 지내는 정취를 말합니다. '강호한정'보다는 '강호가도'가 더 널리 쓰입니다.

강호가도는 조선시대 시가 문학의 한 사조입니다. 자연을 예찬하고 그 속에 묻혀 살면서 유교적 관념을 노래한 작품을 강호가도라고 합니다. 이런 노래 유형에는 무거운 벼슬을 버리고, 가벼운 마음으로 고향에 은거하면서 자연을 벗하고, 임금의 은혜를 생각하는 작품이 대부분입니다. 그리고 연산군 이후 벼슬길이 매우 험난했던 시기에는 몸을 피해 보전하는 내용을 담은 작품이 많았습니다. 맹사성의 연시조 「강호사시가」, 정극인의 가사 「상춘곡」, 송순의 가사 「면앙정가」, 윤선도의 시조 「어부사시사」 등이 대표적입니다.

  ˅ 안분지족(安分知足) | 편안한 마음으로 제 분수를 지키며 만족할 줄
    을 앎.

  ˅ 안빈낙도(安貧樂道) | 가난한 생활을 하면서도 편안한 마음으로 도
    를 즐겨 지킴.

  이 두 가지 태도의 변별적 특징은 물질적 가난함 / 도의 실천입
니다. 안분지족은 만족함을 강조하는 데 비해, 안빈낙도는 도를
지키는 즐거움이 담겨 있습니다. 이런 사실을 바탕으로 몇 가지
작품을 살펴볼까요.

  산수간 바위 아래 띠집을 짓노라 하니
  그 (뜻을) 모르는 남들은 웃는다 하지만은
  어리고 향암의 뜻에는 내 분수에 맞는가 하노라.

  윤선도의 「만흥1」입니다. 화자는 풀로 덮은 집(띠집)을 짓고
살겠다고 말합니다. 안분지족하겠다는 자세입니다.

  못난 이 몸이 무슨 소원 있으리오마는 두세 이랑 되는 밭과 논을 다 묵
혀 던져두고, 있으면 죽이요, 없으면 굶을망정, 남의 집, 남의 것은 전혀
부러워하지 않으려고 하노라. 나의 빈천을 싫게 여겨 손을 내친다고 물러
가며, 남의 부귀를 부럽게 여겨 손을 친다고 나아오랴? 인간 세상의 어느
일이 운명 밖에 생겼으랴. 가난하면서도 원망하지 않음이 어렵다고 하건
마는, 내 생활이 이러하되 서러운 뜻은 없노라. 한 도시락의 밥을 먹고 한
표주박의 물을 마시는 어려운 생활을 이것도 만족하게 여기노라. 평생의
한 뜻이 따뜻하게 입고 배불리 먹는 데는 없노라. 태평스러운 세상에 충
성과 효도를 일을 삼아, 형제간에 화목하고 벗끼리 신의 있게 사귀는 일

을 그르다고 할 사람이 누가 있겠는가? 그 밖의 나머지 일이야 태어난 대로 살아가려 하노라.

　박인로의 가사 「누항사」에는 안빈낙도의 삶을 지향하는 모습이 나타납니다. 가난하지만 인간으로서의 도리를 지키며 살아가겠다는 의지, 즉 안빈낙도의 태도가 두드러집니다.
　여기서 말하는 가난은 무능력하거나 혹은 게을러서 가난한 것과는 전혀 다릅니다. 이 가난은 맑은 정신 세계를 가꾸는 데서 생기는 가난함입니다. 도(道)가 바로 서지 않은 혼탁한 세상에 나가 양심을 버리고 높은 지위에 오르면 누구나 부귀영화를 누릴 수 있지요. 반면에 인간다운 도덕심을 지키면 물질적 풍요로움과는 거리가 멀어지기 쉬워요. 그러한 상태의 가난을 흔히 맑을 청(淸) 자와 가난할 빈(貧) 자를 사용하여 청빈(淸貧)이라고 합니다. 즉 청빈은 정신적으로 맑은 상태를 유지하되 물질적으로 가난한 것, 또는 물질적으로는 가난하지만 정신적으로는 맑은 상태를 의미합니다. 안빈낙도는 청빈에 처해 있으면서도 편안한 마음으로 도를 지키는 높은 정신 세계를 가리킵니다. 이렇게 사는 게 얼마나 힘든지는 여러분들이 성인이 된 후에 실감할 수 있을 거예요. 우리는 청빈한 사람이 몹시 그리운 세상을 살아가고 있는지도 모릅니다.

객관 ※ 주관

객관과 주관을 구별하는 방법을 알면 좋겠지요? 그런데 객관과 주관은 절대적인 개념이 아닙니다. 그렇기 때문에 둘의 차이를 구별하는 일정한 기준은 없습니다. "상대적으로 주관적이다." 혹은 "상대적으로 객관적이다."라고 말할 수 있을 뿐입니다.

'객관적'은 사물과 자기 자신과의 관계에서 벗어나 사물을 제삼자의 입장에서 보고 생각하는 것, 또는 세계나 자연이 주관의 작용과는 독립적으로 존재한다고 생각하는 것입니다.

수업 시간 중에 학생들에게 자기가 사는 집을 소개해 보라고 했습니다. 그들이 발표하는 가장 대표적인 내용 유형을 볼까요.

우리 집 현관을 들어서면, 정면에 안방이 보인다. 그 안방은 가로 6미터, 세로 4미터 넓이며 높이는 3미터이다. 안방 왼편에 안방의 절반 크기인 내 공부방이 있다.

이 문장은 우리 집 내부를 객관적으로 표현했습니다. 방의 크기는 누가 재어도 같은 것이죠. 나만의 판단에 따른 결과는 아닙

니다. 그렇기 때문에 이 말을 듣는 사람들 머릿속에는 모두 비슷
비슷한 집 구조가 떠올랐을 게 분명합니다. 이에 비해

    우리 집 현관을 들어서면, 정면에 안방이 보인다. 안방은 매우 넓다.
그 안방 옆에 정말 작은 내 공부방이 있다.

이 문장은 우리 집 내부를 주관적으로 표현했습니다. '넓다', '좁
다'는 것은 사람마다 느끼는 정도가 다르기 때문입니다. 또 내 공
부방이 안방의 왼쪽에 있는지 오른쪽에 있는지도 분명하지 않습
니다. 말하는 사람은 안방이 매우 넓다고 느끼지만, 정작 그 방에
서 생활하는 부모님은 좁아서 불편하다고 생각할 수도 있어요. 이처
럼 자기의 견해나 관점을 기초로 하는 것을 주관적이라고 합니다.
다른 각도에서 설명해 볼까요?
    다섯 살인 아이가 서른여섯 살인 아빠에게 자전거를 사 달라고
하자 다음 달에 사 주겠다고 했습니다. 이럴 때 아이가 다음 달까
지 아무 말 없이 기다릴까요? 아마도 하루에도 몇 번씩이나 "다음
달이 언제 오냐?"고 졸라대겠지요. 처음에는 아빠도 아이를 잘 달
래 주겠지만 나중에는 쉽게 화가 날 겁니다. "아빠가 다음 달에 사
준다고 했는데, 너 왜 자꾸 성가시게 구느냐?"고 핀잔을 주기 십
상입니다. 그렇지만 아이 입장에서 보면 한 달은 무척 긴 기간입
니다. 일 년은 열두 달이고, 아이가 다섯 살이니까 한 달은 그 아
이 인생의 60분의 1이나 되지요. 반면에 36세인 아빠에게 한 달
은…… 420분의 1밖에 되지 않네요? '한 달'은 객관적으로는 같
은 기간이지만, 아이와 아빠가 각각 주관적으로 느낄 때는 전혀
다른 것입니다. 여러분이 오르내리는 학교 계단이 농구 선수에게
는 너무 낮게 느껴지는 데 비해, 네 살짜리 아이에게는 매우 높게
느껴지겠지요. 이것도 주관적인 차이입니다.

관용구 * 속담　　70

관용어를 달리 관용구라고 합니다. '관용어구' 란 말은 사전에 실려 있지 않네요.

> 관용구 │ 두 개 이상의 단어로 이루어져 있으면서 그 단어들의 의미만으로는 전체의 의미를 알 수 없는, 특수한 의미를 나타내는 어구(語句). '발이 넓다' 는 '사교적이어서 아는 사람이 많다' 를 뜻하는 것 따위이다.

> 속담 │ 예로부터 민간에 전하여 오는 쉬운 격언이나 잠언.

관용구와 속담 몇 개를 소개할게요.

손이 맵다. (관용구)
발이 넓다. (관용구)

될성부른 나무는 떡잎부터 알아본다. (속담)
친구 따라 강남 간다. (속담)

① 속담은 비유성, 풍자성, 교훈성이 강한 반면, 관용구는 그러한 특성이 약합니다.

② 속담은 그것을 이루는 단어의 의미를 통해 전체적인 의미를 파악할 수 있지만, 관용구는 이와 같은 방식으로 의미를 파악하기가 어렵습니다. 위의 속담은 '잘될 가망이 있어 보이는 나무는 떡잎이 날 때부터 알아본다.', '자기는 하고 싶지 아니하나 남에게 끌려서 덩달아 하게 됨'을 의미합니다. 속담에 사용된 단어만으로도 이런 의미를 끄집어낼 수 있지요. 하지만 위의 관용구는 그 단어만으로는 뜻을 짐작하기 어렵습니다. 이것들은 각각 '손으로 슬쩍 때려도 몹시 아프다, 일하는 것이 빈틈없고 매우 야무지다.', '사귀어 아는 사람이 많아 활동하는 범위가 넓다'는 뜻입니다.

③ 속담은 완결된 문장 구조로 되어 있어서 일반적으로 관용구보다 문장이 깁니다. 관용구는 두세 어절로 이루어진 표현이 많기 때문입니다.

말이 좀 어렵나요? 차근차근 공부해 보면 됩니다. 우리는 어렸을 때 나무 블록으로 여러 모양을 만들면서 놀았어요. 나무 블록은 모양이 세모, 네모, 동그라미 등 몇 가지뿐입니다. 그런데 그것으로 기차며 미끄럼틀이며 배, 집 등 다양한 형태를 만들 수 있습니다. 이때 기차, 미끄럼틀 등은 그 자체로 하나의 전체이며 하나의 구조입니다. 그리고 낱낱의 블록은 그 전체를 이루는 부분입니다. 이런 관계를 구조라고 합니다.

소설은 인물, 사건, 배경 등이 얽혀 이루어집니다. 이때 인물, 사건, 배경이 낱낱의 블록이라면, 작품은 전체에 해당합니다. 또, 소설의 블록인 사건 하나는 그 나름대로 하나의 전체입니다. 즉 사건 하나는 여러 부분으로 이루어진 전체이면서 동시에 한 작품의 일부분이지요. 부분들은 각각 독립되어 있으면서도 서로 긴밀한 관계를 맺고 있습니다. 이런 점에서 보아 '전체'와 '집합체'는 다릅니다. 집합체는 상호 관련이 없는 부분들의 무더기이지만, 전체는 부분들끼리 밀접한 관련을 맺고 있는 전부입니다.

그런데 집을 만들기 전의 블록은 단지 블록이지만, 집을 이루는 부분으로서의 블록은 단순한 블록이 아닙니다. 즉 집의 한 부분으로 독자적인 기능을 담당합니다. 예컨대 강가의 모래와 아파트를 지을 때 사용한 모래는 모래라는 점에서는 같지만, 기능은 전혀 다릅니다. 강가의 모래를 한 주먹 집어낸다고 해서 어떤 변화가 일어나지는 않습니다. 하지만 아파트 같은 건축물에서 모래를 한 주먹 집어낼 수 있을까요? 이때 모래는 시멘트와 철근과 얽혀서 분리될 수 없는 상태로 아파트를 이루고 있습니다. 즉 여러 가지 부분들이 얽혀서 하나의 전체가 되고 이제 한 부분은 다른 부분들과 떼려야 뗄 수 없는 연관을 맺게 되는 것입니다. 그러므로 문학 작품을 읽을 때는 하나의 부분이 다른 부분들과 어떻게 관계를 맺고 있으며, 작품 전체의 구조에서 어떤 기능을 담당하는지를 살펴보아야 합니다. 작품을 읽을 때 '구조'를 눈여겨보면서 감상하는 법을 익히면 작품과 더 쉽게 친해질 수 있습니다. 또한 그럴 때에야 비로소 작품 읽기의 즐거움이 커진답니다.

이 세상에는 인간의 생각이나 감정으로 이해하거나 느낄 수 있는 것이 많아요. 이념, 의지, 슬픔, 외로움 등이 그렇습니다. 흔히 이런 단어를 '추상적', '관념적' 어휘라고 합니다. 추상적인 단어는 형상 즉 모양을 갖고 있지 않아서 실감나게 와 닿지 않을 때가 종종 있습니다. 또 남에게 구체적으로 전달할 수도 없고요.

'구체적'은 우리가 시각, 청각, 촉각 등의 감각기관을 통해서 인식할 수 있는 사물을 말합니다. 예컨대 햇빛, 솔향기, 새 울음 같은 것이 구체적인 대상입니다. 문학은 추상적인 관념을 구체적인 사물에 실어 표현하는 언어 예술입니다. 즉 어떤 관념을 실감나게 전달하는 작업입니다.

문학 작품은 추상적인 주제를 전달하지만 이를 위해 사용하는 소재는 구체적인 사물들입니다. 황순원의 「소나기」는 소년과 소녀 사이의 순수한 사랑을 주제로 삼고 있습니다. 하지만 작품 어디에도 '순수'나 '사랑'이라는 추상적인 단어는 나오지 않지요. 조약돌, 갈대, 무우, 꽃, 소나기 등과 같이 구체적인 단어들만 보일 뿐입니다.

시 역시 구체적인 단어를 이용하여 추상적인 의미를 전달합니다. 윤동주는 "잎새에 이는 바람"이라는 말로써 도덕적 순수함을 흔드는 내면적 유혹을 나타냈습니다. 유혹은 형상이 없는데, 잎새는 형상이 있잖아요? 즉 유혹은 추상적인데 잎새가 흔들리는 모습은 구체적이거든요. 김광균은 가을날 느끼는 쓸쓸함을 "낙엽은 폴란드 망명정부의 지폐"라고 노래했습니다. 이처럼 추상적인 의미를 구체적인 단어로 표현하는 것을 '형상화'라고 합니다.

⇒481p 「일반적 ※ 구체적」 참고

73

낯설게 하기

바다는 뿔뿔이
달아나려고 했다.

푸른 도마뱀 떼같이
재재발렀다.

꼬리가 이루
잡히지 않았다.
(정지용, 「바다2」 중에서)

예술가는 창조하는 사람입니다. 그런데 창조란 기존에 있던 것을 모방하는 게 아니라, 예전에 없던 것을 새로 만들어 내는 행위입니다. 즉 예술가는 신의 행위를 흉내 내는 인간들이라고 할 수 있어요. 그렇기 때문에 진정한 예술에는 이 세상을 예전과 다른 눈으로 바라보려는 노력이 깔려 있어야 한다고 말합니다. 자동적인, 습관화된 틀 속에 갇혀 지내던 인식에서 벗어나 사물의 본래 모습을 찾아보려는 노력, 이것이 '낯설게 하기'의 기본 정신입니다.

'낯설게 하기'(defamiliarization)는 러시아 형식주의자들이 처음 사용했는데, '다르게 부르기', '달리 말하기'라고 하면 더 잘 와 닿지요. 러시아 형식주의자들이 믿는 예술의 참모습은 "실생활의 정확한 재현(representation)이 아니라 도리어 생활의 모습을 일그러뜨려서 낯설게 만들어 우리의 관심을 불러일으키는 것이며, 예술은 새로운 사실의 개발이 아니라 우리의 습관적 반응밖에 못 일으키는 일상의 사실을 비상하게 보이도록 하는 일체의 기술"입니다. 낯설게 하기는 이러한 정신에 입각하여, 같은 대상을 예전과는 다른 방식으로 표현함으로써 관습적으로 굳어진 생각에서 벗어나 새로운 눈으로 대상을 바라보려는 표현 기법입니다.

좀 더 쉽게 설명해 볼게요. 사람을 사람이라고 부르면, 새로울 게 하나도 없습니다. 아주 익숙해요. 그런데 사람을 '나룻배'라고 표현했다면, 여기에는 예전과는 전혀 다른 인식이 드러납니다. 이런 것이 낯설게 하기 효과입니다. 낙엽을 낙엽이라고 하면 일상적인 인식에 불과하지만, "폴란드 망명정부의 지폐"라고 비유하면 새로운 인식을 드러낼 수 있습니다.

정지용의 「바다2」는 바닷물이 해안으로 밀려왔다가 다시 바다로 빠져나가는 모습을 묘사한 명작입니다. 1연에는 해안을 향해 빠른 속도로 몰아쳐 오는 밀물을 그렸습니다. 여기서는 물결을 "도마뱀 떼"에 견주었는데, 무수히 밀려오는 파도를 "떼"라는 한 음절로 효과적으로 표현했네요. 바닷물을 "도마뱀"으로 보는 것은 일상적인 사고 방식에서 벗어난 창조적인 행위입니다. 이런 점에서 깃발을 "소리 없는 아우성", "노스텔지어의 손수건"으로 인식한 유치환의 「깃발」도 낯설게 하기의 훌륭한 사례입니다.

'낯설게 하기'는 은유나 상징처럼 특정한 표현 기법은 아닙니다. 기존의 틀에서 벗어난 독창적인 사유, 그리고 그 사유로 빚어

낸 표현이면 모두 낯설게 하기에 포함됩니다. 예를 들어 띄어쓰기를 무시한 이상의 시, 형식적인 틀을 거부하려는 이인성의 소설들도 모두 '낯설게 하기'로 볼 수 있습니다.

최근에는 낯설게 하기에 지나치게 집착한 작품도 눈에 띕니다. 내용의 깊이보다 형식의 낯섦에만 몰두하는 작품은 삶을 신선하게, 그윽하게 바라보려는 노력의 결과가 아닙니다. 서양풍을 흉내 내는 데 급급한 작품은 문학이 무엇이어야 하는지에 대한 진지한 고민은 빠뜨린 채 한때의 유행에 편승하다가 사라질지도 모릅니다. 나는 그렇게 생각합니다. 여러분은요?

74

대비 ※ 대조 ※ 대립

'대비', '대조', '대립'의 의미와 사용에 대해 설명할게요. 이 세 가지 단어는 함께 공부해 두는 게 좋아요. 우선 사전을 볼까요.

대비(對比)

① 두 가지의 차이를 밝히기 위하여 서로 맞대어 비교함. 또는 그런 비교.
나는 그에게 대비되어 평가되는 것이 너무나 싫었다. / 그 소설에서는 성격이 서로 상반된 인물이 극명하게 대비되어 있다.
② 회화에서, 어떤 요소의 특질을 강조하기 위하여 그와 상반되는 형태, 채색, 톤(tone)을 나란히 배치하는 일.
빨간색은 청색에 대비되는 색이다. / 대비되는 두 색을 이용하면 시각적인 효과를 극대화할 수 있다.
③ 서로 다른 성질의 것을 나란히 놓았을 때, 그 차이가 현저하게 드러나는 현상. 빛깔이나 크기뿐만 아니라 감각, 감정 따위의 심적 활동이 시간적, 공간적으로 접근하여 나타날 때에도 볼 수 있다. ≒ 대비 현상

∨ 대조

① 둘 이상의 대상의 내용을 맞대어 같고 다름을 검토함. ≒비준(比準)1
장부 대조 / 원문과의 대조가 필요하다. / 설명의 방법으로는 정의, 예
시, 비교와 대조, 분류와 구분 등이 있다.
② 서로 달라서 대비가 됨.
둘의 성격이 대조가 된다. / 그의 까만 얼굴과 흰 이가 선명한 대조를
보인다. / 술에 젖은 붉은 입술이 눈 가장자리에 뒤덮인 어두운 그늘
과 이상한 대조를 이루고 있었다. (오상원, 「모반」)

∨ 대립(對立)

의견이나 처지, 속성 따위가 서로 반대되거나 모순됨. 또는 그런 관계.
세대 간의 대립 / 노사 간의 대립과 갈등 / 대립이 심하다. / 의견 대립
을 보이다. / 내가 가장 걱정하는 건 차츰 격화되어 가는 좌우익의 대
립이다. (이병주, 「지리산」)

'대조'와 '대비'는 의미와 쓰임이 매우 유사합니다. 굳이 구별
하자면 '대비'는 '두 가지 이상의 사물을 서로 견준다'는 의미로
자주 사용되는 반면, '대조'는 '대조적이다'는 등의 표현으로, 두
가지 이상의 사물이 지닌 차이점을 가리킵니다.
이에 비해 '대립'은 두 개의 의견이나 속성이 맞서 싸우는 갈등
관계를 표현합니다. 아군과 적군은 대립 관계입니다. 선인과 악인
도 대립 관계입니다. 물론 선인과 악인은 대조를 이루기도 합니
다. 그런데 풀과 나무는 대조를 이루지만 대립 관계는 아니지요.

75

독백 ✳ 방백

백과사전을 찾아보았습니다.

∨ 독백

연극에서 다이얼로그에 대응되는 용어로서, 독백(獨白) 또는 솔리로퀴
(soliloque)라고도 한다. 넓은 뜻으로는 관객에게만 들리고 무대 위의
다른 배우에게는 들리지 않는 것으로 설정된 방백(傍白)도 포함되지만,
대개 무대 위에서 한 사람의 인물이 혼자 지껄이는 대사를 말한다. 모
놀로그에서 등장인물은 자기 행동의 동기나 결의를 설명하거나, 생각
하는 것과 느끼는 것을 토론하는 등 내부의 심리를 표명한다. 모놀로그
는 자기 자신이나 특별히 어떤 개인을 향한 것이 아니고 관객을 상대로
하는 표현으로서, 관객에게 극을 이해하는 데 필요한 정보를 제공하는
수단으로 인식해야 한다.

∨ 방백

작중인물이 상대역과 대화 중에 관객에게는 들리지만 상대역에게는 들
리지 않는다는 설정 하에 지껄이는 대사를 말한다. 대화상으로는 상대

역을 존칭(尊稱)하고 있는데, 방백에서는 본심에 있는 경멸감을 지껄이거나 대화의 계획이 사실은 속임수임을 관객에게 고백하는 등 대화의 내용과는 다른 작중인물의 심리를 표현하는 데 사용된다. 유럽 르네상스 기부터 19세기에 로망 극(劇)이 출현할 때까지 연극의 주류였던 고전극에서 많이 사용하였다. 그러나 방백은 관객에게는 들리지만 상대역에게는 들리지 않는다는 부자연스런 약속 하에 이루어지기 때문에 비극일 경우보다 약속사가 많은 희극에서 주로 사용된다. 그러나 무대에 현실의 환상(illusion)을 만들어 내려는 근대 자연주의 희곡과 리얼리즘 희곡에서는 좀처럼 사용하지 않는다. 근대극에서의 유명한 실례는 고골리의 희극 「검찰관」에서 볼 수 있다.

방백도 배우가 실제로 소리 내어 말하는 대사입니다. 다만 옆 배우는 못 들었다고 설정하는 것입니다. 그렇다면 들리는 소리인데도 못 듣는다는 설정은 어떻게 표현할까요? 딴청을 부리면 됩니다. 딴청 부리기가 뭐냐고요? 바로 그겁니다. 아는데도 모르는 척하는 갖가지 방법들이지요. 이 자리에서 무대를 하나 만들어 볼까요.

성미가 고약한 사장이 있습니다. 그리고 그에게 시달리는 직원이 있고요. 사장은 말도 안 되는 논리로 사원을 닦아세우는 게 취미입니다. 사장이 직원에게 말합니다.

사장: (직원에게) "자네 그런 식으로 일해서 어디 성공하겠나? 기본이 안 돼 있구먼, 기본이."
직원: (사장에게서 몸을 약간 돌린 채) "참 나, 그러는 저는 어떻고! 장인 잘 만난 덕에 겨우 한자리 꿰찬 주제에."

이때 사장 역을 맡은 배우는 아주 가까운 거리에 있지만, 서류

를 넘기거나 혹은 코를 후비면서 딴청을 부립니다. 그러면 관객들
은 자연스레 사장이 직원의 대사를 못 들었다고 여깁니다.

　말하자면 방백에 무슨 특별한 장치가 있는 것은 아닙니다. 방
백은 연극만의 특성입니다. 만약 영화라면 사장이 없는 곳이나,
마음이 썩 잘 통하는 동료 직원에게 가서 사장을 흉보는 걸로 처
리하겠지요. 그도 아니라면 사장의 이름이 적힌 종이를 북북 찢는
모습을 보여 주든가요.

76

매너리즘

르네상스 시대의 이태리 화가 바사리(Vasari, 1511~1574)가 처음으로 사용한 maniera에서 비롯된 말입니다. 바사리는 이 단어를 세밀한 부분을 아름다운 전체로 결합시키는 능력이란 의미로 사용했습니다. 그리고 그 당시에는 세밀한 수사법과 재치를 보이는 문장을 가리키기도 했습니다. 이런 점에서 이 단어는 매우 긍정적인 의미에서 출발했음을 알 수 있지요.

그러나 매너리즘은 요즈음 '틀에 박힘'이라는 부정적인 뜻으로 사용됩니다. 새로운 것을 창조하는 것이 예술의 가치입니다. 그런데 예술가가 틀에 박힌 표현이나 창작 기법을 쓴다면 그는 독자들에게 단조롭다는 말을 듣게 되겠지요. 아니면 불성실하기 짝이 없다는 비판을 받을 게 분명합니다. 예를 들어 어떤 소설가가 비슷한 주제와 비슷한 사건, 비슷한 인물이 등장하는 소설을 연이어 발표한다고 생각해 보세요. 아니면 어떤 가수가 비슷한 가락과 비슷한 내용을 담은 앨범을 줄곧 내놓는다고 가정해 보세요. 이 소설가와 가수가 좋은 평판을 받을 수 있을까요? 풍부한 상상력과 창조력을 잃어버린 작가가 버릇처럼 고정된 방식을 반복할 때 매너리즘에 빠졌다고 말합니다.

　그런데 매너리즘은 반드시 작가에게만 해당되는 건 아닙니다. 예를 들어 김영랑의 작품은 무조건 현실과는 동떨어져 있다는 생각으로만 작품을 이해하려 든다면 그 역시 매너리즘에 빠진 독자인 셈입니다. 김수영의 시는 예외없이 현실 참여를 노래한다고 단정 짓는 독자도 마찬가지이겠지요. 그리고 시를 감상할 때 소재에다 "+", "-"로 표시해 가면서 도식적으로 작품을 분석하는 사람도 내가 보기엔 매너리즘에 빠진 독자라고 생각되네요.

모티브(=모티프)를 사전에서는 이렇게 풀이해 놓았습니다.

모티브(motive, motif)
① 문학이나 예술 작품에서의 표현이나 창작의 동기, 또는 동기가 되는 중심 사상.
② 문학 작품 속에서 자주 반복되는 요소.

일반적으로 작품 속에서 자주 나타나는 요소가 모티브입니다. 학생들에게 모티브를 설명하면 "그럼 소재와 모티브는 무엇이 다른가요"라고 되묻습니다. 소재는 바람이나 눈 같은 구체적인 대상을 가리키는 데 비해 모티브는 한탄, 복수, 애증 등의 추상적인 성격을 말합니다. 모티브는 종류가 매우 많을 뿐만 아니라 학자마다 분류 체계가 다릅니다. 그걸 일일이 외우겠다는 것은 들인 노력에 비해 성과가 보잘 것 없는 공부이겠지요.

대표적인 모티브 몇 가지를 설명할게요. 옛날에는 하늘에 제사를 지낼 때 양이나 소 같은 것을 제물, 즉 희생물로 바치곤 했습니다. 심지어 사람을 제물로 바치는 풍습도 있었어요. 심청이를 인당수에 제물로 바치는 것도 이런 관습의 흔적입니다. 이러한 관습이 예술 작품 속에 소재로 등장하는 경우, 이를 희생양 모티브라고 합니다.

희생양 모티브의 원형은 신성한 왕(王)을 죽이는 신화에서 찾을 수 있습니다. 원시인들은 건강한 통치자는 인간의 풍요를 보장하지만, 병든 왕은 백성에게 질병과 쇠잔함을 초래한다고 믿어서 왕을 죽였습니다. 그러다가 왕을 대신하는 다른 사람 혹은 성스러운 동물을 죽임으로써 종족의 부흥을 빌었습니다. 윤동주의 「십자가」는 예수가 모든 인간의 죄를 뒤집어 쓰고 희생당함으로써 인류를 구원했듯이 자기를 희생함으로써 식민지 시대의 비극적인 현실을 뛰어넘으려는 화자의 순결한 의지를 표현했습니다. 이 시 역시 희생양 모티브에 해당합니다.

영웅의 일생담도 널리 알려진 모티브입니다. 영웅의 일생담은 ①고귀한 혈통을 가진다. ②비정상적인 출생을 한다. ③탁월한 능력을 지니고 있다. ④버림을 받아 고생한다. ⑤보호자가 나타나 양육한다. ⑥성장 후 위기를 맞는다. ⑦위기를 극복하고 위대한 승리를 한다는 식으로 전개되지요. 여러분이 잘 아는 고주몽이나 서동, 홍길동 등이 모두 여기에 해당합니다. 고주몽은 알에서 태어나 금와왕 아들들의 미움을 받아 죽을 뻔한 위기에 놓이지만 물고기들의 도움을 받아서 목숨을 건집니다. 그리고 마침내 왕위에 올라 고구려를 세웠지요.

못생긴 처녀가 시간이 지나니 아름다운 공주가 되더라, 개구리인 줄 알았는데 알고 보니 왕자더라 하는 이야기도 자주 발견되는 모티브입니다. 동화, 영화, 애니메이션 등 여러 가지 작품이 있는 「미녀와 야수」도 이와 유사하고, 우리나라 고전소설 「박씨전」도 이런 유형입니다. 그런가 하면 오이디푸스 이야기로 대표되는 근친 상간 모티브는 「햄릿」과 무관하지 않습니다. 또, 우리나라 영화 「괴물」을 보니까 수로부인 이야기와 「해가」가 떠오르네요.

무의식과 자아

프로이트(S. Freud)는 인간의 마음을 세 부분으로 나누었습니다. 흔히 빙산 구조에 비유하는데요. 수면 위로 나온 작은 부분이 의식, 수면 바로 아랫부분이 전(前)의식, 그리고 그 아래, 빙산의 대부분을 차지하는 부분이 무의식입니다.

'의식'은 우리가 깨달을 수 있고 기억할 수 있는 모든 것을 말합니다. 여러분은 의식적으로 말을 하고 의식에 따라 행동합니다.

'전의식'은 우리가 즉시 깨닫지는 못하지만 쉽게 기억해 낼 수 있는 부분입니다. 특정한 순간에는 기억나지 않지만, 조금만 노력하면 의식으로 살려낼 수 있는 부분이 전의식입니다.

'무의식'은 우리가 전혀 인식할 수 없지만 우리 행동에 가장 커다란 영향을 미치는 부분입니다. 이 세 가지 중 인간 정신에 가장 크고 중요한 게 무의식입니다. 프로이트는 인간의 행동이 무의식 내의 긴장이나 충동에서 나온다고 보고, 이 충동을 '본능'이라 불렀습니다. 그에 따르면 인간은 삶의 본능(Eros)과 죽음의 본능(Thanatos)을 지니고 있다고 합니다.

프로이트 정신분석학의 영향을 받아, 무의식의 세계나 꿈의 세계를 표현하는 것이 진정한 예술이라고 믿는 경향을 '초현실주의'(surrealism)라고 합니다. 무의식은 인간의 욕구와 공포가 논리적인 조작을 받기 이전 상태에서 큰 힘으로 꿈틀대는 장소입니다. 초현실주의자들은 무의식의 세계가 기존의 문학에서는 이용되지 않은 재료와 방법을 제공한다고 믿으며, 무의식을 구속하지 않고 자유롭게 표현하는 일에 관심을 기울입니다. 초현실주의자들은 논리적 이성, 규범적 도덕, 사회적, 예술적 관습 일체를 거부합니다. 그들은 이런 생각을 밑바탕으로 문법에 어긋난 문장을 쓰거나, 사건을 비논리적, 비시간적인 순서로 나열하거나, 겉으로 보기에는 서로 무관한 이미지들을 병치시킵니다. '자동기술법'은 이런 문학관을 실천하는 방법인 것입니다.

프로이트 이야기가 나왔으니까, 학생들이 알아 두어야 할 내용을 하나 더 설명할게요. 상상의 세계로 가 봅시다. 여러분은 학교 수업을 마치고 말에 올라타고 집으로 돌아갑니다. 말이 저 가고 싶은 대로 가게 놔두면 어떻게 될까요. 아마 도로가 마비되고, 야채 가게에는 당근이 남아나질 않겠지요. 그렇기 때문에 여러분은 말이 함부로 날뛰지 못하도록 통제합니다. 말 녀석의 행동이 여러분 개개인이 가진 도덕성과 사회규범에 어긋나지 않게 고삐를 잡습니다.

프로이트는 인간의 성격이 원아(原我, id), 자아(自我, ego), 초자아(超自我, super ego), 이 세 부분으로 이루어진다고 주장했습니다. 원아에는 인간 본능에서 생기는 식욕, 성욕 같은 에너지가 저장되어 있습니다. 이 창고가 에너지로 채워지면 원아는 욕구에 따라 쾌락을 추구합니다. 자아는 이 욕구를 현실에 맞추어 잠시 정지하게 만드는 역할을 맡습니다. 우리는 배가 고프다고 해서 함부로 남의 빵을 훔쳐 먹지 않습니다. 우리의 성격이 자아의 통제를 받기 때문입니다. 초자아는 우리 내부에 자리 잡은 도덕과 사회 규범입니다. 초자아는 우리가 충동적인 행동보다 이성적인 행동을 선택하도록 방향을 제시합니다. 위에서 예로 든 이야기에서 는 말이 원아, 여러분이 자아, 도로교통법이 초자아에 해당합니다.

⇒264p 「자동기술법」 참고

미적 범주 美的 範疇　79

- ∨ 미감 | 아름다움에 대한 느낌 또는 아름다운 느낌.
- ∨ 미적 범주 | 본래는 하나인 미(美)를 우미, 숭고미, 비장미, 골계미 따위의 개별적인 유형으로 분류한 개념.

미적 범주는 그 개념과 분류 체계가 학자마다 조금씩 다릅니다. 우리나라에서는 조동일 교수님의 견해가 많이 사용됩니다. 여기 조동일 교수님께서 쓰신 글을 일부 인용합니다. 다소 어렵더라도 차근차근 읽어 보세요.

숭고(崇高), 우아(優雅), 비장(悲壯), 골계(滑稽) 등은 일상적으로 의식할 수 있는 살아가는 방식이기도 한데, 문학 작품은 이런 것들을 예술적 질서에 맞도록 집약화해 지녀, 미적 범주(美的 範疇)라고 부르는 미의 기본적인 분별 양식으로 삼고 있다. 모든 문학 작품은 어느 미적 범주를 갖추고 있으며, 미적 범주의 선택은 삶의 의식 선택이다. 예컨대 비장한 작품과 골계스러운 작품은 서로 근본적으로 다른 입장 표명이고, 서로 대립적인 주장 구현이다. 또한 비장하다는 점에서는 서로 일치하는 작품들도 무엇을 비장하게 나타내느냐에 따라서 심각한 차이가 있다. 미적 범주는 외형적인 분별 기준이나 감정 표출 방식에 그치지 않고, 그 자체로서의 사상적 의의를 지니며, 미적 범주를 통해 살필 때 문학의 사상을 깊이 있게 파악할 수 있다. (중략)

 예컨대 다음 작품들의 경우에는 '있는 것'과 '있어야 할 것'을 각각 다음과 같이 분석할 수 있다.

「제망매가」: '있는 것'은 누이의 죽음으로 인한 이별이고, '있어야 할 것'은 미타찰(彌陀刹)에서 다시 만나야겠다는 기대이다.

「어부사시사」: '있는 것'은 어부의 즐거운 생활이고, '있어야 할 것'은 그렇게 지내야겠다는 생각이다.

「원생몽유록」: '있는 것'은 현주(賢主)와 충신이 참혹한 지경에 이른 형편이고, '있어야 할 것'은 현주와 충신은 마땅히 흥해야 한다는 당위이다.

「봉산탈춤」: '있는 것'은 양반에 대한 말뚝이의 항거이고, '있어야 할 것'은 말뚝이는 양반에게 복종해야 한다는 규범이다.

 예컨대 「제망매가」와 「어부사시사」는 '있는 것'과 '있어야 할 것'이 융합되어 있고, 「원생몽유록」과 「봉산탈춤」은 상반되어 있다.

융합은 '있어야 할 것'에 의해 이루어지기도 하고, '있는 것'에 의해 이루어지기도 한다. 「제망매가」는 '있어야 할 것'에 의해 융합이 이루어지고, 「어부사시사」는 '있는 것'에 의해 융합이 이루어진다. '있어야 할 것'에 의한 융합에는 '있는 것'과 '있어야 할 것'이 일단 별개로 나타나고서 융합되지만, '있는 것'에 의한 융합에서는 '있는 것'과 '있어야 할 것'이 처음부터 융합되어 있는 것이 특징이다.

　상반은 '있는 것'을 부정하고 '있어야 할 것'을 긍정하면서 이루어지기도 하고, '있어야 할 것'을 부정하고 '있는 것'을 긍정하면서 이루어지기도 한다. 「원생몽유록」은 '있는 것'을 부정하고 '있어야 할 것'을 긍정하면서 상반이 이루어진다. 「봉산탈춤」은 '있어야 할 것'을 부정하고 '있는 것'을 긍정하면서 상반이 이루어진다.

　이상의 분석으로 네 가지 기본적인 미적 범주가 추출된다. 네 가지 기본 범주는 통용되는 명칭에 따라 각각 숭고, 우아, 비장, 골계라 부르겠다. 결과를 다음과 같이 정리해 나타낼 수 있다.

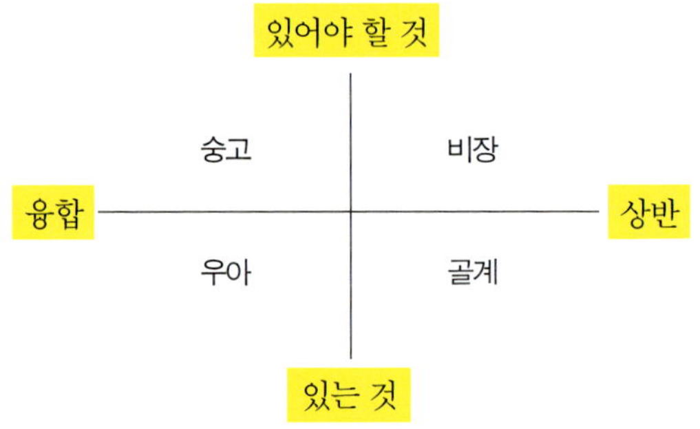

　위의 넷 이외에는 기본 범주가 더 있을 수 없다. 기본 범주를 결정할 수 있는 요인은 '있어야 할 것'과 '있는 것'의 융합과 상반뿐이다. 융합과 상반을 X축으로 하고, '있어야 할 것'과 '있는 것'을 Y축으로 하면 위의 네 가지 기본 범주만 나타날 수 있다.

(조동일, 「한국문학의 양상과 미적 범주」, 『한국문학 이해의 길잡이』, 집문당, 1996)

🐱 발상과 표현 **80**

우선, 발상과 표현 문제가 출제되었던 수능 시험 문제를 봅시다. 1999년 수능 시험에서는 「관동별곡」에서 ㉡"바다 밖은 하늘이니 하늘 밖은 무엇인가"를 표시한 후 이것과 표현 및 발상이 같은 것을 찾으라면서 다음과 같은 선택지를 제시했습니다.

① 산 넘으면 마을인데 마을 지나 또 산이네!
② 바람 불면 비가 오고 낙엽 지면 추워질까?
③ 집 나서면 고생이나 고생 뒤엔 복이 오지.
④ 집 밖에는 텃밭이요 텃밭에 나물 가꾸세.
⑤ 강 건너 언덕인데 언덕 너머 누가 살지?

먼저 ㉡의 발상부터 생각해 볼까요? '발상'(發想)이란 궁리하여 새로운 생각을 내놓는 일입니다. 여기에서 화자는 "하늘 밖은 무엇인가"라고 궁금해 했습니다. 이 궁금증의 대상은 화자가 아직 가 보지 못한 세계입니다. 화자는 자기가 경험해 보지 못한 세계에 대해 호기심을 느끼는 사람입니다. 말하자면 이 사람의 생각의 실마리는 상상력에 의존한 호기심입니다.

이번에는 표현을 살펴볼까요. '표현'(表現)이란 의견이나 감상, 생각 등을 겉으로 드러내어 밝히는 일입니다. 즉 속엣것을 남들도 알아볼 수 있는 방식으로 나타낸다는 뜻이지요. "바다 밖은 하늘이니 하늘 밖은 무엇인가"는 의문문입니다. 즉 화자는 자기가 궁금해 하는 내용을 남에게 묻고 있네요. 덧붙여, 이 문장은 대구법을 사용하고 있으며, 앞 절의 마지막 단어가 뒷 절로 이어지는 점도 눈에 띕니다.

지금까지 설명한 내용을 정리해 보면, 이 문제의 출제 의도는 상상력에 의존한 호기심을, 대구법을 사용하여 의문문 형태로 강조한 문장을 찾으라는 것입니다. 이 유형의 문제에 접근할 때는 '발상'과 '표현' 이 두 가지 측면을 모두 고려해야 합니다. 위 선택지에서 ①, ③, ④번은 표현 형식이 ⓒ과 다르고, ②번은 의문문 형식을 지녔지만, 상상력이 아니라 자기 경험에 바탕을 두었습니다. 그러므로 ⑤번이 정답입니다.

비판적
부정적
회의적

부정적

① 그렇지 아니하다고 단정하거나 옳지 아니하다고 반대하는. 또는 그런 것.

부정적 견해 / 부정적 평가 / 그는 새로운 정책에 대해서 늘 부정적 태도를 보인다. / 부정적인 반응 / 부정적인 시각으로 바라보다. / 매사를 부정적으로 생각하다.

② 바람직하지 못한. 또는 그런 것.

부정적 상황 / 부정적 관계 / 부정적 이미지 / 대중 매체의 부정적인 면을 강조하다. / 학생들에게 부정적인 영향을 주다.

비판적

사물의 옳고 그름을 가리어 판단하거나 밝히는. 또는 그런 것.

그의 말이라면 무조건 따를 것이 아니라 때로는 비판적 태도를 보일 필요가 있다. / 그는 매사에 너무 비판적이다.

'비판'은 옳고 그름을 가리어 판단하는 행위를 말합니다. 그런가 하면 예술의 가치를 판단하는 행위를 의미하기도 합니다. 다만, 일상생활에서는 어떤 대상이나 현상에 반대하는 견지에서 문제점을 지적함을 뜻합니다. 즉 대체로 '부정', '반대'의 뜻이지요. '부정적'은 '비판적'에 비해 거부하는 정도, 반대하는 정도가 강합니다.

경우에 따라서는 '비판적 지지'라는 말도 쓸 수 있겠네요. 예를 들어 여러분 앞에 회장 후보가 세 명 있습니다. 보니까 개중 어느 한 사람이 다른 후보들에 비해서는 더 나은 후보라고 판단됩니다. 즉 여러분은 마음에 들지 않는 공약에 대해서는 비판적인 견해를 갖고 있으면서도, 종합적으로 볼 때 이 후보가 다른 후보에 비해 상대적으로 우위에 있다고 판단한 것입니다. 어떤 대상을 비판한 결과, 긍정적인 면과 부정적인 면을 모두 발견했을 때 '비판적 지지'를 한다고 말할 수 있습니다.

∨ 회의적 │ 어떤 일에 의심을 품는. 또는 그런 것.

∨ 부정적
① 그렇지 아니하다고 단정하거나 옳지 아니하다고 반대하는. 또는 그런 것.
② 바람직하지 못한. 또는 그런 것.

'회의적'은 어떤 것에 대해 판단을 내린 상태가 아니라 그것의 옳고 그름, 가치 있음과 무가치함에 대해 고민을 하고 있는 상태입니다. 반면 '부정적'은 그 대상이 나쁘다고 판단을 내린 상태입니다. 그러나 일상생활에서는 '회의적'이 '부정적'을 의미하는 경우도 많습니다.

단어들을 직접 활용해 볼까요? 새만금 간척지 사업을 꼭 해야 하는가, 한다면 왜 해야 하는가 등등을 의심할 수가 있겠지요. 그리고 그런 생각 끝에 새만금 사업을 포기해야 한다는 결정을 내릴 수 있습니다.

이런 결정은 그것이 부정적이라는 판단에서 생겨나는 것입니다. 교복을 자율화해야 하는지, 사형 제도를 유지해야 하는지 회의할 수도 있습니다. 그런 후에 긍정적 판단 혹은 부정적 판단을 내리게 될 것입니다.

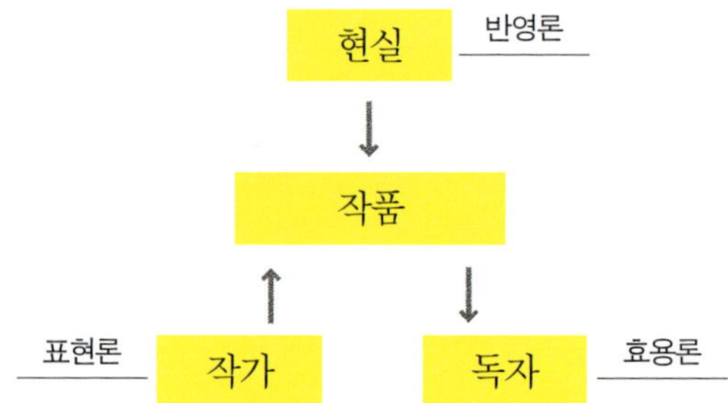

　친구들과 영화를 보러 갑니다. 그런데 같은 영화를 보고도 사람마다 평가가 다릅니다. 누구는 잘 만든 영화라 하고, 누구는 영화비가 아깝다고 합니다. 이것은 사람마다 서로 다른 기준을 적용했기 때문에 생겨나는 현상입니다. 즉 영상의 아름다움, 스토리의 짜임새, 배우의 연기력, 주제의 깊이 등 여러 가지 기준 중에 작품에 어떤 것을 들이대는가에 따라 작품에 대한 평가가 달라집니다. 문학도 마찬가지입니다.

　문학 작품의 가치를 평가할 때 사용하는 기준은 크게 보아 두 가지입니다. 작품을 외부 세계와 연결하여 연구하는 '외재적 비평'과 작품 자체만을 연구하는 '내재적 비평'입니다. 먼저 외재적 비평은 다시 셋으로 나뉩니다.

① 표현론적 관점

문학 작품은 작가의 체험, 사상, 감정 등을 표현한 예술이라는 관점을 기반으로 합니다. 그래서 작가의 의도, 작가의 전기, 작가의 심리 등을 연구합니다. 예를 들어 이상의 「날개」는 작가의 개인적 체험을 표현한 것으로 이해합니다.

② 반영론적 관점

작품은 현실을 그대로 반영할 때 비로소 가치 있다고 보는 견해입니다. 이런 관점을 택하는 사람은 작품이 대상으로 삼은 현실 세계를 연구하고, 작품에 반영된 세계를 대상 세계와 비교하며, 작품이 대상 세계의 진실한 모습과 전형적인 모습을 반영했는가를 검토합니다. 이런 관점에서 볼 때 「흥부전」은 빈부 간의 갈등이 심화되었던 조선 후기 사회를 잘 반영한 걸작입니다.

③ 효용론적 관점

작품이 독자에게 어떤 효과를 어느 정도 주었느냐에 따라 작품의 가치를 평가하는 관점입니다. 이들은 독자가 받은 감동이 무엇이며, 그 감동이 구체적으로 작품의 어떤 점에서 생겨났는가를 중시합니다. 이 관점에서 보면 「서시」는 독자에게 진지하고 순결한 삶을 지향해야겠다는 의지를 불어넣으므로 가치 있는 작품입니다.

두 번째 큰 줄기, 내재적 비평은 작품의 내적인 요소, 즉 작품 자체만을 연구합니다. 그래서 절대주의적 비평이라고도 부릅니다. 이것은 작품을 이해하는 데 필요한 자료는 작품밖에 없으며, 작품 속에 모든 것이 갖추어져 있다는 관점입니다. 그러므로 작품을 작가나 시대·환경에서 따로 떼어서 이해하고, 작품 속의 언어를 중시하며, 부분들을 통합하고 있는 작품의 구조를 분석하는 데 주력합니다. 이 관점에서 보면 「돌담에 속삭이는 햇발같이」는 우리말의 아름다움을 절묘하게 드러냈으므로 가치 있는 작품입니다.

상상 想像

'상상'(想像, imagination)은 '실제로 경험하지 않은 현상이나 사물에 대하여 마음속으로 그려 봄'을 가리킵니다. 기억을 재생하는 행위는 과거에 경험한 일을 고스란히 되살리는 것이므로 상상이 아닙니다. 또, 사고(思考)는 추상적 개념을 대상으로 삼을 뿐 심상(心象)을 기반으로 하지 않으므로 상상과는 구별됩니다. 상상은 그 내용이나 대상이 실재하지 않는다는 점을 알고서 하는 것이지만, 망상(妄想)이나 환각(幻覺)은 있지도 않은 것을 현실로 착각합니다. 상상은 감각적 체험을 심상으로 파악하는 능력이며 또한 감각의 대상이 없을 때에도 머릿속에 심상을 떠올릴 수 있는 능력입니다.

상상은 구체적인 것과 추상적인 것, 자아와 세계, 사상과 감정 등 모든 대립적인 요소를 통합하는 정신 작용입니다. 학교 교정에 핀 꽃을 본 적이 있나요? 그 꽃을 보면서 무슨 생각을 하나요?

㉠ 이현종: 그냥 별다른 생각 없이 바라본다.
㉡ 이서영: 줄기와 잎사귀의 모양을 세밀하게 관찰한다.

ⓒ 김복순: 꽃을 보면서 삶과 죽음, 아름다움과 덧없음을 생각한다.
ⓔ 김재은: 예전에 이 꽃을 바라보았을 사람을 생각한다.

　이들 중 누구와 친구가 되고 싶은가요? 이현종은 일상적인 눈으로 세상을 바라보았습니다. 이서영은 이현종보다 한결 치밀하게 나무의 외형을 관찰했습니다. 김복순은 나무를 통해 보이지 않는 사상과 감정을 이끌어 냈습니다. 김재은이 생각하는 '사람'은 지금 이 자리에는 없는 존재입니다. 그는 이미 다른 장소로 옮겨 간 사람입니다. 하지만 "예전에 누군가는 지금의 나처럼 이 꽃 앞에 서 있었을 것이며, 그도 지금 내가 지닌 것과 비슷한 혹은 전혀 다른 정서를 지니고 살았을 것이다. 그는 어떤 사람이었을까, 어떤 고민을 부둥켜안고 불면의 밤을 보냈을까?" 이런 생각도 해볼 법하지 않은가요? 그러는 동안 머릿속에 여러 가지 것들이 떠오릅니다. 우리가 직접 경험한 것은 아니지만 우리와 무관하지 않은 일들 말입니다. 그런 상상 끝에 하나의 문장, 한 편의 시나 소설이 완성되게 마련이거든요. 이것이 상상력의 가치이며 힘입니다.

상응 * 대응

'상응'은 '서로 응하거나 어울리다', '서로 통하다'는 말입니다. 이육사의 「교목」에 나오는 "바람"은 서정적 자아가 현실 생활에서 겪는 시련, 고통을 의미합니다. 화자는 이런 고통을 겪고 또 인내하면서 살아온 사람입니다.

"바람"은 외부의 힘, 일제의 가혹한 탄압으로, 제1연의 "세월"에 상응하는 이미지이다

이 문장은 '바람은 외부에서 가해지는 일제의 탄압을 의미하는데, 제1연에서 말한 "세월"과 서로 어울리는 이미지이다.'라는 내용입니다. 즉 "바람"은 "세월"을 촉각적으로 나타내는 이미지라는 설명이에요.

'대응'에는 꽤 여러 가지 뜻이 있는데, 주로 '어떤 두 대상이 주어진 어떤 관계에 의하여 서로 짝을 이루는 일. 또는 그렇게 함'을 의미합니다. 아래 예문을 볼까요?

대한민국: 대통령 = 일본: ⬚

⬚에 들어갈 말은 "총리"라는 것을 쉽게 알 수 있지요? 대한민국의 통치권자가 대통령이라면, 일본의 통치권자는 총리입니다. 대한민국과 대통령 사이의 관계를 근거로 대한민국의 대통령에 대응하는 일본의 ⬚을 찾아낸 것이죠.

서술자 / 서정적 자아와 작가 **85**

어떤 소설에든 서술자가 있고 작가가 있습니다. 이 말은 서술자와 작가가 별개의 인물이라는 뜻입니다. 작가는 현실 세계에서 소설을 창작한 사람입니다. 그는 여러분처럼 친구를 만나고, 물가 오름세를 걱정하고, 내일을 준비하는 사람입니다. 주민등록번호를 갖고 있는 현실인, 사회인입니다. 반면에 서술자는 소설 속에서 독자에게 사건을 전달하는 사람입니다. 그는 허구로 설정된 현실을 살아가는 존재입니다. 그러므로 그에게 주민등록번호 같은 것은 없습니다.

현실 세계를 살아가는 작가는 하고 싶은 이야기가 생기면 소설 작품을 씁니다. 소설은 하나의 사건이 일어난 자초지종을 다루지요. 이 사건의 진행 과정을 독자에게 전달해 주는 존재가 있습니다. 그 사람이 서술자입니다. 소설 속의 세계는 작가가 살아가는 현실 세계를 바탕으로, 나름대로의 상상력을 발휘해 건설한 세계입니다. 그렇기 때문에 현실 세계와 매우 비슷합니다.

이번에는 시인과 화자의 관계를 알아볼까요.

시인은 작품을 창작하는 주체입니다. 그런데 자기가 직접 작품 안에 모습을 드러내지 않고 대리인을 내세웁니다. 이 사람을 흔히 화자, 서정적 자아라고 해요. 화자는 시인의 생각을 전달하는 주체, 즉 시인의 분신입니다. 시인은 실제로 존재하는 인물이고, 화자는 작품 안에서 독자들에게 말을 건네는 인물입니다. 이 둘은 동일 인물이 아닙니다.

거칠게 말하자면, 소설가와 시인은 주민등록번호를 갖고 현실 세계를 살아가는 사람입니다. 이에 비해 서술자, 서정적 자아는 실존 인물이 아닙니다. 서술자는 소설 안에서 사건이 전개된 자초지종을 독자들에게 전달하는 존재이고, 서정적 자아는 시 작품 속에 살면서 시인의 정서를 드러내는 사람입니다.

소시민 86

소시민은 자본가 계급과 노동자 계급 중간에 속하는 사람입니다. 소시민은 딱히 자본가도 노동자도 아니기 때문에 비판의 대상이 되기 쉽습니다. 이들은 자기의 경제적 성격 때문에 철저하게 노동자적 행동 양식을 취할 수가 없습니다. 극단적인 경우에는 입신 출세주의나 이기주의를 낳아, 근대사회의 반체제적 운동에 대해 무관심, 반발 또는 분열의 계기를 만듭니다. 즉 사회를 변혁하는 일에 무관심하거나 소극적으로 반응하고, 자기 자신이나 가족의 안위를 중요하게 여기는 경향이 강하기 때문에 비판을 받습니다.

그러나 소시민에게 부정적인 속성만 있는 것은 아닙니다. 이들은 자본가나 노동자에 비해 독립적인 계급입니다. 그리고 그러한 독립성 때문에 내성적 성격이 짙고, 극단에 치우치는 일도 없습니다. 사회를 객관적, 논리적으로 해명하는 일에 능해서 근대사회의 원리를 완전히 파악할 수 있습니다. 그 결과, 노동자 계급의 입장에 서서 행동하고 사회적 전망을 펼치기도 합니다. 이렇게 보면 소시민이야말로 사회 발전에 선구적인 역할을 할 수 있다는 긍정적 평가가 나옵니다.

　국어영역 공부를 하다가 ‘소시민’을 만나면 위와 같이 긍정적 / 부정적인 인물 중 어느 쪽에 해당하는지를 먼저 살펴보아야 합니다. 예컨대 김광규의 「상행」, 「희미한 옛사랑의 그림자」는 소시민으로 살아가는 서정적 자아의 부정적 측면을 드러내는 작품입니다.

소통 구조

'소통 구조'의 사전적 의미는 '상황, 맥락 속에서 의미나 정보가 잘 통하는 얼개'입니다. 특히 문학 교육에서 학습자가 문학 작품을 받아들이는 일련의 과정, 맥락을 가리킵니다. 그 과정을 찬찬히 들여다볼까요.

작품은 시인이나 작가가 자기의 사상과 감정을 전달하는 매개물입니다. 그런데 시인이나 작가는 현실 세계를 살아가는 사람이므로 작품에는 당대의 현실이 반영되게 마련입니다. 그리고 작품 안에는 시인이나 작가의 대리인이 등장하는데, 이를 화자라고 합니다.

그리고 화자의 말을 들어주는 청자도 있습니다. 즉 작가는 현실을 매개로 인식한 사상 또는 감정을 독자에게 전달하기 위해 작품을 생산하는데, 그 안에 가상으로 화자와 청자를 설정합니다. 이런 사실을 그림으로 나타내면 다음과 같습니다.

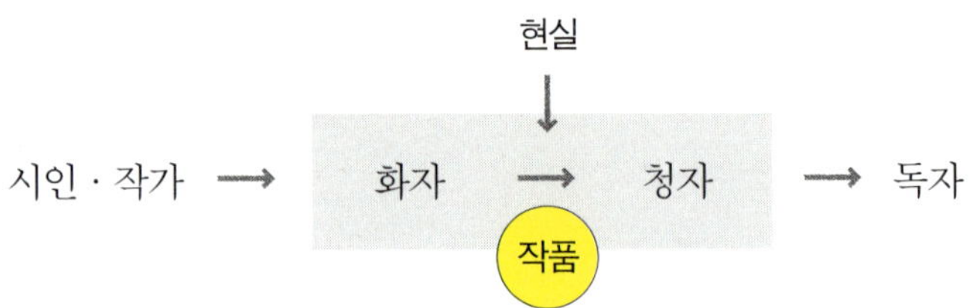

2002학년도 수능에 출제된 그림입니다. 이 문제를 비평의 관점인 반영론, 효용론, 표현론, 내재적 관점 등으로 접근하려는 학생들이 많습니다. 하지만 소통 구조는 비평의 관점과는 다릅니다. 그러므로 선택지에 제시된 내용이 위 그림에 나오는 항목에 대한 설명으로 올바른 것인지를 판단해야 합니다. 예컨대 '화자'를 언급했다면 작품에 나타난 현실을 실제 세계의 현실 상황과 연관지어 설명했는가를 살펴보아야 합니다. 그렇지 않고 현실이 얼마나 잘 반영되었는가, 그렇지 않은가를 기준으로 접근하면 낭패를 보게 됩니다. '시인'도 마찬가지입니다. 시를 창작한 시인 개인의 사상이 이 작품에 얼마나 잘 표현되었는가를 살피는 게 아니라, 작품을 생산하는 예술가로서의 시인에 대해 올바르게 설명했는지를 고려해야 합니다.

🐱 수사법 88

서양 역사에서 고대 아테네의 공화정 시대에는 자기의 정치적 견해를 군중 앞에서 발표하는 일이 자주 있었습니다. 대중 연설을 통해 자기를 정당화하거나 혹은 상대방을 공격했는데, 이때 군중의 동의를 얻으려면 말을 잘하는 게 필수 조건이었겠지요. 그래서 발달한 웅변술을 '수사학'(修辭學, rhetoric)이라고 합니다.

수사법은 크게 비유법, 강조법, 변화법으로 구분합니다. 이 구분에 따라 수사법 여러 가지를 체계적으로 정리해 보았습니다. 전체적인 내용 정리이니까, 좀 더 깊이 공부하려면 각 항목별로 찾아보는 게 좋습니다.

1_비유법

비유법: 어떤 대상(＝원관념)을 다른 대상(보조관념)에 비겨 표현하는 방법

원관념과 보조관념 사이에는 유사성이나 공통성이 있어야 합

니다. 개성적이고 참신한 비유가 바람직합니다.

① 은유법
은유(隱喩, Metaphor)는 meta(~너머로)와 pherein(가져가다)의 합성어입니다. 한 사물이 다른 사물로 '넘겨 가져가' 지거나 옮겨져서 서술되는 표현법입니다.

푸른 하늘은 우리들의 노래여라.
He was a better target for a kiss.

은유법에서 의미의 전이는 어디까지나 서로 다른 두 개념 영역, 의미 영역 상에서 일어납니다. 즉 은유법은 서로 다른 개념이나 의미의 층위에서 유사성 혹은 차별성을 찾아내는 비유법입니다.

② 직유법
직유(直喩, Simile)는 원관념(tenor)과 보조관념(vehicle)이 매개어에 의해 연결됩니다. 직유법이 성립하기 위해서는 원관념과 보조관념 사이에 유사성이 있어야 합니다.

Oh, my love is like a red, red rose.

피천득 선생의 글은 모질고 모난 논설과는 전혀 다르게 평이하고 일상적인 일들을 곱고 간결한 우리말로 도란도란 이야기한다. 그것은 따지고 묻고 설득하는 것이 아니라, 다만 우리로 하여금 삶에 있어서의 아름다움의 의미와 기쁨의 계기를 더불어 느끼게 한다. 선생의 글은 과연 산호나 진주와 같은 미문이다. (김우창)

③ 환유법

환유(換喩, Metonymy)는 meta(change)와 onoma(name)의 합성어입니다. 사물의 이름이 그 사물과 관련된 다른 어떤 것을 대신하기 위해 전이되는 표현 기법입니다.

은유법이 유추작용을 통하여 유사성을 찾아내는 수사법이라면 환유법은 인접성에 따른 수사법입니다. 이때의 인접성은 공간적, 시간적, 인과적 인접성을 말합니다.

그가 교편을 잡은 지 17년이 지났다.

④ 제유법

제유(提喩, Synecdoche)는 Synekdechesthai(함께 받아들이다)에서 비롯되었습니다. 일부분으로 전체를 대신하는 방법이고 환유법처럼 인접성이나 논리적 관련성에 기초를 두어 부분과 전체의 관계를 나타내는 방법입니다. 그렇기 때문에 환유법이나 제유법은 의미 전이가 서로 같은 의미 영역, 개념 영역 안에서 일어납니다.

몇 년 전 아시아에 몰아닥친 금융위기 이후 해외 두뇌 유출이 심각하다.
그는 그 일에 손톱 하나 까딱하지 않았다.

한울은 사람에 의지하고 사람은 먹는 데 의지하나니, 만사를 안다는 것은 밥 한 그릇을 먹는 이치를 아는 데 있느니라. 사람은 밥에 의지하여 그 생성(生成)을 돕고 한울은 사람에 의지하여 그 조화(造花)를 나타내는 것이니라. (최시형, 「천지부모」)

⑤ 의인법

의인법은 사물에 투사된 인간의 마음이 그 사물로 하여금 인간
적 속성을 갖도록 만드는 은유입니다.

바위는 그녀가 내 사랑과 구혼을 거절하듯이
The rocks do not so cruelly
그렇게 매정스럽게
Repulse the waves continually,
파도를 물리치지 않는다.
As she my suit and affection.

⑥ 풍유법

원관념을 뒤에 숨기고 보조관념만으로 뒤에 숨겨진 본래의 의
미를 암시하는 방법으로 풍자나 익살, 교훈을 무생물이나 사물에
비유하여 표현합니다.

집에서 새는 바가지 들에 가도 샌다.
입 큰 자랑 말고 귀 큰 자랑하랬다.
친구가 장에 간다니까 똥장군 지고 따라나선다.
사나운 개 콧등 아물 날 없다.

2_강조법

말하려는 내용을 더욱 명확하고 강렬하게 표현하기 위해 사용
하는 표현 방법입니다. 설명문이나 논설문보다는 묘사문이나 서
사문에서 많이 사용합니다.

① 과장법

어떤 사물을 실제보다 확대하거나 축소해 강조하는 표현 기법입니다.

조선 옷에서 가장 압도적인 것은 바지이다. 입고 다닐 때는 별로 놀랍지 않지만, 말리기 위해서 빨랫줄에 넌 것이나 풀밭에 펴 놓은 것을 보면 아주 굉장하다. 보통 체격의 조선인이 입는 바지의 크기를 말하면 극동 지역에서 가장 큰 부처의 알몸을 감쌀 수 있고, 뉴욕에 있는 자유의 여신상한테는 헐렁한 속옷으로 입힐 수 있다. (제임스 케일, 「코리안 스케치」)

백두산 바윗돌은 칼을 갈아 닳게 하고
두만강 물은 말에게 먹여 없애리라.
사나이 이십 세에 나라를 평정하지 못하면
후세에 어느 누가 대장부라 불러 주랴. (남이, 「북정가」)

안방을 볼작시면 어찌 너르던지 누어 발을 뻗으면 발목이 벽 밖으로 나가니 차꼬 찬 놈도 같고, 방에서 멋모르고 일어서면 모가지가 지붕 밖으로 나가니 후주 잡기에 잡히어 칼 쓴 놈도 같고, 잠결에 기지개를 켤 양이면 발은 마당 밖으로 나가고 두 주먹은 두 벽으로 나가고 엉덩이는 울타리 밖으로 나가 (「흥부전」)

② 열거법

서로 유사성을 지니는 단어, 성분, 문장 등을 늘어놓음으로써 서술 내용을 강조하는 표현기법입니다.

말은 사람의 특징이요, 겨레의 보람이요, 문화의 표상이다. 우리말은 우리 겨레가 반만 년 역사적 생활에서 문화 활동을 말미암던 길이요, 연

장이요, 또 그 결과이다. (최현배, 『큰 사전』 머리말)

③ 점층법

점층법은 뜻을 더 강하게, 높게 고조시키는 것으로, 열거하는
보기에 질서를 부여하는 방식입니다.

대붕을 손으로 잡아 번갯불에 구워 먹고
곤륜산 옆에 끼고 북해를 건너뛰니
태산이 발끝에 차이어 왜각데각 하더라. (무명씨, 「청구영언」)

3_변화법

독자의 주의를 환기시키고 나아가 생동감 있는 문장을 만들기
위해 글에 다양한 변화를 주는 표현 방법입니다. 문장 전체의 흐
름과 호흡에 어울리는 적절한 변화를 추구해야 합니다.

① 도치법

정상적인 언어 배열 순서를 바꾸어 놓음으로써 강한 인상을 주
며, 특정한 의미를 강조하고 문장에 변화를 주는 표현 기법입니다.

산버들 가려 꺾어 보내노라 님에게
주무시는 창 밖에 심어 두고 보소서.
밤비에 새잎 나거든 나인가 여기소서. (홍랑)

② 인용법

다른 사람의 말, 격언 등을 인용하여 자기 주장에 권위를 부여
하는 방법입니다. 일반적으로 오랜 삶의 지혜나 깊은 통찰의 결과

가 응축된 인용문을 사용합니다.

사르트르도 "작가는 펜대가 보여서는 안 된다"는 말을 했는데, 이 말은 글을 쓰는 사람은 문장 저쪽에 있는 사물을 보아야 한다는 말이다. 사물을 보는 그대로 나타내도록 해야지, 요란한 글 때문에 사물이 흐리게 보이도록 해서는 안 된다는 말이다. (이오덕, 「우리 문장 쓰기」)

③ 설의법

평서문의 흐름에서 어느 한 문장을 의문문으로 바꿈으로써 독자의 반응을 유도하는 표현 기법입니다. 쉽게 판단할 수 있는 사실을 의문문 형식으로 표현하여 독자가 스스로 판단하게 하려 할 때 사용합니다.

사람이 잘 산다는 것은 과연 어떻게 사는 것일까? 돼지같이 욕심껏 먹고 털옷, 비단옷을 의장마다 꽉꽉 채워 두고서 하루 동안 댓 번씩 갈아입고 자동차나 비행기를 타고 돌아다니는 것이 곧 잘 산다는 것일까? 다시 말하면, 풍부한 물질 속에 파묻혀 사는 것이 잘 산다는 것일까?
(최현배, 「정신 생활의 근대화」)

④ 반어법

희랍 희극에 등장하는 Eiron(능청 떠는 사람)에서 유래했습니다. 위장(僞裝), 즉 주장과 사실 사이의 괴리를 의미합니다.

경이는 또 이 동네에서 모르는 사람이 아무도 없을 정도로 불량 소년이다. 경이는 아침에 일어나 밥을 먹고 나면, 이 추운 겨울에도 도무지 집에 붙어 있지를 않는다. 어느새 뛰쳐나와서는 이웃집을 쏘다닌다. 어떤 집에 가서는 밥을 내라 해서 먹고, 어떤 집에 가서는 남의 자명종을 낱낱이 해부해 놓고, 또 어떤 집에 가서는 남의 색시 분갑, 크림 병을 둘러놓고 부숴 놓곤 한다. 바로 뒤에 있는 내 집이 악소년의 습격에서 자유로울 리가 없다. (이양하, 「경이, 건이」)

⑤ 역설법

역설(paradox)은 para(초월)와 doxa(의견)의 합성어입니다. 겉으로 보기에는 불합리하지만, 그 안에 들어 있는 이치에 맞는 진술을 통해 삶의 본질이나 교훈을 표현하는 기법입니다.

안자(晏子)는 기원전 6세기쯤 제(齊)의 경공의 신하다. 말을 기르는 이가 말을 잘 못 먹였다고 하여 경공이 그를 죽이려 하자, 안자는 곁에서 그놈은 마땅히 죽어야 합니다고 떠들면서 그놈의 죄를 헤아리되, 너는 첫째, 임금의 말을 잘 못 먹였으니 죽어야 하고, 또 둘째로, 너 때문에 우리 임금이 사람보다 말을 더 중히 여긴다는 나쁜 소문이 퍼지게 될 것이니 죽어야 한다고 떠벌렸다. 이 말을 들은 임금은 깜짝 놀라며 그를 살려 주었다. (이은상, 「해학의 동양적 특성」)

만일 우리가 그리스도와 함께 죽었으면 또한 그와 함께 살 줄을 믿노니. (「로마서」 6장 8절)
내가 그리스도와 함께 십자가에 못 박혔나니, 그런즉 이제는 내가 사는 것이 아니요 오직 내 안에 그리스도께서 사는 것이라. (「갈라디아서」 2장 20절)

크게 버리는 사람만이 크게 얻을 수 있다는 말이 있다. 물건으로 인해 마음을 상하고 있는 사람들에게는 한번쯤 생각해 볼 말씀이다. 아무것도 갖고 있지 않을 때 비로소 온 세상을 갖게 된다는 것은 무소유의 역리(逆理)이니까. (법정, 「무소유」)

⑥ 문답법

문답 형식으로 진술하여 독자들이 필자가 제기한 문제에 자발적이고 주체적으로 관심을 갖도록 하는 표현 방법입니다.

선이란 무엇인가? 위엄의 느낌, 위엄을 바라는 마음을 높이는 모든 것이다. 사람이 가진 힘 자체이다. 악이란 무엇인가? 악함으로써 일어나는 일체의 것이다. 행복이란 무엇인가? 위엄이 커짐을 느끼고 저항을 이겨 내었다고 느끼는 일이다. (니체)

⑦ 대구법

비슷한 어조나 어세를 가진 어구를 짝 지어 표현의 효과를 나타내는 수사법입니다.

친구처럼 대할 수가 없다면 참다운 스승이 아니고, 스승으로 삼을 수가 없다면 참다운 벗이 아니다. (이탁오)

시나리오 용어

S#(Scene Number, 신 넘버): 장면 번호.

Close-Up(클로즈 업): 어떤 인물이나 사물을 집중적으로 확대하여 보여 주는 기법.

Continuity(conti, 콘티): 촬영 대본. 즉 시나리오를 토대로 각 화면마다 배경, 인물, 동작, 촬영 위치, 촬영 각도 등을 지정해 놓은 대본.

Crank In(크랭크 인): 촬영 시작.

Crank Up(크랭크 업): 촬영 완료.

Double Exposure(더블 익스포저): 이중 노출. 한 필름에 두 번을 찍어 내는 효과.

Effect(이펙트): 음향이나 컴퓨터 그래픽, 애니메이션 등의 효과.

F. I(Fade In 페이드인): 화면이 점점 밝아짐.

F. O(Fade Out 페이드아웃): 화면이 점점 어두워짐.

I. I(Iris In 아이리스 인): 화면의 중간에 작은 원의 영상이 나타났다가 점점 커지면서 화면을 가득 채우는 기법.

Insert(인서트): 장면 삽입.

Narration(Nar 내레이션): 해설. 등장인물이 아닌 해설자가 음성
으로 들려주는 설명체의 대사.
O. L(Over Lap 오버랩): 한 화면 끝에 다음 화면의 시작을 합치면서
부드럽게 화면을 바꾸어 가는 기법.
Panorama(파노라마): 카메라의 위치를 고정시켜 놓고 카메라만
을 상하 좌우로 움직여 촬영하는 것.

실존주의, 민족주의　　90

　　우리가 쓰는 말 중에는 '-주의'로 끝나는 말이 많습니다. 이런 단어들은 체계화된 이론이나 학설을 가리킵니다. 그리고 그 앞에 오는 단어가 그 이론의 핵심 요소에 해당하고요. 예컨대 'AA주의'는 'AA를 체계화한 이론 또는 원리' 정도로 이해하면 됩니다.

　　'민족주의'는 민족의 독립과 통일을 가장 중시하는 사상입니다. 19세기 이래 근대국가가 형성되는 기본 원리였으며, 분열되어 있는 민족의 정치적 통일을 목표로 하는 민족주의와 외세의 지배로부터의 독립을 추구하는 민족주의로 나눌 수 있습니다.

　　'실존주의'는 인간의 개인으로서의 주체적 존재성을 강조하는 철학입니다. 옛 철학에서는 인간이 우주의 보편적 목적과 본질의 일부이므로 우주적 목적과 본질은 개인의 실존적 사실보다 우선한다고 여깁니다. 이와 반대로, 실존이 본질에 선행한다고 주장하는 학설이 실존주의입니다.
　　실존주의 철학의 대표 인물 사르트르(J. P. Sartre)에 따르면,

인간은 부단한 결단과 선택을 통해 '도약' 함으로써 자신의 실존을 창조하고 거기에 본질을 부여함으로써만 실존할 수 있다고 합니다. 사르트르는 이를 "실존은 본질에 선행한다."는 한 문장에 요약해 놓았습니다. 이 말은 '모든 인간은 그 하나하나가 다른 어떤 한 인간과도 완전히 동일하지 않은 단독자이며, 각각의 인간은 절대적으로 자유롭다' 는 뜻입니다. 이것이 실존주의의 핵심입니다.

실존은 단순한 '존재' 와는 다릅니다. 이 세상에는 존재하는 게 많습니다. 해바라기도 존재하고, 책상도 존재하고, 인간도 존재합니다. 그런데 '존재한다는 것' 이 무슨 의미인지에 관해 의문을 품는 존재는 인간뿐입니다. 이런 점에서 인간이 존재한다는 것과 사물이 존재한다는 것은 다릅니다. 사르트르는 인간의 존재는 존재가 처한 그때그때의 의미에 선행한다고 주장했습니다. 즉 내가 '무엇' 이냐는 것보다 내가 '있다' 는 것이 앞섭니다. 이것이 "실존이 본질에 우선한다."는 말의 의미입니다.

조금 어려운가요? 인간은 기존의 이론이나 사회, 과학에 의해 규정당하는 대상이 아니라 자기가 스스로를 결정짓는 존재입니다. 그런 점에서 인간은 자유롭습니다. 그리고 이 자유 때문에, 인간에게는 자기를 규정하려는 온갖 유혹이나 압력에 굴복하지 않고 자기를 스스로 정립해야 할 책임이 생깁니다. 즉 자기의 자유의지를 기반으로 행동해야 하는데, 실존주의자들은 자기 실존을 성취하기 위한 이러한 행동을 '앙가주망' (engagement, 사회참여)이라고 이름 지었습니다. 사르트르의 「구토」, 카뮈의 「이방인」, 오상원의 「유예」는 실존주의적 앙가주망 문학의 대표작입니다.

'심화 발전' 문제

'심화 발전' 문제는 제시문을 토대로 해결해야 합니다. 이 문제 유형에서는 제시문의 내용과 동떨어진 선택지가 오답입니다.

'심화, 발전'은 글에서 다루는 범주가 넓어지거나, 아니면 글 내용이 깊어지는 것을 말합니다. 범주가 넓어지는 것은 글의 중심 내용을 뒷받침할 만한 다른 사례를 추가하는 방법이 쓰일 때입니다. 내용이 깊어지는 것은 글에서 밝힌 내용을 좀 더 세분화하거나 일반화하는 기법이 쓰일 때입니다. 이미 다룬 내용을 중언부언하는 것은 심화 발전이 아닙니다. 반면, 글의 내용을 뒷받침할 만한 또 다른 사례를 짚어 보는 것은 심화 발전입니다.

심화 발전을 묻는 문제는 비문학만이 아니라 문학 작품과 관련해서도 출제됩니다(1997년 수능 시험에 출제된 적이 있지요). 작품의 이해를 심화 발전시키는 문제는 흔히 말하는 문학 작품을 감상하는 관점과 관련하여 자주 출제되었습니다. 즉 작품의 주제, 정서, 심리, 스토리, 플롯, 사건, 인물 등 내재적 관점은 물론, 독자들에게 미치는 영향 등 작품을 둘러싼 외재적 요소까지 묻는 선택지들이 나옵니다. 이런 점에 유의해서 문제를 해결하세요.

음양오행설 陰陽五行說 92

옛날 사람들은 이 세계가 '양'(陽)과 '음'(陰)으로 이루어져 있다고 믿었습니다. 음양이 하나인 상태를 '태극'이라 하고요. 태극기 가운데 부분에는 빨간색과 파란색으로 채워진 원이 있지요. 빨간색이 양, 파란색이 음입니다. 그리고 이 음양은 '오행'(五行)이라는 형상을 통해 구체적으로 드러납니다. 오행은 '목'(木), '화'(火), '토'(土), '금'(金), '수'(水)로 구분합니다.

음양오행설에 대한 기본적인 지식을 갖춰 놓으면 옛날 사람들이 만든 문학 작품, 미술 작품, 건축물 등을 한결 쉽게 이해할 수 있습니다. 다음 페이지에 음양오행설을 표로 정리해 보았습니다. 이 표를 참고해 몇 가지 사례를 들어 보겠습니다.

서울의 동쪽에 세워진 문은? 동대문입니다. 그런데 동대문의 원래 이름은 흥인문(興仁門)입니다. 다음 페이지의 표를 보면, 동쪽은 '목'(木)의 방위이고, 그에 해당하는 오상은 '인'(仁)입니다. 그렇기 때문에 동대문 이름에 '인'이 사용되었습니다. 서대문을 돈의문, 남대문을 숭례문이라고 이름 붙인 것도 같은 이치입니다.

음양오행 일람표

음양론	양(陽)			음(陰)	
삼재론	천(天)		인(人)	지(地)	
	삼재(三才) 가운데 양(陽)		음양(陰陽)이 조화된 중성	삼재(三才) 가운데 음(陰)	
	木	**火**	**土**	**金**	**水**
오행론	양 가운데 음 양의 시작	양 가운데 양 양의 극대화	오행의 주재자. 원리 극대화된 양(혹은 음)을 음(혹은 양)으로 변화시키는 주재자. 원리	음 가운데 양 음의 시작	음 가운데 음 음이 극대화되면 다시 토(土)의 주재를 통해 양의 기운이 생겨남(水生木).
오성	한자: 角 한글: 어	한자: 徵 한글: 이	한자: 宮 한글: 음	한자: 商 한글: 아	한자: 羽 한글: 우
오음	아음(牙音)	설음(舌音) 반설음(半舌音)	순음(脣音)	치음(齒音) 반치음(半齒音)	후음(喉音)
기본자형	ㄱ	ㄴ	ㅁ	ㅅ	ㅇ
초성17자	ㄱ, ㅋ, ㆁ	ㄴ, ㄷ, ㅌ, (ㄹ)	ㅁ, ㅂ, ㅍ	ㅅ, ㅈ, ㅊ, ㅿ	ㅇ, ㆆ, ㅎ
계절	춘(春, 봄)	하(夏, 여름)	왕계(旺季)	추(秋, 가을)	동(冬, 겨울)
방위	동(東)	남(南)	중앙(中央)	서(西)	북(北)
오장	간(肝)	심(心)	비(脾)	폐(肺)	신(腎)
오체	심(心)	온(溫)	육(肉)	식(息)	혈(血)
오궁	안(眼)	설(舌)	신(身)	비(鼻)	이(耳)
오색	청(靑)	적(赤)	황(黃)	백(白)	백(白)
오기	풍(風)	열(熱)	습(濕)	조(燥)	한(寒)
오미	산(酸)	고(苦)	감(甘)	신(辛)	염(鹽)
기상	인애(仁愛)	강맹(剛猛)	관홍(寬弘)	살벌(殺伐)	유화(柔和)
오상	인(仁)	예(禮)	신(信)	의(義)	지(智)
상수	3 / 8	7 / 2	5 / 10	9 / 4	1 / 6
10천간	갑(甲) / 을(乙)	병(丙) / 정(丁)	무(戊) / 기(己)	경(更) / 신(辛)	임(壬) / 계(癸)
12지지	인(寅), 묘(卯)	사(巳), 오(午)	축(丑), 진(辰) 미(未), 술(戌)	신(申), 유(酉)	자(子), 해(亥)

서울 한복판에 놓인 건물 보신각도 마찬가지입니다.

그런가 하면 동서남북 순서에 따라 동물은 용, 호랑이, 봉황, 거북(뱀), 색깔은 청, 백 적, 흑을 두었습니다. 남쪽을 향해 집을 짓고 사는 관습에 따르면 동쪽이 왼쪽이 되고, 서쪽은 오른쪽이 됩니다. 그래서 '좌청룡, 우백호'라는 말이 있는 겁니다.

「봉산탈춤」에는 "자좌오향(子坐午向)에 터를 잡고"라는 표현이 나옵니다. 십이지에서 '자'(子)는 북쪽을, '오'(午)는 남쪽을 의미하므로 이 말은 '북쪽으로 등을 지고 남쪽을 향해 터를 잡았다'는 뜻입니다.

옆의 도표는 이런 내용을 하나로 정리해 놓은 자료입니다. 음양오행설을 알고 싶을 때 이 표를 활용해 주세요.

의식의 흐름

‘의식의 흐름’은 1890년 미국의 심리학자 윌리엄 제임스(William James)가 인간의 의식은 분리되어 있지 않고 마치 강물처럼 시시각각으로 변하면서 연속적으로 흐르고 있다는 것을 나타내기 위해서 사용한 표현입니다. 이렇게 나타난 의식의 흐름이라는 말은 현대 소설에서 매우 중요한 기법을 나타내는 용어로 자리 잡았습니다. 소설에서 쓰는 ‘의식의 흐름’ 기법은 인물의 의식이 중단되지 않은 채로 외부로부터의 자극을 계속 받아들이고 그에 반응하면서 연속되는 것을 가리킵니다. 이 기법은 작중인물의 생각과 감정, 기억, 비논리적이고 예측할 수 없는 연상 등이 추상적이고 논리적인 단편적 사고와 뒤섞여 흐르는 것을 그대로 보여 주는 기법입니다.

이 기법은 의식적으로 제어된 사고를 직접적인 언어 표현을 통해 보여 주는 내적 독백과는 구별됩니다. 작가가 의식의 흐름 기법을 쓸 때는 이야기의 논리와 정규적인 구문, 문법, 수사법 등을 무시하면서까지 인간 의식의 무질서하고 잡다한 흐름을 그대로 옮겨 놓으려고 노력합니다. 이 방법은 인간의 내적 실존은 외부에 나타나는 것처럼 조직적이고 논리적인 것이 아니라, 비논리적이고 잡다한 파편들이 뒤섞여 있는 상태라는 믿음에서 나온 것입니다.

하루 일과를 마치고 잠자리에 누우면 이런저런 생각이 다 납니다. 그날 있었던 일, 어렸을 때 신나게 놀던 일, 얼마 남지 않은 수능 걱정, 지난주에 본 영화, 예전에 전학 간 친구 생각 등 종잡을 수가 없어요. 그런데 이때의 기억들은 시간 순서대로 떠오르는 게 아닙니다. 뒤죽박죽인 채로 의식에 되살아납니다. 즉 비논리적이고 잡다한 파편들이 뒤섞여 있는 상태입니다. 이런 경험을 생각하면 의식의 흐름 기법을 이해할 수 있습니다.

의식의 흐름 기법을 사용한 소설에서는 소설 작품 속의 모든 내용이 한 인물의 의식에 스칠 때만, 그의 사상과 감정과 기억과 감각에 부딪힐 때만 독자들에게 전달됩니다. 그러므로 자연히 논리적 인과 관계가 없는 담화들이 내용 속에 뒤섞이고, 여러 인식들이 의식에 떠오르는 대로 기술됩니다.

이 기법은 호흡이 급박하며, 최소 단위로 압축된 직접적 문장들이 주를 이룹니다. 대상이 없는 서술이라는 점에서는 전통적 소설의 독백과 유사하지만, 인식의 과정을 거치지 않은 비논리적 담화로 구성된다는 점과 부분적으로 쓰이는 기법이 아닌, 작품 전체를 지배하는 기법이라는 점에서 내적 독백과 다릅니다. 작품 전체가 플롯의 발전이라든가 사건의 진전, 인물의 형상화 같은 전통적 서술 방식으로 기술되지 않기 때문에, 이 수법을 쓴 소설을 줄거리 흐름을 따라가며 읽는다면 쉽게 지루해지거나 작품이 무의미하게 느껴집니다. 이상의 「날개」, 오상원의 「유예」는 이 기법을 사용한 대표작입니다.

⇒219p 「무의식과 자아」 참고

어려운 단어 같으니 사전을 불러봅시다.

∨ 이데올로기(Ideologie)
사회 집단에 있어서 사상, 행동, 생활 방법을 근본적으로 제약하고 있는 관념이나 신조의 체계. 역사적 · 사회적 입장을 반영한 사상과 의식의 체계이다. '이념'으로 순화.

∨ 이념(理念)
① 이상적인 것으로 여겨지는 생각이나 견해.
건국이념 / 이념 대립 / 민주주의의 근본이념 / 세상의 그 어떤 아름답고 숭고한 이념도 인간을 그 희생으로 요구할 수는 없다는…. (이문열, 「영웅시대」)
② 순수한 이성에 의하여 얻어지는 최고 개념. 플라톤에게서는 존재자의 원형을 이루는 영원불변한 실재(實在)를 뜻하고, 근세의 데카르트나 영국의 경험론에서는 인간의 주관적인 의식 내용, 곧 관념을 뜻하며, 독일의 관념론 특히 칸트 철학에서는 경험을 초월한 선험적 이데아 또

는 순수 이성의 개념을 뜻한다.

'이데올로기'는 '역사적, 사회적 입장을 반영한 사상과 의식 체계'를 뜻합니다. 우리말로는 '이념'이라고 하고요. 어떤 견해가 사상의 내용, 관념 형태를 순전히 내면적으로 이해하는 태도를 취할 때 이를 '이데아적' 견해라 합니다. 이에 대하여 관념 형태를 자신의 사회적 기반과 관련하여 그 이해를 반영하는 것으로 생각하는 태도를 '이데올로기적' 견해라 합니다.

넓은 의미의 이념은 확실성을 보장할 수 없는 신념을 말합니다. 종교나 과학도 여기에 포함됩니다. 반면에 좁은 의미의 이념은 정치·사회·경제적인 신념을 의미합니다. 여기에는 주관적인 가치와 그것을 실천하는 행동이 요구됩니다. 수많은 사람들이 이 실천적인 행동을 위해 목숨을 바쳤습니다. 오늘날 이념은 좁은 의미로만 통용됩니다.

자본주의와 사회주의는 그 이념에 비추어 보아 바람직하다고 판단하는 상황이 서로 다릅니다. 이처럼 서로 다른 가치관의 대립을 이데올로기적 대립이라고 합니다. 우리 역사에서 한국 전쟁은 이데올로기의 대립이 가장 극명하게 드러난 사건입니다.

95

자동기술법

'자동기술법' 은 초현실주의의 창작 방법입니다. 앙드레 브르통 (Andre Breton)은 1924년 발표한 「초현실주의 선언」(Surrealist Manifesto)에서 자동기술법이란 "우리가 구두(口頭)에 의하든 필기에 의하든 기타 어떠한 수단에 의하든지 간에 사고의 현실적인 작용을 표현하려고 하는 경우에 사용하는 순수한 심적 자동 작용이다. 일체의 미적, 윤리적 배려 밖에 있어서 이성의 모든 감시가 제거된 상황에서 행해지는 사고의 기록이다."라고 말했습니다.

초현실주의 시는 프로이트에서 시작되었습니다. 프로이트는 인간의 심리를 의식과 무의식으로 나누었습니다. 의식의 세계는 축적된 경험이 이성에 의하여 합리적으로 정리되어 개념이나 관념으로 형성되는 심리 영역입니다. 무의식의 세계는 경험이 자기도 모르게 내부에 축적, 방치되어 있어서 오히려 이성의 세계보다도 더 근본적으로 영감이나 욕망을 불러일으키는 심리 영역입니다. 그러므로 의식이 합리주의 쪽이라면 무의식은 비합리주의 쪽입니다.

　자동기술법은 초현실주의자들이 무의식의 세계를 표현하기 위해 찾아낸 표현 기법입니다. 구두점을 사용하지 않고, 띄어쓰기를 무시하며, 비논리적인 것처럼 보이는 연상 과정을 아무런 여과 장치 없이 드러냅니다. 이상의 시들은 이런 경향을 아주 잘 나타냈습니다.

　문(門)을암만잡아다녀도안열리는것은안에생활(生活)이모자라는까닭이다밤이사나운꾸지람으로나를졸른다나는우리집내문패(門牌)앞에서여간성가신게아니다나는밤속에들어서서제웅처럼자꾸만감(減)해간다식구(食口)야봉(封)한창호(窓戶)어데라도한구석터놓아다고내가수입(收入)되어들어가야하지않나지붕에서리가내리고뾰족한데는침(鍼)처럼월광(月光)이묻었다우리집이앓나보다그러고누가힘에겨운도장을찍나보다수명(壽命)을헐어서전당(典當)잡히나보다나는그냥문(門)을열려고안열리는문(門)을열려고 (이상, 「가정」)

⇒ 219p 「무의식과 자아」, 260p 「의식의 흐름」 참고

96

‘자’字와 ‘호’號

옛날에 이름〔名〕은 아기가 태어난 지 3개월이 되었을 때 아버지가 아기의 오른손을 잡고 좋은 의미를 담은 글자를 골라 지어 준 것이었습니다. 그런데 옛사람들은 이름은 아버지께서 주신 것이므로 매우 존귀하게 여겨서 이름 부르기를 몹시 꺼렸습니다. 국왕이나 성현의 원래 이름을 사용하지 않은 것도 이런 관념에서 비롯되었습니다. 이를 피휘라고 합니다.

∨ 피휘(避諱)

이름을 존귀하게 여기는 관념 때문에 명을 함부로 부르지 못하는 것.

① 국휘(國諱) : 제왕의 명을 피하는 것.

② 성휘(聖諱) : 성현(聖賢)의 명을 피하는 것.

③ 가휘(家諱) : 자가(自家)의 존장(尊長)을 피하는 것. 개자(改字), 공자(空字), 결필(缺筆), 가필(加筆), 개음(改音) 등이 있다.

이름을 소중히 여기는 관습 때문에 흔히 장가든 뒤에는 본이름 대신 자(字)를 불렀습니다. 그리고 매우 가까운 사이끼리는 이름이나 자 대신 다른 호칭으로 불렀는데 이를 '호'(號)라고 합니다.

남자는 20세에 관례(冠禮)를 행하고 자(字)를 지었습니다. 여자는 혼인을 약속하면 계례(笄禮)를 행하고 자(字)를 지었습니다. 관례를 행하고 자를 짓는 것은 그 이름을 공경해서입니다. 출가를 약속했으면 15세에 계례를 행하고 그렇지 않으면 20세에 계례를 행하는데, 이 또한 성년이 되는 의식이므로 자를 지었습니다.

구분	자(字)	호(號)
지어주는 사람	부모, 존경하는 어른, 스승	자신이나 타인
성격	명(名)의 뜻을 보충하거나 재해석 교훈적 – 삶의 지표 제시.	풍류적 – 해학적 자기가 추구하는 뜻을 담음.
짓는 방법	① 이름과 자가 글자는 다르나 의미는 동일 제갈량(諸葛亮)의 자 공명(孔明)은 밝을 량(亮)자와 의미가 같음. ② 이름에 쓰인 글자를 자에도 그대로 사용. 장지연(張志淵)의 자 지윤(志尹) ③ 이름의 의미를 자로 확충. 맹사성(孟思誠)의 자 자명(自明) ④ 이름의 의미를 자로 보충, 권근(權近)의 자는 가원(可遠). 이름에 가까울 근(近)이 있으므로 자에는 멀 원(遠) 자를 사용해 보충. ⑤ 선현의 이름과 같은 경우 字도 계승. 송나라 소순의 아들 소식, 소철은 모두 이름을 널리 떨쳤다. 이를 부러워한 고려사람 김근이 아들의 이름을 부식, 부철로 짓고, 부철의 자는 소철의 자 자유(子由)를 사용했다. ⑥ 경서(經書)의 문구를 인용. 이덕무(李德懋)의 자는 무관(懋官)인데, 서경의 '덕무무관'(德懋懋官〔덕이 높은 이에게 높은 벼슬을 준다〕)에서 명과 자를 지음 ⑦ 같은 부류에 속하는 사물의 이름을 사용. ⑧ 출생한 지명으로 명과 자를 사용.	① 소처이호(所處以號): 지명을 이용 삼봉(三峰) 정도전, 퇴계(退溪) 이황, 연암(燕巖) 박지원 ② 소지이호(所志以號): 지향하는 목표를 활용. 백운거사(白雲居士) 이규보, 사임당(師任堂) 신씨(태교로 훌륭한 아들을 길러 낸 주나라 문왕의 어머니 太任을 스승으로 삼겠다는 뜻) 여유당(與猶堂) 정약용(노자의 "與兮若冬涉川 猶兮若畏四隣"에서 따다 지은 것으로 인생을 살얼음판을 건너듯, 사방의 적국을 대하듯 조심하며 살겠다는 뜻) ③ 소우이호(所遇以號): 자신의 환경·여건을 호로 삼음. 벽산청은(碧山淸隱) 김시습 ④ 소축이호(所蓄以號): 좋아하는 물건 오류선생(五柳先生) 도잠(버드나무를 좋아하여 다섯 그루를 심고 살았다 함).

초월과 달관

97

▾ 초월적

① 어떠한 한계나 표준, 이해나 자연 따위를 뛰어넘거나 경험과 인식의 범위를 벗어나는. 또는 그런 것.

신을 능가하는 초월적 존재

종교적인 권위나 초월적인 힘에 의지하다.

②〔철학〕칸트 철학에서, 우리의 경험에서 독립하여 있는 초감성적인. 또는 그런 것.

③〔철학〕실존 철학에서, 자기의 현존재를 넘는. 또는 그런 것.

서정주의 「추천사」에서 화자인 춘향이가 지향하는 "산호도 섬도 없는 저 하늘"은 지상에 대립되는 천상의 공간이며 동시에 '초월적' 세계라고 할 수 있습니다. "산호도 섬도 없"다 함은 현실적 한계를 뛰어 넘었다는 뜻이기 때문입니다.

한편, '달관'을 사전에서 찾아보면 이렇습니다.

✓ 달관(達觀)

① 사소한 사물이나 일에 얽매이지 않고 세속을 벗어난 활달한 식견이나 인생관에 이름. 또는 그 식견이나 인생관.

달관의 경지에 이르다.

노동의 고통을 감동으로 번역할 수 있을 때 노동은 신성하다는 달관이 생겨나는 것인지 모른다. (이병주, 「지리산」)

② 사물에 통달한 식견이나 관찰.

철학적 달관을 가지다.

어떤 사람들은 돈이나 명예에 얽매여서 돈을 조금만 벌어도 크게 기뻐하고 조금만 손해를 보아도 매우 낙담합니다. 반면 어떤 사람은 돈의 많고 적음에 크게 가치를 부여하지 않습니다. 가끔 언론에 보도되는, 수억 원을 사회에 기부했다는 사람 등이 여기에 해당합니다. 이런 사람들은 세속적인 부귀영화에 얽매이지 않고 삶의 진실을 꿰뚫어 봄으로써 높은 정신적 경지에 이른 분들입니다. 이런 것을 '달관'했다고 합니다.

∨ 형이하학(形而下學)

형체를 갖추고 있는 사물을 연구하는 학문. 주로 자연과학을 이른다.

∨ 형이상학(形而上學)

① 사물의 본질, 존재의 근본 원리를 사유나 직관에 의하여 탐구하는 학문. 명칭은 아리스토텔레스의 저작물의 제목에서 유래한다. ≒무형학.

② 헤겔 철학에서, 비변증법적 사고를 이르는 말.

③ 초경험적인 것을 대상으로 하는 학문을, 형이하 또는 경험적 대상의 학문인 자연과학에 상대하여 이르는 말.

'형이하학' 의 대표적인 학문은 자연과학입니다. 자연과학의 대상은 자연에서 일어나는 현상 일체입니다. 물리학, 화학, 생물학, 지구과학 등을 생각해 보세요. 이런 학문은 모두 눈으로 관찰할 수 있는 현상을 다룹니다. 비록 현미경이나 망원경을 이용하기는 하지만요. 눈으로 관찰하는 것이 형이하학의 특징입니다.

'형이상학' (形而上學, metaphysics)은 아리스토텔레스가 학문을 분류하면서 처음으로 사용한 용어입니다. 이 말은 phy-sics(물리학)에다가 시간적으로는 '다음'을, 논리적으로는 '고차원'을 뜻하는 'meta'를 결합한 단어입니다. 어원에 따르면 형이상학은 비가시적, 비감각적, 비물질적 존재를 탐구하는 학문을 의미합니다.

　형이상학은 우리가 직접 경험할 수 없는, 형체를 갖추지 않은 것을 대상으로 합니다. 윤리학, 철학이 여기에 해당하지요. 이런 학문은 주로 인간의 이성적 사고에 의존하여 사물의 본질이나 원리를 탐구합니다. 즉 이성으로 본질을 탐구하는 것이 형이상학의 특징입니다. "행복은 무엇인가?", "이성은 아름다운가?", "의무는 권리에 우선하는가?" 등의 질문이 형이상학자들의 관심 주제입니다.

이 단어의 의미는 매우 폭넓습니다. 우리말로는 인도주의, 인문주의(인본주의) 등으로 번역됩니다. 『표준국어대사전』에서는 이렇게 정리해 놓았네요.

∨ 인도주의

인간의 존엄성을 최고의 가치로 여기고 인종, 민족, 국가, 종교 따위의 차이를 초월하여 인류의 안녕과 복지를 꾀하는 것을 이상으로 하는 사상이나 태도.

∨ 인문주의(인본주의)

서양의 문예 부흥기에 이탈리아에서 발생하여 유럽에 널리 퍼진 정신 운동. 가톨릭 교회의 권위와 신 중심의 세계관으로부터 인간을 해방시키고, 그리스 · 로마의 고전 문화에 대한 연구를 통하여 인간의 존엄성 회복과 문화적 교양의 발전에 노력하였다.

서양 역사에는 인간보다는 신(神)을 중심으로 사고하던 시기가 있습니다. 이 시기에 인간은 신을 위해서 자신의 모든 권리를 포기해야 했습니다. 중세(Middle Age)를 암흑기(Dark Age)로 표기하는 것도 이 때문입니다. 그러다가 신보다 인간을 더 중시하는 문예사조가 이탈리아에서 일어나 유럽 전역으로 번졌습니다. 이때를 문예 부흥기(르네상스)라고 합니다. 인본주의는 르네상스의 중심 사상입니다. 다른 무엇보다도 인간의 주체성, 인격성, 존엄함을 중요하게 여기는 게 인본주의의 핵심입니다.

277

어법 語法

349

어법 예문

395

단어 뜻

어법

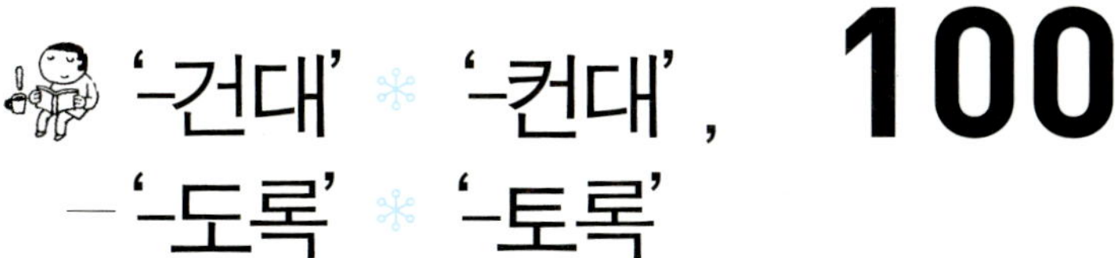

‘–건대’ ✳ ‘–컨대’, ‘–도록’ ✳ ‘–토록’ 100

한글맞춤법 제40항. 어간의 끝음절 ‘하’의 ‘ㅏ’가 줄고 ‘ㅎ’이 다음 음절의 첫소리와 어울려 거센소리로 될 적에는 거센소리로 적는다.

(본말)	(준말)
간편하게	간편케
다정하다	다정타
연구하도록	연구토록
정결하다	정결타
가하다	가타
흔하다	흔타

‘간편하다’의 어간 ‘간편하’에서 ‘하–’의 ‘ㅏ’가 줄어들고, ‘ㅎ’이 ‘–게’의 첫소리인 ‘ㄱ’과 어울린 것입니다. ‘ㅎ’과 ‘ㄱ’이 어울려서 ‘ㄱ’의 거센소리인 ‘ㅋ’으로 발음될 때는 ‘ㅋ’으로 적어야 합니다.

〔붙임 1〕‘ㅎ’이 어간의 끝소리로 굳어진 것은 받침으로 적는다.

않다	않고	않지	않든지
그렇다	그렇고	그렇지	그렇든지
아무렇다	아무렇고	아무렇지	아무렇든지
어떻다	어떻고	어떻지	어떻든지
이렇다	이렇고	이렇지	이렇든지
저렇다	저렇고	저렇지	저렇든지

‘아니하다’의 어간은 ‘아니하-’입니다. ‘하-’의 ‘ㅎ’이 어간의 끝소리로 굳어진 형태입니다. 이런 때는 ‘않-’으로 적습니다.

〔붙임 2〕어간의 끝음절 ‘하’가 아주 줄 적에는 준 대로 적는다.

(본말)	(준말)
거북하지	거북지
생각하건대	생각건대
못하지 않다	못지않다
생각하다 못해	생각다 못해
섭섭하지 않다	섭섭지 않다
깨끗하지 않다	깨끗지 않다
익숙하지 않다	익숙지 않다

‘생각하다’의 어간 ‘생각하-’에 ‘-건대’가 결합하면 ‘하-’가 생략되어 결국 ‘생각 + 건대’가 됩니다. 그러므로 ‘생각컨대’가 아니라 ‘생각건대’로 써야 옳습니다. 이처럼 어간의 ‘하-’가 줄어든 말은 ‘하-’ 앞에 ‘ㄱ, ㅂ, ㅅ’ 받침이 오는 단어가 대부분입니

다. ‘생각하다’, ‘섭섭하다’, ‘깨끗하다’는 ‘하-’ 앞에 각각 ‘ㄱ’, ‘ㅂ’, ‘ㅅ’ 받침이 있습니다.

〔붙임 3〕 다음과 같은 부사는 소리대로 적는다.

결단코	아무튼	기필코	무심코	결코	요컨대
정녕코	필연코	하여튼	한사코	하마터면	

— 안은/안긴문장, 이어진 문장

사건이나 상태는 주어와 서술어로 표현됩니다. 주어-서술어 관계가 나타나면 이를 문장이라고 합니다. 문장은 홑문장과 겹문장으로 나뉩니다. 홑문장은 '주어-서술어 관계가 오직 한 번 나타나는 문장입니다. "정원에 장미꽃이 한창이다.", "우리 아기 첫돌이야.", "시험 성적이 많이 올랐어." 등은 모두 홑문장입니다.

겹문장은 주어-서술어 관계가 두 번 이상 나타납니다. 겹문장에 해당하는 것으로 안은 / 안긴문장, 이어진 문장이 있습니다.

먼저 안은 / 안긴문장을 설명할게요.

- 안은문장: 안긴문장을 포함한 문장
- 안긴문장: 다른 문장 속에 들어가 하나의 성분처럼 쓰이는 홑문장

1_명사절을 안은문장

명사형 어미 '-(으)ㅁ', '-기'가 붙어서 이루어지며 주어, 목적어, 부사어 등 다양한 기능을 합니다.

석영이가 합격했음이 밝혀졌다. (주어)

나는 아란이가 빨리 낫기를 진심으로 빌었다. (목적어)

지금은 학교 가기에 이른 시간이다. (부사어)

2_관형절을 안은문장

관형사형 어미 '-(으)ㄴ', '-는', '-(으)ㄹ', '-던'이 붙어 만들어지며 과거, 현재, 미래, 회상의 시간을 표현하는 데 사용됩니다.

이것은 주영이가 입은 / 입는 / 입을 / 입던 옷이다.

3_부사절을 안은문장

부사형 어미 '-이', '-게', '-도록', '-(아)서'가 붙어서 만들어지며, 서술어를 수식하는 부사어 기능을 합니다.

산 그림자가 소리도 없이 다가온다.

우리 학교는 꽃이 아름답게 피었다.

계곡물은 이가 시리도록 차갑다.

길이 눈이 내려서 미끄럽다.

4_서술절을 안은문장

절 전체가 서술어 역할을 합니다. 이 문장은 한 문장 안에 주어가 두 개 있는 것처럼 보입니다. 이때 앞에 나오는 주어를 제외한 나머지 부분이 서술절입니다.

김혜희는 목소리가 크다.

'목소리가'의 서술어는 '크다'이고, 주어 '김혜희는'의 서술어는 '목소리가 크다' 입니다.

5_인용절을 안은문장
다른 사람의 말을 인용한 것이 절의 형식으로 안깁니다.

① 직접 인용절
주어진 문장을 그대로 직접 인용하는 것으로, 인용격 조사 '라고' 가 붙어 이루어집니다.

어머니께서 매우 기쁜 얼굴로 "그거 참 잘 됐다!" 라고 말씀하셨다.

② 간접 인용절
말하는 사람의 표현으로 바꾸어서 간접적으로 인용한 것으로, 인용격 조사 '고' 가 붙어서 만들어집니다. 서술격 조사 '이다'로 끝난 간접 인용절에서는 '이다고' 가 아니라 '이라고' 로 나타납니다.

혜림이는 <u>남녀가 평등하다고</u> 믿는다.
선미는 <u>자기가 대학생이라고</u> 말했다.
⇒334p 「직접 인용 간접 인용」 참고

이번에는 이어진 문장을 공부해 볼까요.

6_대등하게 이어진 문장
이어지는 홑문장들의 의미 관계가 대등한 문장입니다. 대등하게 이어진 문장에서 앞 절은 뒷 절과 나열, 대조 등의 의미 관계를 갖습니다. 대등적 연결어미 '-고', '-며' (나열) / '-지만', '-든지',

'-나' (대조) 등으로 실현됩니다.

유진이는 음악을 좋아하고 지애는 문학을 좋아한다. (나열)
비가 왔지만 습도가 높지 않다. (대조)

7_ 종속적으로 이어진 문장

앞 절과 뒤 절의 의미 관계가 독립적이지 못하고 종속적인 관계에 놓인 문장입니다. 앞 절과 뒤 절이 어떠한 의미 관계를 가지느냐에 따라 다양한 종속적 연결 어미가 사용됩니다. '-(아)서' (원인), '-으면' (조건), '-(으)려고' (의도), '-는데' (배경), '-(으)ㄹ지라도' (양보) 등이 있습니다. 종속적으로 이어진 문장은 명사절, 관형절로도 실현됩니다.

겨울이 되어서 날씨가 무척 춥다. (원인)
제자가 없으면, 스승도 없다. (조건)
동아리 발표회 준비를 하려고 선희는 아침 일찍 등교했다. (의도)
내가 골목길에 들어서는데 리코더 소리가 들려 왔다. (배경)
설령 네가 안 올지라도 나는 너를 기다릴게. (양보)
비가 오기 때문에 길이 질다. (명사절로 실현)
바람이 부는 가운데 행사는 예정대로 열렸다. (관형절로 실현)

종속적으로 이어진 문장들은 앞 절이 뒤 절 속으로 이동하기도 합니다. 또한 앞 절과 뒤 절에 같은 말이 있으면 그 말이 다른 말로 대치되거나 생략됩니다.

길이 비가 와서 질다. (앞 절이 뒤 절 속으로 이동)
나는 명희를 자주 만나지만 (그를) 좋아하지는 않는다. ('그'로 대치 또는 생략)

　표준 발음법

　제10항. 겹받침 'ㄳ', 'ㄵ', 'ㄼ, ㄽ, ㄾ', 'ㅄ'은 어말 또는 자음 앞에서 각각 [ㄱ, ㄴ, ㄹ, ㅂ]으로 발음한다.

넋[넉]	넋과[넉꽈]	앉다[안따]	여덟[여덜]
넓다[널따]	외곬[외골]	핥다[할따]	값[갑]
없다[업ː따]			

　다만, '밟-'은 자음 앞에서 [밥]으로 발음하고, '넓-'은 다음과 같은 경우에 [넙]으로 발음한다.

㉠ 밟다[밥ː따]　　밟소[밥ː쏘]　　밟지[밥ː찌]
　밟는[밥ː는→밤ː는]　밟게[밥ː께]　밟고[밥ː꼬]
㉡ 넓-죽하다[넙쭈카다]　넓-둥글다[넙뚱글다]

　제11항. 겹받침 'ㄺ, ㄻ, ㄿ'은 어말 또는 자음 앞에서 각각 [ㄱ, ㅁ,

ㅂ]으로 발음한다.

닭[닥]	흙과[흑꽈]	맑다[막따]	늙지[늑찌]
삶[삼ː]	젊다[점ː따]	읊고[읍꼬]	읊다[읍따]

다만, 용언의 어간 말음 'ㄹㄱ'은 'ㄱ' 앞에서 [ㄹ]로 발음한다.

맑게[말께]	묽고[물꼬]	얽거나[얼꺼나]

먼저 『표준국어대사전』을 열어 볼까요.

▾ 접두사(接頭辭)
파생어를 만드는 접사로, 어떤 단어의 앞에 붙어 새로운 단어가 되게 하는 말. '맨손'의 '맨-', '들볶다'의 '들-', '시퍼렇다'의 '시-' 따위가 있다.

▾ 관형사(冠形詞)
체언 앞에 놓여서, 그 체언의 내용을 자세히 꾸며 주는 품사. 조사도 붙지 않고 어미 활용도 하지 않는데, '순 우리말'의 '순'과 같은 성상 관형사, '저 어린이'의 '저'와 같은 지시 관형사, '한 사람'의 '한'과 같은 수 관형사 따위가 있다.

관형사와 접두사를 구별하는 방법을 정리해 볼까요.

관형사	접두사
독립적으로 사용되면서 명사를 꾸며 준다. 새 차, 새 집, 저 사람, 한 명	독립적으로 사용되지 못하고 다른 단어와 결합한다. 맨(×), 맨손(○), 시(×), 시퍼렇다(○)
다른 말이 사이에 들어갈 수 있다. 새 핸드폰 – 새 예쁜 핸드폰 (○)	다른 말이 사이에 들어갈 수 없다. 맨손 – 맨 큰 손 (×)
결합하는 어근의 수효가 제한되어 있지 않다. 새 집, 새 연필, 새 옷, 새 교실	결합하는 어근의 수효가 제한되어 있다. 맨발, 맨손, 맨집(×), 맨소리(×)

관형사는 독립적으로 사용되기 때문에 뒤에 오는 단어와 띄어 씁니다. 반면에 접두사는 독립적으로 사용하지 못하므로 다른 단어에 붙여 씁니다. 접두사의 '접(接)'은 '붙는다'는 뜻이에요. '접착제' 등에 쓰이지요.

 높임법

104

말하는 사람과 듣는 사람, 그리고 말 속에 등장하는 사람 등의 관계에 따라 높임법을 사용하는 것이 우리말의 특징입니다. 크게 주체높임법, 객체높임법, 상대높임법으로 나누는데, 먼저 그 개념을 알아볼까요.

㉠ "할머니, 엄마가 아빠한테 아직 열쇠를 안 주었대요."

위에서 내가 하는 말을 듣는 할머니를 '상대', 주는 행동의 주인이 되는 엄마를 '주체', 대상〔부사어〕이 되는 아빠를 '객체' 라고 합니다. 객체에는 목적어도 포함됩니다. 예를 들어 아래 문장에서는 목적어인 '아버지'가 객체에 해당합니다.

㉡ 다영이는 아버지를 모시고 여행길에 나섰다.

이제 주체높임법과 객체높임법, 상대높임법을 정리해 볼게요. 먼저 주체높임법은 다음과 같습니다.

방법	예문	비고
주격 조사 '-께서' 높임 접미사 '-님' 선어말 어미 '-시'	선생님께서 이리로 오십니다.	'-시-'를 사용하는 것이 가장 대표적인 방법이다. 그분이 도착하셨습니다.
간접 높임	할머니께서는 귀가 밝으시다	'귀'를 높이는 것 같지만 실제로는 '할머니'를 높이는 방법
특수한 단어	아버지께서는 집에 계신다.	있다/계시다, 먹다/잡수시다, 자다 /주무시다
압존법	할머니, 어머니가 아직 안 왔습니다.	

압존법은 문장의 주체가 화자보다는 윗사람이지만 청자보다는 아랫사람이어서 그 주체를 높이지 못하는 높임법입니다. 즉 어머니가 말하는 사람인 나보다는 어른이지만, 내 말을 듣는 할머니보다는 아랫사람이므로 '어머니께서 아직 안 오셨습니다'라고 말하지 않는 것을 말합니다. 다만 요즈음에는 이 압존법을 적용하지 않으려는 사람도 많은 것 같네요. 요즈음은 대화를 나누는 장소가 어디인가에 따라 다르게 적용합니다.

ⓒ "할아버지, 아버지는 책을 읽고 있습니다."
ⓓ "김 선생님은 교실에 가셨습니다."

ⓒ은 손자가 할아버지께 말씀 드리는 겁니다. 아버지가 손자보다는 웃어른이지만 할아버지보다는 아랫사람이므로 '읽고 있습니다'라고 표현하는 게 자연스럽습니다. ⓓ은 학생이 교장 선생님께 담임 선생님에 관해 말씀 드리는 것입니다. 담임 선생님이 교장 선생님보다 아랫사람인 건 분명합니다. 하지만 학생 입장에서 자기 선생님에 관해 '갔습니다'고 말하는 것은 바람직하지 않으므로

'가셨습니다'라고 말해야 합니다. 이것은 스승을 공경하던 우리나라 사람들의 전통적인 가치관이 드러나는 말하기라고 할 수 있겠네요. 그렇다면 회사에서는 압존법을 써야 할 때 어떻게 말해야 할까요?

㉤ "사장님, 김 부장님은 은행에 가셨습니다."

이렇게 표현하는 게 일반적입니다. 다만 이런 경우에 '김 부장님께서는'과 같이 표현하는 것은 옳지 않습니다.

이번에는 객체높임법을 알아볼까요. 객체높임은 문장의 객체, 즉 문장의 목적어나 부사어에 해당하는 사람을 높이는 방법이에요. 부사격 조사 혹은 특수한 어휘를 사용하는 게 대표적입니다.

방법	예문	비고
부격 조사 '께'	회장이 선배님께 그 사실을 알렸다.	
특수한 어휘	예지가 어머님을 모시고 갔다.	데리다/모시다, 묻다/여쭈다, 보다/뵙다, 주다/드리다

마지막으로 상대높임법입니다. 상대높임법은 주로 종결 어미를 이용하여 표현됩니다.

문장 유형	품사	격식체				비격식체	
		해라체	하게체	하오체	하십시오체	해체	해요체
평서문	동사	-는다	-네	-오	-ㅂ니다	-어	-어요
	형용사	-다	-네	-오, -소	-ㅂ니다	-어	-어요
	서술격조사	-다	-ㄹ세	-오	-ㅂ니다	-야	-어요
감탄문	동사	-는구나!	-는구만!	-는구려!	-ㅂ니다!	-군!	-어요!
	형용사	-구나!	-네!	-구려!	-ㅂ니다!	-군!	-어요!
	서술격조사	-로구나!	-로구만!	-로구려!	-ㅂ니다!	-군!	-어요!
의문문	동사	-느냐?	-는가?	-오?	-ㅂ니까?	-어?	-어요?
	형용사	-냐?	-ㄴ가?	-오?, -소?	-ㅂ니까?	-어?	-어요?
	서술격조사	-냐?	-ㄴ가?	-오?	-ㅂ니까?	-야?	-어요?
명령문		-어라	-게	-오	-십시오	-어	-어요
청유문		-자	-세	-ㅂ시다	-시지요	-어	-어요

앞에서 소개한 어미는 앞말의 받침이 있느냐 없느냐에 따라 모양이 달라집니다. 즉 받침이 있는 말 뒤에 오는 '-는다'가 받침이 없는 말 뒤에서는 '-ㄴ다'가 됩니다. 그런가 하면 모음 조화에 따라 '-어'가 '-아'로 달라지기도 해요. 그리고 물음표나 느낌표는 생략할 수도 있어요.

우리말이 세계에서 높임법이 가장 발달되어 있다고 합니다. 그래서 외국 사람들이 우리말을 배울 때 높임법을 익히느라 무척 애를 먹는다고 알려져 있지요. 이것은 높임법이야말로 우리말다운 특성이라는 증거이겠지요. 그러므로 일상생활에서 높임법을 정확하게 사용할 줄 알아야 하겠네요.

동사 | 먹다 — 먹고, 먹은, 먹는, 먹었다.
형용사 | 작다 — 작고, 작은, 작는(×), 작았다.

형용사는 어간에 '는 / ㄴ'을 결합할 수 없습니다. 예컨대 '두렵는다'는 성립하지 않습니다. '두렵다'는 형용사입니다. "나는 그 일이 두렵다."와 같이 사용하는 것이 어법에 맞습니다. '두렵다'가 기본형입니다.

동사 | 먹다 — 먹어라(○), 먹자(○)
형용사 | 작다 — 작아라(×), 작자 (×)

동사는 명령형, 청유형이 모두 가능하지만, 형용사는 불가능합니다. '행복하다', '건강하다'는 형용사입니다. 그러므로 "행복하세요.", "건강하세요."처럼 명령형을 사용하면 어법에 어긋납니다. "행복하게 지내시길 바랍니다.", "건강하게 지내세요."가 올바른 표현입니다.

띄어쓰기 붙여쓰기

우리말이 지닌 장점이 한두 가지가 아니지만, 반면에 단점도 있습니다. 띄어쓰기와 붙여쓰기도 그중 하나이겠지요. 이것은 영어와 비교해 보면 그 엄청난 차이를 금방 느낄 수 있지요. 단어마다 띄어 쓰면 되는 영어에 비해 한글은 모양이 같은 글자인데도 띄어 쓸 때가 있는가 하면 붙여 써야 하는 경우도 있습니다. 그중 학생들이 가장 어려워하는 몇 가지를 설명해 줄게요.

1_ 명사와 조사

- 명사 | 사물의 이름을 나타내는 말. 선풍기, 바람, 손수건, 비, 나, 너, 학교 등등
- 의존명사 | 혼자 쓰이지 못 하고 다른 말에 기대어 쓰이는 명사. 것, 데, 바, 듯, 대로, 만큼 등등
- 조사 | 체언이나 부사, 어미 따위에 붙어 그 말과 다른 말과의 문법적 관계를 표시하거나 그 말의 뜻을 도와주는 품사.

㉠ 오늘은 바람이 몹시 분다.
㉡ 가연이는 꽃을 가꾸는 것에 몰입해 있었다.

㉠에 사용된 '오늘, 바람' 은 명사이고, '-은, -이' 는 조사입니다. ㉡에 사용된 '가연, 꽃, 것,' 은 명사이고, '-이는, -을, -에' 는 조사입니다. 그런데 ㉡에 쓰인 명사 중에 '것' 은 다른 명사와 달리 혼자서 쓰이지 못합니다.

것이 중요하다. (×)   우정이 중요하다. (○)

앞의 '것' 처럼 혼자 사용되지 못하는 명사를 의존명사라고 합니다.

㉢ 소연이도 너만큼 예쁘다.

'-만큼' 은 조사입니다. 그렇기 때문에 명사인 '너' 에 붙여서 사용합니다. 그런데

㉣ 학준이도 참을 만큼 참았어요.

'만큼' 은 의존명사입니다. 앞의 ㉡에 쓰인 '것' 과 마찬가지로 혼자서는 사용되지 못하고, 꾸며 주는 표현이 반드시 앞에 와야 합니다. 조사인 '-만큼' 과 달리 의존명사인 '만큼' 은 띄어쓰기를 해야 합니다. '-대로/ 대로' , '-뿐/ 뿐' , '-만 / 만' , '-들/ 들' 도 조사로도 사용되고, 의존명사로도 사용됩니다. 다음의 예문을 눈여겨보세요.

294

수학은 재연이 방식<u>대로</u>, 영어는 민선이 방식대로 정리하자. (조사)
보라가 하는 <u>대로</u> 따라서 했더니 문제가 쉽게 풀렸다. (의존명사)

미현이는 성격<u>뿐</u>만 아니라 외모도 시원시원하다. (조사)
원정이는 웃고만 있을 <u>뿐</u>이지 싫다 좋다 말이 없다. (의존명사)
승현이는 이름이 나지 않았다 <u>뿐</u>이지 참 성실하다. (의존명사)

㊀ 건이는 책<u>만</u> 보면서 하루를 보냈다. (조사)
㊁ 지수는 하늘을 보아야<u>만</u> 기분이 좋아졌다. (조사)
㊂ 집채<u>만</u> 한 파도가 밀려 온다. (조사)
㊃ 듣고 보니 좋아할 <u>만</u>은 한 이야기다. (의존명사)
㊄ 우리나라에는 세계에서 손꼽힐 <u>만</u>한 문화재가 많다. (의존명사)
㊅ 유학을 갔던 미연이가 삼 년 <u>만</u>에 귀국했다. (의존명사)

㊀은 다른 것으로부터 제한하여 어느 것을 한정함을 나타내는 보조사이므로 앞에 오는 명사와 붙여 쓴 예문입니다.
㊁은 무엇을 강조하는 보조사로 사용된 경우입니다. 이런 때는 붙여 써야 합니다.
㊂은 '하다', '못하다'와 함께 쓰여 앞말이 나타내는 대상이나 내용 정도에 달함을 나타내는 보조사입니다. 따라서 앞에 오는 명사에는 붙여 쓰지만, 뒤에 오는 '하다'와는 띄어 써야 합니다.
㊃은 앞말이 뜻하는 동작이나 행동에 타당한 이유가 있음을 나타내는 말입니다.
㊄과 ㊃을 구별하기 어렵다는 학생들이 많습니다. ㊄은 용언 뒤에서 '-을 만하다' 구성으로 쓰여 어떤 대상이 앞말이 뜻하는 행동을 할 타당한 이유를 가질 정도로 가치가 있음을 나타내는 말입니다. ㊄과 쓰임이 같은 것으로 앞말이 뜻하는 행동을 하는 것

이 가능함을 나타내는 말도 있습니다. 예컨대 '나는 새 차를 살 만한 형편이 못 된다'처럼 쓸 수 있습니다.

ⓧ처럼 '만에', '만이다' 꼴로 쓰여 동안이 얼마간 계속되었음을 나타내는 말일 때는 의존명사이므로 앞에 오는 단어와 띄어 써야 합니다.

ⓣ 과일에는 사과, 배, 감 들이 있다. (의존명사)
ⓟ 이 방에서 텔레비전을 보고들 있어라. (조사)

ⓣ은 두 개 이상의 사물을 나열할 때, 그 열거한 사물 모두를 가리키거나, 그 밖에 같은 종류의 사물이 더 있음을 나타내는 말이에요. 문장 안에 나타난 과일의 종류가 여러 개일 때 사용합니다. 하지만 이것은 과일의 숫자가 여러 개일 때와는 다릅니다. 즉 위의 과일이 두 개 이상은 아니라는 뜻입니다. 개수가 여럿일 때는 ⓟ처럼 붙여서 씁니다. ⓟ은 텔레비전을 보는 사람이 두 명 이상임을 나타냅니다. 이때는 '-들'이 그 문장의 주어가 복수임을 나타내는 보조사입니다.

2_ 의존명사와 어미

같은 모양의 글자라도 어미일 때는 어간에 붙여 쓰고, 의존명사일 때는 띄어 써야 합니다.

㉠ 찬희가 중국으로 출국한 지 일 년이 지났다. (의존명사)
㉡ 콩을 심으면 콩이 나지 팥이 날 수는 없다. (어미)
㉢ 고교 시절도 지금 생각해 보면 참 즐거웠지. (어미)

㉣ 하령이가 오늘 올지 내일 올지 모르겠다. (어미)

 이런 경우를 제외하면 대부분 어미로 사용되는 것이 이 글자의 특징이라는 것을 기억해 두세요.

㉢ 숙진이가 사는 데는 여기서 멀다. (의존명사)
㉣ 사람을 돕는 데에 애 어른이 어디 있겠습니까? (의존명사)
㉥ 이 그릇은 귀한 거라 손님을 대접하는 데나 쓴다. (의존명사)
㉦ 담임 선생님은 하나도 안 변하셨데. (어미)

'데'가 장소(㉢), 일이나 것(㉣), 경우(㉥)를 의미할 때는 의존명사이므로 띄어 쓰는 게 올바른 표기법입니다. 이들처럼 의존명사로 사용될 때는 뒤에 조사가 붙는다는 걸 눈여겨보아 두세요. 반면에 과거 어느 때에 직접 경험하여 알게 된 사실을 현재의 말하는 장면에 그대로 옮겨 와서 말함(㉦)을 나타내는 종결어미로 사용할 때는 붙여 써야 합니다. 즉 '데' 뒤에 '-에' 같은 조사를 붙여 봐서 의미가 자연스럽게 성립되면 의존명사이므로 띄어 쓴다고 기억해 두면 좋겠네요.

참고로 '여기가 우리 고향인데 인심 좋고 경치 좋은 곳이지'와 같은 문장에 사용된 것은 어미 '-ㄴ데 / -는데'입니다. 이것은 뒤 절에서 어떤 일을 설명하거나 묻거나 시키거나 제안하기 위하여 그 대상과 상관되는 상황을 미리 말할 때에 쓰는 연결어미입니다.

㉧ 서희는 어머니를 빼다 박은 듯 닮았다. (의존명사)
㉨ 효춘이는 신문을 보는 듯 마는 듯 뒤적거리고만 있다. (의존명사)

㋾ 땀이 비 오듯 쏟아졌다. (어미)

'듯'이 짐작이나 추측(㋒), 그런 것 같기도 하고 그렇지 아니한 것 같기도 함(㋓)을 나타내는 의존명사일 때는 띄어 써야 합니다. 하지만 뒤 절의 내용이 앞 절의 내용과 거의 같음을 나타내는 연결어미(㋾)일 때는 당연히 붙여 써야 합니다.

㋡ 수업 시간에는 자기가 생각한 바를 발표해야 한다. (의존명사)
㋨ 서류를 검토한바 몇 가지 미비한 사항이 발견되었다. (어미)
㋩ 너의 죄가 큰바 응당 벌을 받아야 한다. (어미)

㋡은 의존명사 '바'가 앞에서 말한 내용 그 자체나 일 따위를 나타내는 말로 사용되는 예문입니다. 의존명사이므로 앞말에 붙여 씁니다. 반면에 ㋨은 뒤 절에서 어떤 사실을 말하기 위하여 그 사실이 있게 된 것과 관련된 과거의 어떤 상황을 미리 제시하는 데 쓰는 연결어미입니다. 이것은 앞 절의 상황이 이미 이루어졌음을 나타냅니다. 즉 '검토'하는 일이 이미 끝났다는 뜻입니다. 그리고 ㋩은 뒤 절에서 어떤 사실을 말하기 위하여 그 사실이 있게 된 것과 관련된 상황을 제시하는 데 쓰는 연결어미로서 '-ㄴ데', '-니' 따위에 가까운 뜻을 나타냅니다. ㋨과 ㋩은 어미이므로 앞의 예문처럼 어간에 붙여 써야 합니다. 그리고 소위(所謂), 즉 '세상에서 말하는 바'라는 뜻을 나타내는 '이른바'는 부사이므로 띄어 쓰면 안 된다는 것 알아 두세요. '이른바 회장은 다른 학생의 모범이 되어야 한다'와 같이 씁니다.

3_ 의존명사와 접미사

∨ 의존명사 │ 체언이나 부사, 어미 따위에 붙어 그 말과 다른 말과의 문
법적 관계를 표시하거나 그 말의 뜻을 도와주는 품사.
∨ 접미사 │ 파생어를 만드는 접사로, 어근이나 단어의 뒤에 붙어 새로운
단어가 되게 하는 말. '선생님'의 '님', '먹보'의 '-보', '지우개'의 '-
개', '먹히다'의 '-히' 따위가 있다.

　㉠ 서울과 부산 <u>간</u>을 연결하는 고속도로. (의존명사)
　㉡ 친구와 친구 <u>간</u>에도 예의를 지켜야 한다. (의존명사)
　㉢ 공부를 하든지 운동을 하든지 <u>간</u>에 열심히만 해라. (의존명사)
　㉣ 넉 달<u>간</u> 열심히 공부했더니 성적이 많이 향상되었다. (접미사)
　㉤ 외양<u>간</u>에서 송아지 울음 소리가 들려 왔다. (접미사)

간(間)이 한 대상에서 다른 대상까지의 사이(㉠), 관계(㉡), 나
열된 말 가운데 어느 쪽인지를 가리지 않음(㉢)을 의미할 때는 의
존명사이므로 띄어 쓰고, 동안(㉣), 장소(㉤)를 가리킬 때는 접미
사이기 때문에 붙여 써야 합니다.

　㉥ 바다에서 수영할 때에는 반드시 안전선 <u>내</u>에서 해야 한다 (의존명사)
　㉦ 올해는 여름<u>내</u> 비가 쏟아져서 홍수 피해가 많았다 (접미사)
　㉧ 홍실이는 끝<u>내</u> 웃음을 참지 못하고 말았다. (접미사)

일정한 범위의 안을 나타내는 의존명사(㉥)일 때는 띄어 씁니
다. 반면에 그 기간의 처음부터 끝까지(㉦), 그때까지(㉧)를 뜻하
는 접미사로 사용된 경우에는 붙여 씁니다. ㉥은 한자어 내(內)이
지만 ㉦과 ㉧은 우리말이라는 것 참고로 알아 두세요.

ⓒ 지구 상의 생물 중에는 멸종 위기에 처한 종류가 적지 않다. (의존명사)

ⓒ 그 일은 사실상 마무리된 것이나 다름없다. (접미사)

ⓚ 인터넷상에서도 예절을 지키자. (접미사)

ⓒ은 물체의 위나 위쪽을 가리키는 의존명사이므로 띄어 썼습니다. 하지만 그것과 관계된 입장이나 그것에 따름(ⓒ), 구체적인 또는 추상적인 공간에서의 한 위치(ⓚ)를 나타낼 때는 붙여 써야 합니다.

4_ 형용사와 조사, 부사

ⓐ 희래는 비단결 같은 마음씨를 지녔다. (형용사)

ⓑ 우리는 그때같이 놀았어요. (조사)

ⓐ을 설명할게요. 국어사전에 '같은'이라는 단어는 실려 있지 않습니다. 학생들 중에는 이 단어가 '같이'와 같은 단어라고 오해하는 사람이 많습니다. '같은'은 형용사 '같다'의 활용형으로 '다른 것과 비교하여 그것과 다르지 않다'는 의미를 나타냅니다. 형용사이므로 앞에 오는 말에 붙여 쓰면 안 됩니다. 틀리기 쉬우니까 꼭 유념해 두세요. 그리고 '감쪽같다, 굴뚝같다, 귀신같다, 똑같다' 처럼 단어로 인정되는 것은 '감쪽같은 가발' 처럼 붙여 쓴다는 것도 주의해야 하겠지요. 이런 단어들은 사전에서 일일이 확인해 두어야 합니다.

ⓑ의 '같이'는 '앞말이 보이는 전형적인 어떤 특징처럼'의 뜻을 나타내는 격조사이며, 앞에 오는 명사에 붙여 씁니다. ⓑ은 언제인지는 모르지만 '그때'와 같은 방법으로 놀았다는 의미입니다.

즉 예전에 언젠가 줄넘기를 한 적이 있었는데, 나중에도 똑같이 줄넘기를 하며 놀았다는 의미입니다. 그런데 '같이'는 부사로도 사용되며, 이때는 당연히 띄어 써야 합니다.

ⓒ 우리는 그때 <u>같이</u> 놀았어요. (부사)

반면에 ⓒ은 언제인지 모르지만 그때 '함께' 놀았다는 뜻입니다. 즉 내가 다른 친구들과 함께 놀이를 즐겼다는 의미를 나타내는 것입니다.

ⓓ 민정이는 소연이<u>보다</u> 키가 크다. (조사)
ⓔ <u>보다</u> 나은 미래를 위해 현재를 고민하자. (부사)

ⓓ의 '보다'는 서로 차이가 있는 것을 비교하는 경우, 비교의 대상이 되는 말에 붙어 '~에 비해서'의 뜻을 나타내는 격조사입니다. 즉 ⓓ은 '키'를 기준으로 비교해 볼 때 소연이에 비해서 민정이가 더 크다는 뜻입니다. 이에 비해 ⓔ은 '어떤 수준에 비하여 한층 더'라는 뜻을 나타내는 부사입니다. ⓔ은 일반적으로 '지금'보다 더 나은 미래를 위해 현재를 고민하자는 의미를 나타냅니다. 예전에는 '보다'를 조사로만 사용했지만 요즈음은 부사로도 인정합니다. 조사로 쓰일 때는 앞에 오는 체언에 붙여 쓰고, 부사로 사용될 때는 앞에 오는 말과 띄어 써야 합니다.

5_ 어미와 조사, 부사

㉠ 비가 내린즉 곧 강물이 불을 것이다. (어미)
㉡ 이야긴즉 옳다. / 땐즉 봄철이다. (조사)

㉠과 ㉡이 모두 '-ㄴ즉'이라는 형태로 되어 있어서 차이점을 구별하기가 쉽지 않지요? 하지만 조금만 자세하게 관찰해 보면 그 차이를 쉽게 알아낼 수 있습니다.

㉠은 앞 절의 일이 뒤 절의 근거나 이유임을 나타내는 연결어미입니다. 즉 비가 내린 것이 강물이 많아지는 현상의 원인임을 알려 줍니다. 내리다의 어간 '내리-'에 어미 '-ㄴ즉'이 결합되어 '내린즉'의 형태가 만들어졌습니다.

㉡은 '…로 말하면', '…를 보자면', '…를 듣자면' 따위의 뜻을 나타내는 보조사이므로 붙여 써야 합니다. 앞에 오는 말이 '이야기, 때'와 같은 체언이라는 점을 근거로 ㉡이 보조사라는 것을 알 수 있겠지요. 여기서는 '이야기＋ㄴ즉'으로 이루어진 말입니다.

㉢ 2년 전, 즉 2010년에 그는 고등학생이 되었다. (부사)
㉣ 힘은 즉 옳음이었다. 약함은 즉 죄였다. (부사)

㉢과 ㉣의 '즉'은 모두 부사로 사용되었습니다. 이 말이 '다시 말하여(㉢), '다른 것이 아니라(㉣)'라는 뜻으로 사용될 때는 앞 말과 띄어 씁니다.

게 일반적입니다. 반면에 이 경우를 제외한 나머지, 즉 조사나 접미사, 어미로 사용될 때는 붙여 써야 합니다.

우리는 지금까지 모양은 같지만 품사에 따라 띄어쓰기와 붙여쓰기가 달라지는 어법을 살펴보았습니다. 띄어쓰기와 붙여쓰기가 복잡하다고 해서 어문 규정을 지키지 않으면 곤란합니다. 아무렇게나 해도 되겠지 하는 건 매우 어리석은 생각입니다. 언어는 다른 사람과 의사소통하는 수단입니다. 그러므로 어문 규정을 지키지 않으면 남들과 소통할 수 없게 됩니다.

오늘밤나무사온다.

이 문장은 무슨 뜻일까요. 띄어 쓰는 것에 따라 의미가 달라집니다.

오늘 밤나무 사 온다. / 오늘 밤 나무 사 온다. / 오늘 밤 나 무 사 온다.

붙여 쓰느냐 띄어 쓰느냐에 따라 의미가 전혀 달라지는 사례를 좀 더 볼까요.

아빠새끼 손가락은 유난히 짧다.
아빠 새끼손가락은 유난히 짧다.

OO시장 애인 모임
OO시 장애인 모임

오빠가 자꾸 만져요.
오빠가 자꾸만 져요.

이제 왜 띄어쓰기가 중요한지 알았나요? 아직도 모르겠다면 이런 상황은 어떤가요? 여러분이 친구에게 '너무지개같아'라는 문자 메시지를 받았다고 가정해 보세요. 다음 중에서 어떤 문장이 먼저 생각날까요?

너 무지개 같아.
너 무지 개 같아.

용언은 문장의 주체를 서술하는 기능을 가진 동사와 형용사를 통틀어 이르는 말인데, 문장 안에서의 쓰임에 따라 본용언과 보조용언으로 나눕니다.

㉠ 그는 사과를 먹어 버렸다.
㉡ 나는 잠을 자고 싶다.

위의 두 문장을 볼까요. ㉠은 '먹다, 버리다' 가, ㉡은 '자다, 싶다' 가 용언입니다. 이 중에서 문장의 주체를 주되게 서술하는 용언은 '먹다, 자다' 이지요. 이런 용언이 본용언입니다. 반면에 '버리다, 싶다' 처럼 본용언과 연결되어 그것의 뜻을 보충하는 역할을 하는 용언을 보조용언이라고 합니다.

보조용언은 자립성이 없어요. 즉 본용언을 생략하면 문장의 의미가 성립하지 않거나 본래의 문장과 전혀 다른 의미를 지니게 됩니다.

그는 사과를 버렸다. (본용언 생략) — 본래의 의미와는 전혀 다른 뜻
을 나타냅니다.
그는 사과를 먹었다. (보조용언 생략)
나는 잠을 싶다. (본용언 생략) — 문장이 성립하지 않습니다.
나는 잠을 잔다. (보조용언 생략)

본용언과 보조용언 사이에 '-서'나 다른 문장 성분이 놓일 수
가 없어요.

ⓒ 아우가 밥상을 들고 갔다.　　ⓐ 아우가 밥상을 들고서 갔다.
ⓜ 나는 아침을 잘 먹어 두었다.　ⓗ 나는 아침을 잘 먹어서 두었다.(×)

ⓒ에 사용된 '들다'와 '가다'는 모두 본용언입니다. 그렇기 때
문에 ⓐ처럼 바꾸어 쓸 수가 있어요. 반면에 ⓜ에 사용된 '두다'는
보조용언이에요. 따라서 ⓗ처럼 본용언과 보조용언 사이에 '-서'
를 쓰면 문장이 어색해집니다.
보조용언은 띄어 씀을 원칙으로 하되, 경우에 따라 붙여 씀도
허용합니다. 한편, 의존명사 '양, 척, 체, 만, 법, 듯' 등에 '-하다'
나 '-싶다'가 결합하여 된 보조용언(으로 다루어지는 것)의 경우
도 앞 말에 붙여 쓸 수 있어요. 다만, 다음과 같은 경우에는 보조
용언을 띄어 써야 합니다.

① 앞말에 조사가 붙는 경우

잘도 놀아만 나는구나.

'놀다'와 '나다'가 결합했으니까 붙여 써야 합니다. 하지만 '놀

다'에 조사 '-만'이 붙었기 때문에 띄어 쓴 것입니다.

② 앞말이 합성 동사인 경우

강물에 떠내려가 버렸다.

'떠내려가'는 본용언이고, '버렸다'는 보조용언입니다. '떠내려가다'는 합성 동사로서 사전에 실려 있으므로 붙여 써야 합니다. 그리고 '떠내려가 버렸다'는 띄어 씁니다. 이 단어는 '떠내려가-'에 '-아 버리다'가 결합한 형태이므로 '떠내려가 버렸다'로 띄어 씁니다. 원래 보조용언 구성은 붙여 쓰는 것을 허용하기도 하나 '떠내려가다'와 같이 합성 동사와 결합된 경우에는 너무 길어지는 것을 방지하기 위해 항상 띄어 쓰는 것을 원칙으로 합니다.

③ 중간에 조사가 들어갈 때

아람이가 올 듯도 하다.

'듯하다'의 중간에 조사 '-도'가 들어갔기 때문에 띄어 써야 합니다.

문장에서 서술어 기능을 하는 문장 성분을 용언이라고 하는데, 동사와 형용사, 서술격 조사가 여기에 해당합니다. 이들의 어간에 어미가 붙는 형태를 활용이라고 합니다. 그리고 그 활용 중에서 형태가 일정하지 않은 것을 불규칙 활용이라고 하지요.

㉠ 씻다, 씻어, 씻지, 씻고, 씻으면, 씻으니, 씻을, 씻은
㉡ 짓다, 지어, 짓지, 짓고, 지으면, 지으니, 지을, 지은

'씻다'의 어간은 뒤에 어떤 어미가 와도 '씻-'의 형태가 바뀌지 않습니다. 이런 것을 규칙 활용이라고 합니다. 반면에 '짓다'의 어간은 뒤에 자음으로 시작되는 어미가 오면 모양이 변하지 않지만, 모음으로 시작되는 어미가 오면 '짓-'이 '지-'로 바뀝니다. 즉 '짓-'은 활용할 때 모양이 규칙적이지 않습니다. 이런 것을 불규칙 활용이라고 합니다.

불규칙 활용은 어간이 변하는 경우와 어미가 변하는 경우, 그리고 어간과 어미가 모두 변하는 경우가 있습니다. 표로 정리해

볼게요.

구분	명칭	규칙/불규칙
어간	㉠ ㄷ 불규칙	땅에 <u>묻어</u> 두었다 / 형한테 <u>물어</u> 보았다
	㉡ ㅂ 불규칙	벌레를 <u>잡아</u> 보았다 / 그를 <u>도와</u> 주었다
	㉢ ㅅ 불규칙	머리를 <u>빗어</u> 주었다 / 선을 <u>이어</u> 도형을 만든다
	㉣ 르 불규칙	형을 <u>따라</u> 가는 동생 / <u>흘러</u> 가는 강물
	㉤ 우 불규칙	햇볕 아래 <u>두어야</u> 한다. / 물을 <u>퍼</u> 담았다
어미	㉥ 여 불규칙	땅 속을 <u>파(아)</u> 보아라 / 그렇게 <u>하여</u> 보아라
	㉦ 러 불규칙	형한테 <u>들러</u> 보았다. / 나날이 <u>푸르러</u> 가는 숲
	㉧ 거라 불규칙	이것을 <u>사아라(→사라)</u> / 저리로 <u>가거라</u>
	㉨ 너라 불규칙	이것을 <u>보아라</u> / 이리로 <u>오너라</u>
어간 어미	㉩ ㅎ 불규칙	네가 <u>좋아졌다</u> / 하늘이 <u>파래졌다</u>

㉠에 사용된 두 단어는 모두 '묻다' 가 기본형입니다. 하지만 문장 안에서는 '묻어' 나 '물어' 로 서로 다르게 활용하지요. 이때 '물어' 로 활용하는 것을 'ㄷ 불규칙 활용' 이라고 합니다.

㉣에서 '따르+아' 가 '으' 가 탈락하고 '따라' 로 활용하는 것은 규칙 활용입니다. '-르다' 로 된 단어 중에서 '다다르다, 치르다, 들르다' 만 규칙 활용에 해당합니다. 이것은 '흐르+어' 가 '흘러' 가 되는 '르 불규칙' 과는 활용하는 형태가 다르지요.

㉤의 '푸다' 만 우 불규칙 활용입니다. '누다, 두다, 주다, 추다' 등 다른 단어는 모두 규칙 활용입니다.

㉥의 여 불규칙은 '하-' 에 -아' 가 결합할 때 일어나는 현상입니다.

㉦의 '-르다' 로 된 단어 중에서 '푸르다, 누르다, 이르다(도착하다)' 만 러 불규칙 활용입니다. '일찍' 을 나타내는 '이르다' 는

'르 불규칙'입니다. '시간이 너무 일러 아무도 안 왔다' 처럼 활용
되니까요.

   ◎ '-거라 불규칙'은 7차 교육과정에서는 규칙 활용으로 인정
합니다. '웃거라, 먹거라' 처럼 일반적으로 사용되는 특성을 인정
한 것입니다.

   ㉧ 어간이 'ㅎ'으로 끝난 단어 중에 '좋다, 쌓다' 등이 규칙 활
용입니다. 나머지 '파랗다, 하얗다, 누렇다' 등은 모두 ㅎ 불규칙
활용이라는 것 기억해 두세요.

   그리고 '뜨+어 → 떠' 처럼 '으'가 탈락하는 경우나 '길+니 →
기니' 처럼 'ㄹ'이 탈락하는 것은 규칙 활용으로 인정됩니다.

1_사동 표현

문장은 주어가 동작이나 행위를 직접 하느냐 아니면 다른 사람에게 하도록 하느냐에 따라 주동문과 사동문으로 나뉩니다. 주어가 동작을 직접 하는 것을 주동(主動), 주어가 남에게 동작을 하도록 시키는 것을 사동(使動)이라고 합니다.

① 파생적 사동문 (짧은 사동문): 주동사 어간에 파생접사 '-이-', '-히-', '-리-', '-기-', '-우-', '-구-', '-추-'가 붙어 실현됩니다. '서다'와 같은 일부 자동사는 두 개의 접미사가 연속되어 있는 '-이우-'가 붙어서 사동사가 되기도 한답니다.

세상을 <u>속일</u> 수는 있지만, 자신을 <u>속일</u> 수는 없다. (-이-): 높이다, 깊이다.

빨간 벽돌담에 부딪친 놀빛은 아주머니의 얼굴을 꽃자줏빛으로 <u>익혀</u> 놓고 있었다. (-히-): 묵히다, 굳히다, 젖히다, 읽히다.

귀뚜라미 소리가 가을을 <u>알린다</u>. (-리-): 날리다, 울리다, 알리다.

담임선생님께서 안구에게 학급문고 관리를 <u>맡기셨다</u>. (-기): **남기다,
웃기다, 맡기다.**

양철 지붕 위의 빗소리가 나를 <u>깨우며</u> 지나갔다. (-우-): **피우다, 비
우다, 깨우다.**

원서 접수창구는 수험생들의 입시 열기로 뜨겁게 <u>달구어졌다</u>. (-구):
돋구다, 솟구다, 달구다.

미영이는 다른 사람이 듣지 못하도록 목소리를 <u>낮추어</u> 말했다. (-추):
들추다, 맞추다, 늦추다.

눈사람을 문 앞에 <u>세우고</u> 우리는 집 안으로 들어왔다. (-이우-): **태우
다, 띄우다, 재우다.**

② **통사적 사동문(긴 사동문): 연결어미 '-게'에 보조용언 '하다'
가 붙은 '-게 하다', '-시키다'가 붙어 실현됩니다.**

그에 대한 감정은 언제나 내 맘을 <u>무겁게 하고</u> 있다. (-게 하다)
환경을 <u>오염시키는</u> 낡은 시설을 빨리 고쳐야 한다. (-시키다)

주동문을 사동문으로 만들 수 있습니다. 이때 주동문의 주어는
사동문의 목적어로 바뀌고, 새로운 주어가 생겨납니다. 또, 주동
문의 주어가 사동문의 부사어로 바뀔 때는 주로 '-에', '-에게'가
붙고 '-로 하여금'이 쓰이기도 합니다.

길이 넓다. → 사람들이 길을 넓힌다.
물이 유리잔에 가득 찼다. → 효원이가 물을 유리잔에 가득 채웠다.
아이가 옷을 입는다. → 어머니가 아이에게 옷을 입힌다.

파생적 사동문은 두 가지 이상의 의미를 지니기도 합니다.

어머니가 딸에게 옷을 입혔다.

→ 어머니가 딸에게 직접 옷을 입혔다. (○)

→ 어머니가 딸에게 옷을 입으라고 말해서 딸이 직접 옷을 입었다. (○)

어머니가 딸에게 옷을 입게 하였다.

→ 어머니가 딸에게 직접 옷을 입혔다. (×)

→ 어머니가 딸에게 옷을 입으라고 시켜서 아이가 직접 옷을 입었다. (○)

2_피동 표현

국어 문장은 동작이나 행위를 누가 하느냐에 따라 능동문과 피동문으로 나뉘는데, 주어가 동작을 제힘으로 하는 것을 능동(能動), 주어가 다른 주체에 의해서 동작을 당하게 되는 것을 피동(被動)이라 합니다. 능동문이 피동으로 바뀌는 경우 의미가 달라지는 경우도 있습니다.

① 파생적 피동문: 능동사의 어간에 피동 접미사 '-이-, -히-, -리-, -기-'가 붙어서 실현됩니다.

길고 아름다운 무지개가 내 눈에 <u>보인다</u>. (-이-): 기울이다, 녹이다, 먹이다, 보이다.

토끼가 사냥꾼에게 <u>잡혔다</u>. (-히-): 막히다, 닫히다, 뽑히다, 밟히다.

아름다운 바이올린 소리가 <u>들린다</u>. (-리-): 팔리다, 널리다, 밀리다.

아기가 엄마에게 <u>안기었다</u>. (-기-): 뜯기다, 담기다, 찢기다, 씻기다.

② 통사적 피동문: '-어지다', '-되다', '-게 되다'에 의해서 만들어집니다.

이 펜은 글씨가 잘 써진다. 새로운 사실이 <u>밝혀졌다</u>. (-어지다)
이것은 저것과 <u>관련된다</u>. (-되다)
곧 사실이 <u>드러나게 된다.</u> (-게 되다)

능동문이 피동문으로 바뀔 때는 능동문의 주어가 피동문의 부사어로, 능동문의 목적어는 피동문의 주어로 변합니다.

고양이가 쥐를 물었다.
쥐가 고양이에게 물렸다.

사이시옷

다음의 경우 사이시옷을 받치어 적습니다.

1_순 우리말로 된 합성어로서 앞말이 모음으로 끝난 경우
① 뒷말의 첫소리가 된소리로 나는 것
예) 나룻배, 나뭇가지, 냇가, 머릿기름, 모깃불, 햇볕
'나룻배'의 뒷말은 '배'입니다. 이 말의 첫소리 'ㅂ'이 'ㅃ'으로 소리 납니다. [나루빼]로 발음하지요.

② 뒷말의 첫소리 'ㄴ, ㅁ' 앞에서 'ㄴ' 소리가 덧나는 것
예) 멧나물, 아랫니, 뒷머리, 잇몸, 냇물
'멧나물'은 '메 + 나물'로 이루어진 단어입니다. 뒷말의 첫소리가 'ㄴ'인데, 그 앞에서 'ㄴ'이 덧나서 [멘나물]로 발음하지요.

③ 뒷말의 첫소리 모음 앞에서 'ㄴㄴ'이 덧나는 것
예) 뒷일, 아랫입술, 깻잎, 나뭇잎

‘뒷일’의 뒷말은 ‘일’인데 첫소리가 모음입니다. 그 앞에서 ‘ㄴㄴ’이 덧나서 [뒨닐]로 발음됩니다. 이럴 때도 사이시옷을 적습니다.

2_순 우리말과 한자어로 된 합성어로서 앞말이 모음으로 끝난
　경우
① 뒷말의 첫소리가 된소리로 나는 것
　예) 귓병, 샛강, 아랫방, 전셋집, 찻잔, 햇수, 횟가루

② 뒷말의 첫소리 ‘ㄴ, ㅁ’ 앞에서 ‘ㄴ’ 소리가 덧나는 것
　예) 곗날, 제삿날, 양칫물

③ 뒷말의 첫소리 모음 앞에서 ‘ㄴㄴ’ 소리가 덧나는 것
　예) 예삿일, 훗일

3_두 음절로 된 다음 한자어
곳간(庫間),　　셋방(貰房),　　숫자(數字)
찻간(車間),　　툇간(退間),　　횟수(回數)

　‘찻잔’은 두 글자로 된 한자어인데 왜 사이시옷을 붙이는지 궁금해 하는 학생들이 적지 않습니다. ‘찻잔’만이 아니라 ‘찻반, 찻방, 찻상, 찻장, 찻봉지, 찻주전자’ 등에서 ‘반, 방, 상, 장, 봉지, 주전자’ 역시 한자어인데도 사이시옷을 받쳐 적습니다. 이것은 ‘차’를 고유어로 인식하여 사이시옷을 받쳐 적은 것이라고 볼 수 있습니다.

　한글 맞춤법 제30항에서 ‘찻잔’ (茶盞)과 ‘찻종’ (茶鍾)은 순 우
리말과 한자어로 된 합성어의 경우에 포함되어 있습니다. 이는 ‘茶’
의 훈과 음이 ‘차 다’ 였으므로 한자어 ‘다(茶)’ 와 구별하려고 한 것
때문이라고 해석됩니다. 물론 예시어 ‘찻잔, 찻종’ 에서의 ‘차’ 가 순
우리말이냐 하는 논란이 있을 수 있습니다. 하지만 적어도 한글 맞
춤법 규정에서는 ‘차’ 를 ‘순 우리말’ 로 간주하고 있습니다.

　※ 뒤의 소리가 거센소리나 된소리일 경우 사이시옷 안 붙임

⇒385p 「웃-」 ※ ‘윗-」 참고

　　문장 성분을 공부할 때는 '서술어의 자릿수'를 꼭 익혀 두어야 해요. '서술어의 자릿수'란 서술어가 반드시 필요로 하는 성분의 개수를 의미합니다. 그리고 '반드시 필요로 하는 성분'은 문장의 필수성분인 주어, 목적어, 보어와 필수 부사어를 가리킵니다. 이 때 서술어는 개수에 포함하지 않는다는 것도 기억해 두세요.

　　정헌이가 <u>웃었다</u>.

　　위 문장에서 '웃었다'는 주어가 꼭 있어야 합니다. 그러므로 한 자리 서술어예요.

　　규웅이는 매우 <u>의젓하다</u>.

　　언뜻 보면 '규웅이'와 '매우', 두 개의 문장 성분을 필요로 하는 것 같지만, '매우'는 다음에 나오는 말을 꾸며주는 말이므로 이 말이 없어도 문장은 성립합니다. 그러므로 '의젓하다'도 주어만을 요구하는 한 자리 서술어입니다.

정민이는 뜨개질을 <u>잘한다</u>.

모든 문장은 주어와 서술어가 있어야 이루어집니다. 그렇기 때문에 주어는 자릿수에 항상 포함돼요. 달리 말하면 모든 서술어의 자릿수는 한 자리 이상이에요. 주어 외에 필요로 하는 문장 성분의 개수에 따라 두 자리, 세 자리 서술어가 되는 거예요. 위의 문장은 '잘하다' 앞에 '뜨개질을'이라는 목적어가 왔네요. 목적어는 필수성분이므로 서술어의 자릿수에 포함됩니다. 따라서 '잘하다'는 주어와 목적어를 요구하는 두 자리 서술어입니다.

규광이는 어려운 문제를 <u>해결했다</u>.

앞에서의 경우와 마찬가지로, '어려운'은 '문제'를 꾸며 주는 수식어일 뿐, 필수적인 성분이 아니지요. 따라서 서술어의 자릿수에 포함되지 않습니다. 즉 '해결하다'는 두 자리 서술어예요.

지원이는 고교생이 <u>아니다</u>.

주어인 '지원이는'과 서술어인 '아니다'만으로는 문장이 성립되지 않지요. '아니다'나 '되다'는 주어 외에도 '무엇이'라는 문장 성분을 필요로 하는데, 이 문장 성분을 보어라고 하지요. 보어도 필수성분이므로 서술어의 자릿수에 포함합니다. '아니다'는 주어와 보어를 필요로 하는 두 자리 서술어입니다.

배구는 테니스와 <u>다르다</u>.

이 문장도 주어인 '배구'와 서술어인 '다르다'만으로는 문장이 성립되지 않아요. 다른 대상이 꼭 있어야 하지요. 이 문장은 '테니스'라는 부사어를 요구합니다. 부사어는 원래 다른 말을 꾸며 주는 성분으로, 부속 성분에 속합니다. 하지만 이처럼 문장에서 반드시 부사어가 필요한 때가 있어요. 이런 부사어를 '필수 부사어'라고 하고, 서술어의 자릿수에 포함합니다. 그러므로 '다르다'는 두 자리 서술어입니다.

그는 은혜를 제자로 <u>삼았다</u>.

'삼다'는 주어, 목적어, 필수부사어를 모두 필요로 하기 때문에 세 자리 서술어입니다. 이 밖에 '넣다, 간주하다, 여기다'도 세 자리 서술어이지요.

진호가 그녀에게 선물을 <u>주었다</u>.

이 문장은 서술어(주었다) 외에 주어(진호가), 필수부사어(그녀에게), 목적어(선물을)로 이루어져 있습니다. 그리고 이 중 어느 하나라도 빼면 문장이 안 되지요. 그러므로 '주다'는 세 자리 서술어입니다.
같은 용언일지라도 그것이 쓰이는 환경에 따라 서술어 자릿수가 달라지기도 합니다.

비행기가 저절로 <u>움직인다</u>. (한 자리 서술어)
짐꾼들이 피아노를 <u>움직인다</u>. (두 자리 서술어)

달이 무척 <u>밝다</u>. (한 자리 서술어)

그녀는 생물학에 매우 <u>밝다</u>. (두 자리 서술어)

⇒ 336p 「품사와 문장 성분」 참고

 어근 ✳ 어간
✳ 어미 ✳ 접사

⌄ 어근(語根) │ 단어를 분석할 때, 실질적 의미를 나타내는 중심이 되는 부분. '덮개' 의 '덮-', '지붕' 의 '집' 따위이다.

어근은 글자 의미대로, 단어의 뿌리입니다. 즉 단어를 이루는 가장 중심 부분입니다. '읽다' 에서는 '읽-' 이, '짓밟히다' 에서는 '-밟-' 이 어근입니다. 아래 내용을 자세히 보세요.

짓	밟	히	었	다
강세를 나타 내는 접두사	어근	피동을 나타 내는 접미사	과거 시제 선어말어미	어말어미

어간		어미

어근은 그 자체로 의미를 지니고 독립적으로 사용됩니다. 이런 단어끼리 결합한 것을 합성어라고 합니다. 활용할 때 변하지 않는 부분을 어간이라 하고, 변하는 부분을 어미라고 합니다.
'먹다, 먹고, 먹지, 먹자, 먹어라' 라고 활용할 때 변하지 않는

‘먹-’이 어간이고, 변하는 ‘-다, -고, -지, -자, -어라’는 어미입니다. 접사는 단독으로 쓰이지 아니하고 항상 다른 어근(語根)이나 단어에 붙어 새로운 단어를 구성하는 부분인데, 접두사와 접미사로 구분합니다.

‘공부하다’를 자료로 설명해 볼게요. 이 말에 접두사는 사용되지 않았고, ‘-하다’는 접미사입니다. ‘-하다’는 명사를 동사로 만드는 역할을 합니다. ‘공부’가 어근이고, ‘공부하-’가 어간이며, ‘-다’는 어미에 해당합니다.

⇒ 341p 「합성법 파생법」 참고

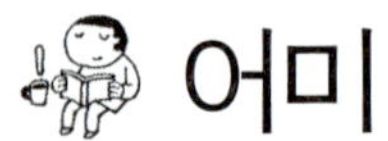 어미

- 어미(語尾) │ 용언 및 서술격 조사가 활용하여 변하는 부분으로 '점잖다', '점잖으며', '점잖고'에서 '다', '으며', '고' 따위.

어미는 놓이는 자리에 따라 문장 끝에 오는 어말 어미, 어말 어미 앞에 오는 선어말 어미로 분류합니다. 그리고 어말 어미를 다시 종결 어미, 연결 어미, 전성 어미로 구분하지요.

- 종결 어미 │ 한 문장을 종결되게 하는 어말 어미.
  동사에는 평서형 · 감탄형 · 의문형 · 명령형 · 청유형이 있고, 형용사에는 평서형 · 감탄형 · 의문형이 있음.

구분	의미	어미	보기	
			동사	형용사
평서형	설명	-다, -네, -습니다	동생이 간다	꽃이 예쁘다
감탄형	감탄	-는구나!, -는구려!	눈이 오는구나!	정말 아름답구려!
의문형	물음	-느냐?, -니?, -(으)ㅂ니까?	이제 오니?	그렇게 작습니까?
명령형	시킴	-어라, -(으)오	어서 먹어라	명령형 없음
청유형	권유	-지, -세, -(으)ㅂ시다	빨리 가세	청유형 없음

∨ **연결 어미** │ 어간에 붙어 다음 말에 연결하는 구실을 하는 어미.

구분	기능	어미	보기
대등적 연결 어미	상반	-지만, -(으)나	인생은 짧지만 예술은 길다
	나열	-고, -(으)며	노래를 부르며 청소를 한다
종속적 연결 어미	양보	-거나, -(으)ㄴ들, -더라도	무슨 일이 있더라도 올해 안으로 일을 마쳐야 한다
	원인 / 이유	-니, -어서, -(으)니까	그렇게 말씀해 주시니까 고맙네요
	목적 / 의도	-(으)러, -(으)려고	축구하러 운동장에 간다
보조적 연결 어미	본용언과 보조용언 연결	-아/어, -게, -지, -고	고양이가 쥐를 잡아 버렸다

∨ **전성 어미** │ 용언의 어간에 붙어 다른 품사의 기능을 수행하게 하는 어미. 명사형, 관형사형, 부사형이 있음.

전성(轉成, 구를 전, 이룰 성)은 기능이나 상태 따위가 바뀌어 다른 것으로 되는 것을 의미합니다. 그리고 전성 어미는 용언의 어간에 붙어 다른 품사의 기능을 수행하게 하는 어미를 가리킵니다.

아래의 예문을 먼저 보세요.

㉠ 도서관은 책 읽는 사람들로 붐볐다.
㉡ 청소를 끝낸 반은 집으로 돌아가시오.
㉢ 이것은 서연이가 쓰던 필통입니다.
㉣ 내가 해야 할 일이 아직도 많이 남았다.

위의 예문에 나타나는 '-는, -ㄴ, -던, -ㄹ'은 한 문장을 관형사처럼 바꾸어 줍니다. 이런 것을 관형사형 전성 어미라고 합니다. ㉠에서는 '책을 읽다'는 문장이 '사람'을 꾸며 주었습니다. '읽다'는 동사입니다. 사물의 움직임을 나타내는 품사입니다. 동사는 명사를 꾸미지 못합니다. 그런데 '읽-'에 어미 '-는'이 결합되어 명사인 '사람'을 꾸며 주었습니다. 즉 '-는'이 동사인 '읽다'를 관형사와 같은 기능을 갖게 해 주었습니다. 이럴 때 '-는'을 관형사형 전성 어미라고 합니다.

㉤ 학교에 가기 싫어하는 학생도 있다.
㉥ 나는 애현이의 성격이 원만함을 잘 알고 있다.

위 문장에 사용된 '-기, -ㅁ'은 앞의 문장의 기능을 명사화한다고 해서 명사형 전성 어미라고 합니다.
용언의 명사형과 파생명사를 구별하는 문제로 어려움을 겪고 있지요? 모양이 똑같기 때문에 그런 거예요. 하지만 차근차근 살펴보면 그 차이점을 알 수 있어요.

	용언의 명사형	파생명사
형태	용언의 어간 뒤에 명사형 어미 '-ㅁ/음'이 결합	용언의 어간 뒤에 명사 파생 접사 '-ㅁ/음'이 결합(합성어와 파생어 참고)
쓰임	서술성이 있거나, 부사의 수식을 받거나, 선어말 어미가 쓰일 수 있음	서술성이 없고, 부사의 수식을 받을 수 없고, 선어말 어미가 쓰일 수 없음
품사	품사가 바뀌지 않음	품사가 명사로 바뀜
보기	잠을 **잠**. 꿈을 **꿈**.	**잠**을 잠. **꿈**을 꿈.

ⓢ 꽃이 아름답게 피었다.

위에 사용된 '-게'는 부사형 전성 어미에 해당합니다. 이 밖에도 '-아/어, -지, -고'도 부사형 전성 어미로 사용됩니다.

전성 어미를 공부할 때 '품사'는 바뀌지 않는다는 것을 꼭 기억하세요. 전성이란 단지 다른 품사의 기능을 수행하게 하는 것뿐이지 품사를 바꾸는 것은 결코 아닙니다. 예컨대 ⓜ에서 '가기'는 명사 같은 구실을 하지만 품사는 동사입니다. 틀리기 쉬우니까 주의하세요.

이번에는 선어말 어미를 정리해 볼게요.

˅ **선어말 어미** | 어말 어미 앞에 나타나는 어미.
'-시-', '-옵-' 따위와 같이 높임법에 관한 것과 '-았-', '-는-', '-더-', '-겠-' 따위와 같이 시상(時相)에 관한 것이 있음.

구분	형태	기능	보기	
			동사	형용사
높임	-(으)시-	주체높임	가신다	훌륭하시다
	-옵-	공손	가시옵소서	훌륭하옵시고
시제	-았/-었, -더	과거	보았다. 가더라	작았다. 작더라
	-는/-ㄴ-	현재	부른다	형용사는 불가능
	-겠-	미래	오겠다	(아름답겠다)

# 음운 ✽ 음절 ✽ 형태소 ✽ 단어 ✽ 어절 ✽ 구 ✽ 문장 ✽ 절

114

㉠ 논, 손
㉡ 법, 밥

㉠과 ㉡에 있는 단어들은 서로 의미가 다릅니다. 그런데 그 글자를 비교해 보면 ㉠은 첫소리가 ㄴ과 ㅅ으로 다를 뿐이고, ㉡은 가운뎃소리가 ㅓ와 ㅏ로 다를 뿐입니다. 이를 통해서 우리는 자음이나 모음만 달라도 뜻이 구별된다는 것을 알 수 있습니다. 이처럼 말의 뜻을 구별하여 주는 소리의 가장 작은 단위를 음운(音韻)이라고 합니다. 하지만 음운은 그 자체로 어떤 뜻을 갖지는 않습니다. 즉 ㄴ이나 ㅅ, 혹은 ㅓ나 ㅏ만으로 어떤 뜻을 나타내지는 못합니다. 한편 말[馬]과 말:[言]은 뜻이 다른데 이런 차이는 소리의 길고 짧음에 따라 구별됩니다. 요약하자면 우리말에서는 자음과 모음, 그리고 소리의 길고 짧음이 음운에 해당합니다.

음절(音節)은 한 번에 낼 수 있는 소리의 덩어리로, 발음을 할 수 있는 가장 작은 단위입니다. 즉 음절은 소리의 마디를 나타낼

329

뿐 의미와는 관계가 없습니다. 우리말에서는 자음만으로는 음절을 이루지 못하고 반드시 모음이 결합되어야 하는데, 다음과 같이 네 가지 방법으로 음절을 만듭니다.

음절 구조	예시
모음	아, 야, 오, 요
자음+모음	가, 네, 도, 과
모음+자음	악, 을, 왕, 옐
자음+모음+자음	감, 눈, 괄, 샀

형태소(形態素)는 의미를 가진 가장 작은 단위입니다. 그런데 여기서 말하는 의미는 실질적인 단어뜻과 문법적인 의미를 모두 포괄합니다. 즉 '있다'에서 '있-'과 같은 실질적인 의미와 '-다'와 같은 문법적인 의미를 모두 형태소라고 합니다.

우리말에서는 실질적인 의미를 갖고 있느냐 없느냐에 따라 실질 형태소(어휘 형태소)와 형식 형태소(문법 형태소), 문장 안에서 혼자 쓰이느냐 그렇지 않느냐에 따라 자립 형태소와 의존 형태소로 나눕니다. 이런 사실을 '철수가 동화책을 읽었다'에 적용해 볼게요.

형태소	의미		자립성	
	실질 형태소 (체언, 어간)	형식 형태소 (조사, 어미)	자립 형태소 (체언)	의존 형태소 (조사, 어간, 어미)
철수	○		○	
-가		○		○
동	○		○	
화	○		○	

형태소	의미		자립성	
	실질 형태소 (체언, 어간)	형식 형태소 (조사, 어미)	자립 형태소 (체언)	의존 형태소 (조사, 어간, 어미)
책	○		○	
을		○		○
읽	○			○
-었		○		○
-다		○		○

※ 실질 형태소와 자립 형태소는 대부분 일치합니다. 다만 용언의 어간은 실질 형태소이지만 독립적으로 사용되지 못하므로 의존 형태소에 해당한다는 것 유념해 두세요.

㉠ 선미가 뛰어간다. / 하늘이 푸르다.
㉡ 송아가 빵을 먹었다. / 동석이가 노래를 하였다.

㉠에서 주격조사는 주어에 받침이 있으면 '-가', 없으면 '-이'가 사용되었습니다. 이런 것은 ㉡에서도 마찬가지네요. 받침이 있고 없는 것에 따라 '-을/-를'을 사용합니다. 이런 것을 음운론적 이형태라고 합니다. 과거를 나타내는 선어말 어미가 앞에 오는 형태소가 양성모음이냐 음성모음이냐에 따라 달라지는 '-었-/-았-'도 음운론적 이형태에 해당합니다.

한편 ㉡의 앞문장에 사용된 '-었-'과 뒷문장에서 사용된 '-였-'은 음운론적 환경으로는 설명할 수 없지요. 이런 것을 형태론적 이형태라고 합니다. 참고로 알아 두세요.

이번에는 단어(單語)를 설명해 볼게요. 『표준국어대사전』에서는 단어를 '분리하여 자립적으로 쓸 수 있는 말이나 이에 준하는 말, 또는 그 말의 뒤에 붙어서 문법적 기능을 나타내는 말'이라고 밝혀 놓았습니다. 국어학자들은 단어에 관해 서로 다른 의견을 보이고 있습니다. 가장 대표적인 견해를 '영희가 밥을 먹었다'라는 문장에 적용해 볼게요.

구분	단어 인정 요소	예시(단어 수)	비고
분석식 체계	조사와 어미	영희, -가, 밥, -을, 먹-, -었다 (6개)	
절충식 체계	조사	영희, -가, 밥, -을, 먹었다 (5개)	현재의 학교 문법
종합식 체계	자립 형태소	영희가, 밥을, 먹었다 (3개)	

어절(語節)은 문장을 구성하고 있는 각각의 마디를 말합니다. 즉 문장 성분의 최소 단위로서 띄어쓰기의 단위가 어절입니다. 어절은 단어를 설명한 앞의 표에서 '종합식 체계'와 똑같습니다.

구(句)는 둘 이상의 단어가 모여 절이나 문장의 일부분을 이루는 토막을 가리킵니다. 구에서 중심이 되는 단어의 품사에 따라 명사구, 동사구, 형용사구, 관형사구, 부사구 따위로 구분합니다. 구는 그 안에 주어와 서술어 관계를 형성하지 못합니다.

하은이네 집은 여기서 그리 멀지 않다. (명사구)
무엇이 급해서 그리 빨리 먹니? (동사구)
아름이의 목소리는 무척 아름답다. (형용사구)
그 언덕 위에 아주 새 차가 한 대 서 있었다. (관형사구)
오늘은 왠지 하루가 몹시 빨리 지나가는 것 같다. (부사구)

절(節)도 둘 이상의 단어가 모여서 이루어집니다. 그런 점에서

구(句)와 같습니다. 하지만 주어와 서술어 관계가 나타나는 것을 흔히 문장이라고 합니다. 그리고 그 문장이 다른 문장 안에서 사용되었을 때 '절'이라고 합니다. 예를 들어 '엄마는 눈이 크다'에는 '눈이 크다'라는 문장이 서술어로 사용되었습니다. 이런 것을 서술절이라고 합니다. 우리 문법에서는 이 외에도 명사절, 관형절, 부사절, 인용절이 있습니다.

⇒ 280p 「겹문장-안은/안긴, 이어진 문장」 참고

# 직접 인용

간접 인용

인용(引用)은 남의 말이나 글을 자신의 말이나 글 속에 넣어 쓰는 것입니다. 인용은 다시 직접 인용과 간접 인용으로 나누어집니다.

직접 인용은 인용하는 내용 앞뒤에 큰따옴표나 작은따옴표를 붙입니다. 직접 인용에는 '이라고' 또는 '라고' 가 쓰입니다. 이런 사실을 『표준국어대사전』에서 찾아보았습니다.

⌄ −라고 │ 받침 없는 말 뒤에 붙어 앞말이 직접 인용되는 말임을 나타내는 격조사. 원래 말해진 그대로 인용됨을 나타낸다.

주인이 "많이 드세요."라고 권한다. / 그중 하나가 나서서 "내가 바로 홍길동이다."라고 소리쳤다. / 조카가 나에게 "삼촌은 비 내리는 소리가 좋으세요?"라고 물었다.

⌄ −이라고 │ 받침 있는 말 뒤에 붙어 앞말이 직접 인용되는 말임을 나타내는 격조사. 원래 말해진 그대로 인용됨을 나타낸다.

팻말에는 '금지구역' 이라고 쓰여 있었다. / 가게에는 '휴가 중' 이라는

메모가 붙어 있었다. / 김 교수는 고개를 저으며 "이 논문은 아마 통과
되기 어려울걸."이라고 말했다.

이에 비해 간접인용은 따옴표를 사용하지 않고 인용하는 방법
입니다. 격조사 '-고'를 사용하는 것이 가장 일반적입니다. 이런
사실을 『표준국어대사전』에서 찾아보았습니다.

-고 | 종결 어미 '-다, -냐, -라, -자, -마' 따위 뒤에 붙어 앞말이 간접
인용되는 말임을 나타내는 격조사
아직도 네가 잘했다고 생각하느냐? / 아까는 술을 전혀 못 마신다고
하더니? / 아내는 나더러 낙엽 밟는 소리가 좋으냐고 물었다. / 여우
는 접시에 고기를 담아 주면서 황새에게 많이 먹으라고 했다. / 아이
들이 소풍을 가자고 떼를 쓴다. / 친구는 선선히 그 책을 빌려 주마고
했다.

품사 * 문장 성분 116

우리말에는 수많은 단어가 있습니다. 이 단어를 기능이나 형태, 의미에 따라 나눈 것을 품사(品詞)라고 합니다. 예를 들어 동사는 사물의 움직임을 나타내는 말로 '-다'의 형태를 지닙니다. 명사는 특정한 사물이나 사람의 이름 혹은 일반적인 사물의 이름을 나타냅니다.

현재 우리나라의 학교 문법에서는 품사를 명사, 대명사, 수사, 조사, 동사, 형용사, 관형사, 부사, 감탄사, 이렇게 아홉 가지로 분류합니다.

대분류	소분류	의미	문장성분	활용
체언	㉠ 명사	사물의 이름을 나타내는 품사. 특정한 사람이나 물건에 쓰이는 이름이냐 일반적인 사물에 두루 쓰이는 이름이냐에 따라 고유명사와 보통명사로, 자립적으로 쓰이느냐 그 앞에 반드시 꾸미는 말이 있어야 하느냐에 따라 자립명사와 의존명사로 나뉜다.	주어 목적어 보어	활용하지 않음
	㉡ 대명사	사람이나 사물의 이름을 대신 나타내는 말. 또는 그런 말들을 지칭하는 품사. 인칭 대명사와 지시 대명사로 나뉘는데, 인칭 대명사는 '저', '너', '우리', '너희', '자네', '누구' 따위이고, 지시 대명사는 '거기', '무엇', '그것', '이것', '저기' 따위이다.		
	㉢ 수사	사물의 수량이나 순서를 나타내는 품사. 양수사와 서수사가 있다.		
관계언	㉣ 조사	체언이나 부사, 어미 따위에 붙어 그 말과 다른 말과의 문법적 관계를 표시하거나 그 말의 뜻을 도와주는 품사. 크게 격조사, 접속조사, 보조사로 나눈다.		서술격조사 '-이다'만 활용
수식언	㉤ 관형사	체언 앞에 놓여서, 그 체언의 내용을 자세히 꾸며 주는 품사. 조사도 붙지 않고 어미 활용도 하지 않는데, '순 살코기'의 '순'과 같은 성상 관형사, '저 어린이'의 '저'와 같은 지시 관형사, '한 사람'의 '한'과 같은 수 관형사 따위가 있다.	관형어	활용하지 않음
	㉥ 부사	용언 또는 다른 말 앞에 놓여 그 뜻을 분명하게 하는 품사. 활용하지 못하며 성분 부사와 문장 부사로 나뉜다. '매우', '가장', '과연', '그리고' 따위가 있다.	부사어	활용하지 않음
용언	㉦ 동사	사물의 동작이나 작용을 나타내는 품사. 형용사, 서술격 조사와 함께 활용을 하며, 그 뜻과 쓰임에 따라 본동사와 보조동사, 성질에 따라 자동사와 타동사, 어미의 변화 여부에 따라 규칙 동사와 불규칙 동사로 나뉜다.	서술어 관형어	활용함
	㉧ 형용사	사물의 성질이나 상태를 나타내는 품사. 활용할 수 있어 동사와 함께 용언에 속한다.		
독립언	㉨ 감탄사	품사의 하나. 말하는 이의 본능적인 놀람이나 느낌, 부름, 응답 따위를 나타내는 말의 부류이다.	독립어	활용하지 않음

㉢의 양수사는 수량을 셀 때 쓰는 수사로, 하나, 둘, 셋 따위가 여기에 해당합니다. 서수사는 순서를 나타내는 수사입니다. 첫째, 둘째, 셋째 따위의 고유어 계통과 제일, 제이, 제삼 따위의 한자어 계통이 있지요. 고유어로는 아흔아홉이 가장 큰 수입니다. 예전에는 백을 나타내는 '온', 천을 나타내는 '즈믄'이 있었는데 이제는

거의 사용하지 않지요. 안타깝네요.

ㄹ의 격조사는 체언이나 체언 구실을 하는 말 뒤에 붙어 앞말이 다른 말에 대하여 갖는 일정한 자격을 나타내는 조사를 말합니다. 주격, 서술격, 목적격, 보격, 관형격, 부사격, 호격 따위가 있어요. '내가 우승을 했다'에서 '-가'는 주격 조사, '-을'은 목적격 조사입니다.

보조사는 체언, 부사, 활용 어미 따위에 붙어서 어떤 특별한 의미를 더해 주는 조사입니다. '은', '는'과 같이 '도', '만', '까지', '마저', '조차', '부터' 따위가 있어요. 보조사마다 특정한 의미를 나타내므로 정확하게 사용할 수 있어야 해요. 예를 들어 '지연이는 얼굴이/얼굴은/얼굴도/얼굴만/얼굴까지 예쁘다'는 문장은 의미가 다르지요.

접속조사는 두 단어를 같은 자격으로 이어 주는 구실을 하는 조사로 '와', '과'처럼 '하고', '(이)나', '(이)랑' 따위가 있습니다. '부산과 인천은 항구도시이다'에 사용된 '-과'가 접속조사입니다.

단어가 문장 안에 사용되어서 그 문장을 구성하는 요소가 되었을 때 이를 문장 성분(文章成分)이라고 해요. 문장 성분은 문장을 이루는 데 골격이 되는 주성분, 주로 성분의 내용을 꾸며주는 부속 성분, 다른 문장 성분과는 직접적인 관련이 없는 독립 성분으로 나눕니다.

대분류	소분류	의미
주성분	주어	서술어의 주체, 즉 어떤 사건이나 상태의 주체가 되는 문장 성분. '누가', '무엇이'에 해당하는 말 • 은진이가 노래한다.
	서술어	주어의 동작이나 상태 및 성질을 서술하는 문장 성분. '어찌하다', '어떠하다', '무엇이다'에 해당하는 말 • 하늘이 파랗다
	목적어	서술어의 동작의 대상이 되는 문장 성분. '누구를', '무엇을'에 해당하는 말 • 윤실이는 노래를 좋아한다
	보어	'되다', '아니다'와 같은 불완전 서술어가 필요로 하는 문장 성분. '누가', '무엇이'에 해당하는 말 • 해인이는 회사원이 되었다.
부속성분	관형어	체언 앞에서 체언의 뜻을 꾸며 주는 문장 성분. '어떠한', '무엇의'에 해당하는 말 • 혜원이가 새 교복을 입고 등교했다.
	부사어	주로 용언이나 다른 부사를 꾸며 주는 문장 성분. '어떻게', '어찌'에 해당하는 말 • 세월이 빨리 지나가는구나
독립성분	독립어	문장의 어느 성분과도 직접적인 관련이 없는 독립된 문장 성분. 감탄, 부름, 응답을 나타내는 말 • 아, 올해가 가면 10대로 돌아올 수 없다.

품사는 변하지 않습니다. 하지만 같은 낱말일지라도 문장 안에서 어떤 역할을 담당하는가에 따라 문장 성분이 달라집니다.

㉠ 지윤이는 아름다운 꽃을 보았다.

㉡ 문영이가 가장 좋아하는 것은 꽃이다.

'꽃'은 사물의 이름을 나타내는 명사입니다. 그런데 ㉠에서는 목적어로 사용되었고, ㉡에서는 서술어에 해당합니다. 사물의 이름을 나타내는 의미는 변하지 않았지만, 문장 안에서 담당하는 역할은 다릅니다.

㉢ 한강은 아름답다.

㉠과 ㉢에 사용된 '아름답다'는 둘 다 형용사입니다. 그런데 ㉠에서는 '꽃'을 꾸며 주는 기능을 지녔기 때문에 '관형어'이고, ㉢에서는 한강을 서술하는 서술어입니다.

형용사를 '명사를 꾸며 주는 품사'로 잘못 알고 있는 학생들이 적지 않습니다. 영어의 형용사는 명사를 수식합니다. 예컨대 'a beautiful girl'로 표현합니다. 이 표현을 우리말로 옮기면 '아름다운 소녀'가 되겠지요. 여기서의 '아름답다'는 형용사인데, 우리말에서 형용사는 명사를 꾸며 주는 품사가 아니라, 사물의 상태나 성질을 나타냅니다. 그런데 어떻게 뒤에 오는 '소녀'를 꾸며 주었는지 궁금하지요? '아름다운'에 사용된 'ㄴ' 때문입니다(아름답 + ㄴ → 아름다운). 형용사의 어간에 붙어서 명사를 꾸며 주는 기능을 갖게 했으므로, 이 'ㄴ'을 관형사형 어미라고 합니다. '뛰어 가는 강아지'에 사용된 '-는'도 동사인 '뛰어가다'로 하여금 명사를 꾸며 주는 관형사와 같은 기능을 갖게 했으므로 관형사형 어미입니다.

⇒318p 「서술어 자릿수」 참고

합성법 ❉ 파생법　117

1_합성법

합성법은 뜻을 가진 낱말을 결합하여 새로운 단어를 만드는 방법입니다. 이 방법은 통사적 합성법과 비통사적 합성법으로 나눕니다.

통사적 합성법은 우리말의 일반적 단어 배열과 같은 유형의 합성 방법이고, 비통사적 합성법은 우리말의 일반적 단어 배열에 어긋나는 합성법입니다. 이 두 가지 합성법을 비교해 볼까요.

구성	통사적 합성법	비통사적 합성법
㉠용언＋체언	작은집	늦더위, 덮밥
㉡용언＋용언	돌아가다, 타고나다	뛰놀다, 굶주리다
㉢부사＋체언		부슬비, 선들바람
㉣문장의 어순	힘들다, 앞서다 일몰(日沒), 필승(必勝)	독서(讀書), 등산(登山)

㉠처럼 용언과 체언이 결합할 때는 용언의 어간에 체언을 꾸며 주도록 해 주는 관형사형 어미가 결합되는 것이 우리말의 일반적인 현상입니다. 즉 '작(어간)＋은(관형사형 어미)＋집(체언)' 처럼 결합하는 것이지요. 그런 식으로 만든다면 '늦은더위, 덮은밥' 이 되어야 합니다. 그러므로 '늦더위, 덮밥' 은 비통사적 합성어에 해당합니다.

㉡처럼 용언끼리 결합할 때는 연결 어미를 사용하는 게 일반적입니다. 즉 '돌(어간)＋아(연결어미)＋가(어간)＋다(어미)' 와 같이 구성됩니다. 그런데 '뛰어놀다, 굶어주리다' 가 아니라 '뛰놀다, 굶주리다' 가 되었으므로 연결어미가 생략된 셈입니다.

㉢을 설명할게요. 우리말에서 부사는 일반적으로 용언이나 다른 부사를 꾸며 줍니다. 그런데 '부슬부슬＋비', '선들＋바람' 처럼 부사와 체언이 직접 결합했으므로 비통사적 합성어입니다.

㉣을 볼까요. 우리말은 문장에서 주어, 목적어, 부사어가 서술어 앞에 옵니다. 그런 점에서 힘들다(힘이 들다), 앞서다(앞에 서다), 일몰(日沒, 해가 지다), 필승(必勝, 반드시 이기다)은 통사적 합성어입니다. 반면에 독서(讀書)는 '읽다＋글을', 등산(登山)은 '오르다＋산에' 순으로 되어 있습니다. 그러므로 이들은 비통사적 합성어입니다.

합성법으로 만든 단어를 합성어라고 합니다.

2_파생법

파생법은 어근과 접사가 결합하는 방법입니다. 간략하게 정리해 보았습니다.

ˇ 어근과 접사

① 어근 | 실질적 의미를 나타내는, 중심이 되는 부분.
② 접사 | 어근에 붙어 그 뜻을 제한하거나, 어근의 품사를 바꿔 주는
　　　　　형식 형태소.

⇒ 322p 「어근·어간·어미·접사」 참고

접사는 위치에 따라, 어근의 앞에 붙는 접두사와 어근의 뒤에
붙는 접미사로 구분합니다. 접두사와 어근이 결합된 말을 접두파
생어, 어근 뒤에 접미사가 결합된 단어를 접미파생어라고 합니다.
파생법을 정리해 보았습니다.

구분		예시
접두파생	품사를 바꾸지 않음	갓스물(접두사+명사 → 명사), 엿듣다(접두사+동사 → 동사), 드높다(접두사+형용사 → 형용사)
	품사를 바꿈	강마르다(접두사+형용사 → 동사) 숫되다(접두사+동사 → 형용사)
접미파생	품사를 바꾸지 않음	잎사귀(명사+접미사 → 명사), 넘치다(동사+접미사 → 동사), 말갛다(형용사+접미사 → 형용사)
	품사를 바꿈	놀이(동사+접미사 → 명사), 밥하다(명사+접미사 → 동사), 좁히다(형용사+접미사 → 동사), 학생답다(명사+접미사 → 형용사), 미덥다(동사+접미사 → 형용사), 울긋불긋하다(부사+접미사 → 형용사), 자연히(명사+접미사 → 부사), 많이(형용사+접미사 → 부사), 밖에(명사+접미사 → 조사), 부터(동사+접미사 → 조사)

앞의 도표는 파생어의 대표적인 사례만을 정리한 자료입니다.
이 중 품사를 바꾸는 접두파생어는 매우 극소수이기 때문에 학교
수업 시간에는 아직 다루지 않는다는 것 참고로 알아 두세요.

우리말에서 두 가지 이상의 의미로 사용되는 접두사를 정리해
볼까요.

접두사	의미	용례
개-	야생의/질이 떨어지는/쓸데없는	개살구, 개나리/개떡/개수작, 개죽음
군-	쓸데없는/가외로 더한	군것질, 군소리, 군살/군식구
날-	생 것의/아직 익지 않은/아주 지독한	날것, 날고기/날김치/날도둑, 날강도
돌-	야생의/품질이 낮은	돌미나리/돌배, 돌감
뒤-	몹시, 마구, 온통/반대로, 뒤집어	뒤끓다, 뒤덮다/뒤바꾸다, 뒤엎다
빗-	기울어지게/잘못	빗대다, 빗뚫다/빗나가다, 빗디디다
선-	익숙하지 않고 서툰/충분치 않은	선무당, 선웃음/선잠
찰-	끈기가 있고 차진/지독한/품질이 좋은	찰떡, 찰벼/찰가난, 찰거머리/찰복숭아
참-	진짜의/썩 좋은	참벗, 참사람/참먹, 참숯
한-	큰/한창인/같은	한길/한여름, 한더위/한패, 한마을
핫-	솜을 둔/짝이 갖추어진	핫바지, 핫옷/핫어미, 핫아비
헛-	보람 없는/잘못	헛걸음, 헛고생/헛살다, 헛디디다
홑-	한겹으로 된/혼자인	홑바지, 홑옷, 홑이불/홑몸

이번에는 우리가 자주 사용하는 접미사를 정리해 볼게요.

접미사	의미	용례
-꾼	전문 혹은 습관/어떤 일 때문에 모인	사냥꾼, 씨름꾼/구경꾼, 장꾼
꾸러기	버릇이 많은	잠꾸러기, 심술꾸러기
-내기	특성을 가진	서울내기, 시골내기, 풋내기
-둥이	그런 성질이 있거나 그와 긴밀한 관련이 있는	바람둥이, 쌍둥이, 해방둥이
-장이	전문적 기술을 가진	수선장이, 미장이, 도배장이
-쟁이	그것이 나타내는 속성을 많이 가진	겁쟁이, 멋쟁이, 심술쟁이
-다랗다	정도가 꽤 뚜렷한	가느다랗다, 굵다랗다, 기다랗다
-새	모양, 상태, 정도	걸음새, 생김새, 모양새
-씨	태도, 버릇	마음씨, 말씨, 발씨
개	사람/간단한 도구	오줌싸개, 코흘리개/덮개, 지우개
-질	도구/신체/비하(卑下)/그것과 관계된/그런 소리를 내는	가위질/손가락질/싸움질/물질/딸국질
-하다	동사나 형용사를 만듦	공부하다, 순수하다, 흥하다, 듯하다
-거리다	그런 상태가 잇따라 계속됨	까불거리다, 반짝거리다, 출렁거리다
-이다	동사를 만듦	끄덕이다, 망설이다, 반짝이다
-스럽다	그러한 성질이 있음(형용사를 만듦)	걱정스럽다, 복스럽다, 자랑스럽다
-답다	성질이나 특성이 있음(형용사를 만듦)	사람답다, 정답다, 교사답다
-롭다	그러함 또는 그럴 만함	명예롭다, 신비롭다, 자유롭다
-내	처음부터 끝까지/그때까지	봄내, 여름내/끝내, 마침내
-껏	닿는 데까지/그때까지 내내	마음껏, 정성껏/아직껏, 지금껏

3_ 합성어의 파생

해+돋다 → 해돋다(합성어). 해돋(다)+이 → 해돋이(파생어)
글+짓다 → 글짓다(합성어). 글짓+기 → 글짓기(파생어)
같이+가다 → 같이가다(합성어). 같이가+기 → 같이가기(파생어)
가을+걷다 → 가을걷다(합성어). 가을걷(다)+이 → 가을걷이
(파생어)
꺾다+꽂다 → 꺾꽂다(합성어). 꺾꽂(다)+이 → 꺾꽂이(파생어)

4_ 한자어의 합성과 파생

한자어 유형	형성 방법	예시
합성어	대등	강산(江山), 주야(晝夜)
	종속	일어(日語), 성악곡(聲樂曲)
	융합	춘추(春秋), 광음(光陰)
파생어	접두파생	비인간(非人間), 무조건(無條件)
	접미파생	인간적(人間的), 전문가(專門家)

* '춘추(春秋)'가 '춘추복'처럼 봄가을을 의미할 때는 대등합성어입니다. 반면에 어른의 나이를 높여서 '올해 춘추가 어떻게 되세요?'처럼 사용할 때는 융합합성어입니다. 빛을 나타내는 광(光) 자와 그늘 음(陰) 자가 결합되어 시간이나 세월을 의미하는 것도 융합합성어입니다. 즉 융합합성어는 둘 이상의 낱말이 서로

어울려 그 각각의 원래의 뜻을 벗어나 한 덩어리의 새 뜻을 나타
내는 합성어입니다. '연주는 밤낮 책을 본다'에서 '밤낮'이 꼭 밤
과 낮만이 아니라 '언제나'라는 의미로 사용되었다면 이것도 융합
합성어에 해당하겠지요.

어법예문

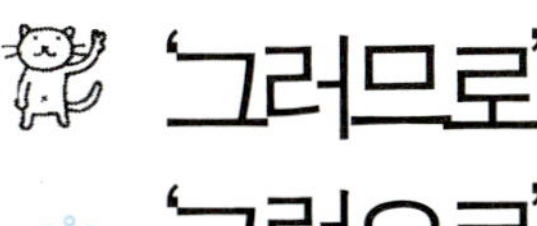

118

'그러므로'
'그럼으로'

일반적으로 '-(으)로서'는 지위나 신분 또는 자격을 나타내는 조사로, '-(으)로써'는 어떤 물건의 재료나 원료, 수단이나 도구를 나타내는 조사로 사용됩니다.

㉠ -(으)로서

그것은 교사로서 할 일이 아니다.

그는 친구로서는 좋으나, 남편감으로서는 부족한 점이 많다.

㉡ -(으)로써

콩으로써 메주를 쑨다.

말로써 천 냥 빚을 갚는다고 한다.

조사 '-(으)로서'와 '-(으)로써'의 구별 문제와 아울러 주의해야 할 것이 하나 더 있습니다. 그것은 어미 '-(으)므로'와 조사 '-(으)로'의 구별입니다. '그러므로'는 '그러하다'의 어간 '그러하-'에 까닭을 나타내는 연결어미 '-(으)므로'가 붙은 '그러하므로'가 접속부사로 굳어진 것입니다. 반면 '그럼으로'는 '그러다'의 명사형 '그럼'에 조사 '-(으)로'가 붙은 형태입니다. 즉 '그러므로'는 '그렇기 때문에'란 뜻이고, '그럼으로'는 '그렇게 하는 것으로(써)'란 뜻을 나타냅니다. '그럼으로서'라는 조사 결합형은 존재하기 어렵습니다. 이러한 기능의 차이는 다음과 같은 예에서 잘 드러납니다.

ⓒ 그러므로
다은이는 너그러운 학생이다. 그러므로 많은 친구들에게 인기가 높다.
ⓡ 그럼으로(써)
선미는 일을 열심히 한다. 그럼으로(써) 삶의 보람을 느낀다.

ⓒ은 다은이가 너그러운 학생이기 때문에 많은 친구들에게 인기가 높다는 뜻으로, 앞 절이 뒤 절의 이유나 원인을 나타내고, ⓡ은 일하는 것으로써 삶의 보람을 느낀다는 의미로, 앞 절이 뒤 절의 수단, 도구, 재료임을 나타냅니다. 그리고 '그러므로'에는 '-써'가 붙을 수 없으나, '그럼으로'에는 '-써'가 붙을 수 있습니다.

⇒ 393p 「'함으로(써)'·'하므로'」참고

119

'-까 봐' ❋ '-까봐'

나는 내 행동이 얌체 짓으로 비칠까봐 조심스러웠다.
나는 내 행동이 얌체 짓으로 비칠까 봐 조심스러웠다.

"나는 내 행동이 얌체 짓으로 비칠까 봐 조심스러웠다."로 띄어 쓰는 것이 맞습니다.

이때 쓰인 '보다'는 '-까 보다'의 형식으로 쓰이는 보조형용사로서, 앞말이 뜻하는 상황이 될 것 같아 걱정하거나 두려워함을 나타냅니다. 보조용언은 원칙적으로 띄어 써야 합니다. 일부 보조용언 구성은 붙여 쓰는 것을 허용하고 있으나, '-까 보다'나 '-나 보다', '-(으)ㄴ가 보다'와 같은 구성은 띄어 써야 합니다. 보조용언의 띄어쓰기는 한글맞춤법 제5장 제3절에서 잘 설명해 놓았습니다.

⇒305p 「보조용언과 본용언」 참고

우리말에 ‘-른지’ 또는 ‘-런지’라는 말은 없습니다. ‘하였는지’, ‘하는지’에서처럼 ‘-는지’를 사용해야 합니다. 막연한 의문이 있는 채로 그것을 뒤 절의 사실이나 판단과 관련시키는 데 쓰는 연결어미는 ‘-는지’입니다. 예를 들면 다음과 같이 사용합니다.

아이들이 얼마나 떠드는지 책을 읽을 수가 없었다. / 바람이 얼마나 세게 부는지 가로수 가지들이 꺾였다. / 무엇이 틀렸는지 답을 맞춰 보자.

‘하다’의 어간 ‘하-’에 미래를 나타내는 ‘ㄹ’이 붙으면 ‘할’이 됩니다. 예를 들어 “내가 내년에 대학에 진학할는지 모르겠다.”와 같이 사용합니다. 이때 ‘할’에 사용된 ‘ㄹ’의 영향을 받아 ‘-른지’로 표기하는 사람들이 적지 않습니다. 그러나 이 ‘-른지’는 잘못입니다. 그리고 ‘-ㄹ런지’도 비표준어입니다. 언제나 ‘-ㄹ는지’로 써야 합니다.

수정이가 오늘 낮에 올는지 모르겠다. (○)

수정이가 오늘 낮에 올런지 모르겠다. (×)

'올런지'는 '올는지'를 잘못 쓴 표현입니다. '-(으)ㄹ는지'는 하게할 자리나 해할 자리에 쓰여, 앎이나 판단, 추측 따위의 대상이 되는 명사절에서 어떤 불확실한 사실의 실현 가능성에 대한 의문을 나타냅니다. "재은이가 심한 고통을 참을 수 있을는지 모르겠다."와 같이 쓰입니다.

'는지'와 '-른지' 때문에 혼동을 겪는다면, 다음 문장을 눈여겨보아 주세요.

시험 기간에 내가 왜 그렇게 놀았는지 모르겠다. (○)
시험 기간에 내가 왜 그렇게 놀았른지 모르겠다. (×)

과거를 나타내는 '-었- / -았-' 뒤에 '-른지'를 사용해 보니까 무엇이 올바른 표현인지 쉽게 알 수 있지요? '-른지'는 비표준어라는 것, 꼭 기억하세요.

‘-데’ ✳ ‘-대’   121

『표준국어대사전』 내용을 볼까요.

-데

‘이다’ 의 어간, 용언의 어간 또는 어미 ‘-으시-’, ‘-었-’, ‘-겠-’ 뒤에 붙어 하게할 자리에 쓰여, 과거 어느 때에 직접 경험하여 알게 된 사실을 현재의 말하는 장면에 그대로 옮겨 와서 말함을 나타내는 종결 어미
㉠ 지영이가 말을 아주 잘 하데. / 그 친구는 아들만 둘이데. / 고향은 하나도 변하지 않았데.

‘-데’ 는 과거의 경험을 지금 말할 때 사용합니다. 위 ㉠은 예전에 지영이가 말하는 모습을 보았던 경험을 지금 전달하는 것입니다. ‘-데’ 는 이처럼 화자가 직접 경험한 사실을 나중에 보고하듯이 말할 때 사용합니다. ‘-데’ 를 쓸 자리인지 아닌지를 구별할 때는 ‘-데’ 를 ‘-더라’ 로 바꾸어 써도 의미가 성립한다는 사실을 이용하세요. 위 ㉠을 “지영이가 말을 아주 잘 하더라.”로 바꾸어도 문맥이 성립하네요.

ᵛ -대

형용사 어간이나 어미 '-으시-', '-었-', '-겠-' 뒤에 붙어

① 해할 자리에 쓰여, 어떤 사실을 주어진 것으로 치고 그 사실에 대한 의문을 나타내는 종결 어미. 놀라거나 못마땅하게 여기는 뜻이 섞여 있다.

왜 이렇게 일이 많대? / 신랑이 어쩜 이렇게 잘생겼대? / 입춘이 지났는데 왜 이렇게 춥대?

② '-다고 해'가 줄어든 말.

㉠ 사람이 아주 똑똑하대.

㉡ 철수도 오겠대?

여러분이 구별하기 어려워하는 것은 주로 ②번처럼 사용할 때입니다. 이것은 자기가 경험한 사실이 아니라 다른 사람에게 들은 말을 대신 전달할 때 사용합니다. 이런 경우 '-다고 해'로 바꾸어 써도 문맥에 아무런 차이가 없습니다. 위의 ㉡은 내가 철수가 온다는 말을 다른 사람에게서 들었음을 의미합니다. 이 문장을 "철수가 오겠다고 해?"라고 바꾸어도 문맥이 성립하네요.

지금까지 설명한 내용을 정리해 볼까요.

효진이가 합격했데. : '효진이가 합격했다'라는 과거의 사실을 회상하는 것입니다.

효진이가 합격했대. : 다른 사람한테서 "효진이가 합격했다."는 소식을 듣고 다시 이야기하는 것입니다.

355

122

'되-' ✳ '돼'

① 되(어간) + 자음으로 시작되는 어미(-고, -며, -니, -자 등)
일 때=되고, 되며, 되니, 되자

㉠ 지금까지는 예정대로 진행되고 있습니다.

② 되(어간) + 모음으로 시작되는 어미(-어, -어서)=되어(돼)

㉡ 이번에는 잘 되어야 할 텐데 → 이번에는 잘 돼야 할 텐데
㉢ 여기 앉으면 되어요 → 여기 앉으면 돼요

자음으로 시작되는 어미와 연결될 때는 '되-'로 씁니다. 모음으로 시작되는 어미가 결합되면 '되어-'가 되고, 이 말을 줄여서 '돼'로 표기합니다. 지금까지 정리한 내용이 올바르게 사용된 예문을 몇 개 보겠습니다.

㉣ 철수야, 너 그러면 안 돼.

㉢ 그녀는 발레리나가 되고 싶었으나 교통 사고로 다리를 다친 후 그 꿈을 접어야 했다.

㉣ 그럼요, 그 정도면 됩니다.

여기까지 설명한 것이 이해가 잘 되지 않는 사람은 이런 방법을 적용해 보세요. '하-'를 넣어서 문장이 성립하면 '되-'를, '해-'를 넣어서 문장이 성립하면 '돼'를 사용하는 것이지요.

㉠ 그것 참 잘 핬군 / 그것 참 잘 됬군
㉡ 그것 참 잘 했군 / 그것 참 잘 됐군

㉡이 올바른 표현이라는 것을 쉽게 알 수 있지요. 따라서 ㉡처럼 '됐군'을 써야 합니다. 아래도 마찬가지입니다.

㉢ 이번에도 안 하면 다음에 또 하자 / 이번에도 안 되면 다음에 또 하자
㉣ 이번에도 안 해면 다음에 또 하자 / 이번에도 안 돼면 다음에 또 하자

㉢이 자연스럽고 올바른 문장입니다. 따라서 ㉢처럼 써야 합니다.

⇒376p 「'안 되다' · '안되다'」참고

357

123

'-든지' * '-던지'

『표준국어대사전』 내용을 인용합니다.

-든지

〔받침 없는 체언이나 부사어, 또는 종결어미 '-다, -ㄴ다, -는다, -라' 따위의 뒤에 붙어〕 어느 것이 선택되어도 차이가 없는 둘 이상의 일을 나열함을 나타내는 보조사.

사과든지 배든지 다 좋다. / 함께든지 혼자서든지 잘 놀면 되었지. / 걸어서든지 달려서든지 제시간에만 오너라. / 어디든지 사람이 사는 곳은 마찬가지이다. / 공부를 잘한다든지 운동을 잘한다든지 무엇이든 하나는 잘해야 한다.

-던지

〔'이다'의 어간, 용언의 어간 또는 어미 '-으시', '-었-', '-겠-' 뒤에 붙어〕 막연한 의문이 있는 채로 그것을 뒤 절의 사실이나 판단과 관련시키는 데 쓰는 연결어미.

얼마나 춥던지 손이 곱아 펴지지 않았다. / 아이가 얼마나 밥을 많이

먹던지 배탈 날까 걱정이 되었다. / 동생도 놀이가 재미있었던지 더
이상 엄마를 찾지 않았다.

'-든지'는 여럿 가운데 어느 것이든 선택될 수 있음을 나타냅
니다. '-던지'는 주로 과거의 일을 나타냅니다. 인문 과정이든지
자연 과정이든지 여러분이 선택한 분야에서 열정을 쏟아 보세요.
여러분이 했던 일을 기쁘게 회상하게 될 거예요.

124

'-려야' * '-래야'

『표준국어대사전』에서 '-려야'를 찾아보았습니다.

-려야

받침 없는 동사 어간, 'ㄹ' 받침인 동사 어간 또는 어미 '-으시-' 뒤에 붙어 '-려고 하여야'가 줄어든 말.

그 사람은 성격이 좋아 미워하려야 미워할 수 없다.

-래야

① '이다', '아니다'의 어간이나 어미 '-으시-', '-더-', '-으리-' 뒤에 붙어 '-라고 해야'가 줄어든 말.

집이래야 방 하나에 부엌이 있을 뿐이다.

② 받침 없는 동사 어간, 'ㄹ' 받침인 동사 어간 또는 어미 '-으시-' 뒤에 붙어 '-라고 해야'가 줄어든 말.

그 사람은 누가 오래야 오는 사람이라 스스로는 안 올 것이다.

'떼려야'와 '떼래야' 중에서 어느 것이 올바른 표현일까요?

'떼다'의 어간 '떼-'는 받침이 없으므로 '떼-'에 '-려야'를 붙여야 합니다. 그러면 '떼려고 하여야 뗄 수가 없다'는 뜻이 됩니다. 만약 '-래야'를 붙인다면, '떼라고 해야'가 되니까 의미가 이상해지네요.

학생들 중에 여기에 '-ㄹ려야'를 붙여서 '뗄려야', '뗄래야'로 표기하는 사람이 적지 않은데, 이것은 '-려야'의 '려'가 'ㄹ'로 시작되는 것에 방해를 받아서 잘못 표기하는 것입니다. 이것은 어법 문제에 자주 나오므로 꼭 기억해 두면 좋겠습니다.

이번에는 ‘-로서’와 ‘-로써’의 쓰임을 설명합니다. 아래에 인용하는 『표준국어대사전』을 잘 읽어 보세요.

∨ -로서 | 받침 없는 체언이나 ‘ㄹ’ 받침으로 끝나는 체언 뒤에 붙어
① 지위나 신분 또는 자격을 나타내는 격조사.
그것은 교사로서 할 일이 아니다. / 언니는 아버지의 딸로서 부족함이 없다고 생각했었다.
② (예스러운 표현으로) 어떤 동작이 일어나거나 시작되는 곳을 나타내는 격조사.
이 문제는 너로서 시작되었다.
③ 으로서.

∨ -로써 | 받침 없는 체언이나 ‘ㄹ’ 받침으로 끝나는 체언 뒤에 붙어
① 어떤 물건의 재료나 원료를 나타내는 격조사. ‘-로’보다 뜻이 분명하다.
콩으로써 메주를 쑤다. / 쌀로써 떡을 만든다.

②어떤 일의 수단이나 도구를 나타내는 격조사. '-로'보다 뜻이 분명하다.

말로써 천 냥 빚을 갚는다고 한다. / 꿀로써 단맛을 낸다. / 대화로써 갈등을 풀 수 있을까? / 이제는 눈물로써 호소하는 수밖에 없다.

③시간을 셈할 때 셈에 넣는 한계를 나타내는 격조사. '-로'보다 뜻이 분명하다.

고향을 떠난 지 올해로써 20년이 된다. / 시험을 치는 것이 이로써 일곱 번째가 됩니다.

④으로써.

이 둘을 구별하는 방법이 없을까요? 예컨대 콩 '을 가지고' 메주를 쑤지요. 즉 "콩으로써 메주를 쑨다."고 합니다. 하지만 반장 '을 가지고' 최선을 다하지는 않거든요. 그러므로 "반장으로서 최선을 다했다."고 합니다.

이런 방법도 어렵다면, 'A는 B이다.'의 형태로 바꾸어 보세요. 예컨대 '말로써 / 말로서 천 냥 빚을 갚는다.'에서 어떤 것이 옳은지 혼란스럽다면, '말은 천 냥 빚이다.'로 바꾸어 보는 거예요. 이 문장은 의미가 성립하지 않습니다. 이런 때는 '-로써'를 사용합니다. 반면에 '그는 친구다'는 문장은 의미가 통합니다. 그러므로 "그는 친구로서 우정을 지켰다"로 쓰는 게 옳습니다.

126

‘-ㅁ/음 직하다’
‘-음직하다’

- 직하다 | 용언이나 ‘이다’ 뒤에서 ‘-ㅁ/음 직하다’ 구성으로 쓰여 앞
  말이 뜻하는 내용이 발생할 가능성이 많음을 나타내는 말.
  새가 모이를 먹었음 직한데. / 웬만하면 믿음 직한데 속지 않는군.

  ‘직하다’는 용언이나 ‘이다’ 뒤에서 ‘-ㅁ/음 직하다’ 형태로 쓰여 앞말이 뜻하는 내용이 발생할 가능성이 많음을 나타내는 보조 형용사입니다. 따라서 ‘있음 직하다’처럼 띄어 쓰는 것이 원칙입니다.

- 음직하 | ‘ㄹ’을 제외한 받침 있는 동사 어간 뒤에 붙어 ‘그렇게 할 만
  한 가치가 있음’의 뜻을 더하는 접미사.
  먹음직하다 / 믿음직하다.

  ‘그렇게 할 만한 가치가 있음’을 뜻하는 경우에는 ‘-음직’의 형태로 이루어진 어근에 접미사 ‘-하-’가 붙어서 ‘-음직하-’가 됩니다. 예컨대 ‘먹음직하다.’는 ‘먹을 만한 가치가 있다’는 의미이므로 ‘떡이 참 먹음직해 보인다.’와 같이 씁니다.

🐱 '-마는' ✳ '-만은' **127**

▽ **-마는** | 종결어미 '-다, -냐, -자, -지' 따위의 뒤에 붙어 앞의 사실을 인정하면서도 그에 대한 의문이나 그와 어긋나는 상황 따위를 나타내는 보조사.

사고 싶다마는 돈이 없군. / 비가 옵니다마는 이번 농사가 잘되기는 틀렸습니다. / 얼마 되겠느냐마는 보태어 쓰도록 해라. / 너도 가지마는 그다지 재미는 없을 것이다. / 영화를 보고는 싶지마는 시간이 안 난다. / 언젠가는 하도 갑갑해서 자를 가지고 덤벼들어서 그 키를 한번 재 볼까 했다마는 우리는 장인님이 내외를 해야 한다고 해서 마주 서 이야기도 한마디 하는 법 없다. (김유정, 「봄봄」)

'-마는' 은 '-다, -냐, -자, -지' 외에도 종결어미 '-까, -랴, -더라, -오' 등의 뒤에 붙어 쓰일 수 있습니다. 위의 '-마는' 을 줄여서 쓰면 '-만' 이 됩니다.

그런데 이렇게 줄이면, 어떤 것을 한정하는 보조사 '-만' 과 형태가 같아집니다. 이 때문에 여러분이 구별하기 어렵다고 하소연하는 것이지요. 보조사 '-만' 은 "승은이는 웃기만 할 뿐 아무 말이

365

없었다.”와 같이 사용됩니다. 그리고 이 ‘-만’에 강조하는 기능을 지닌 ‘-은’이 자주 결합됩니다.

㉠ 사실 나는 내 살을 가르고 나온 자식만큼 개펄과 새들을 사랑해 온 것만은 틀림없었다. (김원일, 「도요새에 관한 명상」)
㉡ 네가 그렇게 나온다면 나도 가만히 있지만은 않을 거야.
㉢ 도조 논만은 도조거리도 못 될 만치 소출이 부족할지 모르니 그것은 간평을 해서 적당하게 감해 준다는 것이다. (이기영, 「고향」)
㉣ 이인국 박사는 무슨 일이 일어나도 꼭 자기만은 살아남을 것 같은 막연한 기대를 곱씹고 있다. (전광용, 「꺼삐딴 리」)

그렇다면 ‘-마는’과 ‘-만은’을 어떻게 구별할까요? ‘-마는’은 종결어미 뒤에 놓입니다. 달리 말하자면 ‘-마는’을 생략해도 문장이 성립합니다. 예컨대 앞 페이지에서 ‘-마는’을 설명한 첫 번째 예문에서는 ‘사고 싶다’는 것만으로도 문맥이 통합니다. 반면에 ‘-만은’은 보조사끼리 결합한 말입니다. 즉 ‘-만 + -은’의 구성입니다. 이 점에 착안해서 구별하면 됩니다.

‘말라’ ✳ ‘마라’

‘하지 말라.’, ‘하지 마라.’는 둘 다 맞는 표현입니다. 그러나 ‘하지 말아라.’는 올바른 표현이 아닙니다. 일반적인 대화 상황에서는 “사 먹지 마라.”, “몰려 있지 마라.”, “하지 마라.”와 같이 쓰는 게 맞습니다. ‘말다’는 어미 ‘-아, -아라’가 붙으면 받침의 ‘ㄹ’이 탈락해 ‘마, 마라’가 됩니다. 한글맞춤법 규정 제18항 [붙임]에 ‘마지못하다, 마지않다, 하다 마다, 하지 마라, 하지 마’처럼 ‘ㄹ’이 줄 때는 준 대로 적는다고 하였습니다. 따라서 이를 ‘하지 말아라.’라고 적는 것은 잘못입니다.

그리고 간접을 나타내거나 예스러운 표현을 나타내기 위한 어미 ‘-(으)라’가 붙는 경우에는 ‘하지 말라’라고 표현할 수 있습니다. ‘늦게 다니지 말라고 말했다.’의 ‘말라고’는 ‘말-’ + ‘-으라고’의 구조이기 때문에 ‘마라고’가 되지 않는 것입니다. 그런가 하면, “네 친구의 물건을 탐하지 말라.”와 같이 쓰입니다.

㉠ 이 문제의 정답을 맞히면 상품을 드립니다.
㉡ 문교는 시험지를 정답과 맞추어 보고 나서 손뼉을 쳤다.

"퀴즈의 답을 맞히다."가 옳은 표현이고 "퀴즈의 답을 맞추다." 는 틀린 표현입니다. '맞히다'에는 '적중하다'의 의미가 있어서 정답을 골라낸다는 뜻이 되지만, '맞추다'는 '대상끼리 서로 비교한다'는 의미를 가져서 "답안지를 정답과 맞추다."와 같은 경우에만 사용합니다.

여러분은 학교에서 시험을 치르지요. 시험이 끝나면 반장이 정답을 가지고 와서 불러 줍니다. 여러분은 반장이 불러 주는 정답과 자기가 응답한 선택지를 '맞추어' 봅니다. 즉 정답지와 여러분의 답지가 일치하는지 그렇지 않은지를 검토하는 것입니다. 이때 고민하다가 적은 최후의 선택지가 정답이라면 여러분은 기뻐서 박수를 칠 거예요. 왜냐하면 그 문제의 정답을 '맞힌' 것이기 때문입니다. 대학 합격자 수험 번호와 여러분의 수험 번호를 '맞출' 때도 환호성을 지르게 되길 빕니다.

‘며칠’ ✻ ‘몇일’   130

오늘이 몇 월 며칠이지?

앞의 문장은 어법을 잘 지킨 사례입니다. 그런데 왜 ‘몇 월’과 ‘며칠’로 쓸까요?

㉠ 문정이는 꽃 위에 앉은 나비를 바라보았다.
㉡ 은비는 밝은 빛을 좋아한다.

㉠에서 ‘꽃＋위’는 ㅊ 받침을 가진 단어 ‘꽃’ 뒤에 실질 형태소 ‘위’가 연결되었습니다. 이 말이 발음되는 과정을 살펴볼까요. 먼저 ‘꽃’의 받침 ‘ㅊ’이 대표음 ‘ㄷ’으로 바뀝니다. 즉 ‘꽃’이 ‘꼳’으로 발음됩니다. 그런 다음 이 ‘꼳’의 받침 ‘ㄷ’이 뒤 음절 ‘위’의 첫소리로 옮겨 발음됩니다. 즉 ‘꽃 위’가 ‘꽃위-꼳위-꼬뒤’의 발음 과정을 거치게 됩니다.
‘몇 월’이 발음되는 과정도 이와 똑같습니다. 즉 ‘몇 월’은 ‘몇월-며둴’의 과정을 거치면서 누구나 ‘며둴’로 발음하게 됩니다.

따라서 '몇 월'은 '몇' 뒤에 실질 형태소 '월(月)'이 연결된 것임을 알 수 있지요. 즉 실질 형태소와 결합할 때 앞에 오는 말은 대표음으로 바뀐 뒤에야 비로소 뒷소리로 넘어갈 수 있습니다.

그런데 ⓛ은 다릅니다. '빛+을'은 '비들'이 아니라 '비츨'로 발음됩니다. '빛'이 '빋'으로 바뀌는 현상이 나타나지 않았네요. 그러므로 '빛+을'의 '-을'은 '꽃 위'의 '위'와 달리 형식 형태소임을 알 수 있습니다.

그렇다면 '몇 일'은 어떻게 될까요. 앞의 ㉠과 같다면 '몇일-몃일-며딜'로 발음 과정을 거치게 될 겁니다. 그러나 우리는 이 단어를 '며딜'이 아니라 '며칠'로 발음합니다. 그러므로 '며칠'은 '몇' 뒤에 실질 형태소 '일(日)'이 연결된 것이 아님을 알 수 있겠네요. 즉 '몇 일'은 ⓛ과 같은 셈입니다.

어원이 분명하지 아니한 것은 원형을 밝히어 적지 않는 게 현행 어문 규정입니다. 이 규정에 따라서 발음대로 '며칠'로 표기합니다. 즉 현행 어법에서는 '며칠'이 '몇 +일'로 구성된 것으로 보지 않고 '며칠' 그 자체를 하나의 단어로 인정합니다. '며칠'은 '그달의 몇째 되는 날'을 의미하는 단일어입니다.

'못 하다' ＊ '못하다' **131**

'못' 은 '동사가 나타내는 동작을 할 수 없거나 상태가 이루어지지 않았다는 부정의 뜻을 나타내는 부사' 입니다. '노래를 못 부르다' 처럼 서술어 앞에 놓여서 서술어를 꾸며 주는 말로, 뒷말과 띄어 씁니다.

그런데 '하다' 가 서술어로 올 경우에는 띄어쓰기가 조금 달라집니다. 우선 '못' 과 '하다' 가 하나의 합성어로 굳어져 뜻이 변한 경우에는 두 말을 붙여 씁니다. 그 밖에는 띄어 쓰고요.

1_합성어로 붙여 써야 하는 경우
① 일정한 수준에 못 미치거나 할 능력이 없다.

노래를 못하다, 음식 맛이 예전보다 못하다

예를 들어 볼까요. 수능 성적은 1등급에서 9등급까지입니다. 이 중 1, 2등급이면 잘한다고 할 수 있는데, 5 ~6등급에 못 미칠 때는 아무래도 '못한다' 고 해야겠네요. 이렇게 '일정한 수준에 못

미친다' 는 의미를 담고 있을 때는 언제나 붙여 씁니다. 예컨대 "컴퓨터를 못한다.", "축구를 못한다.", "요리를 못한다.", "나는 말을 못하는 선생님이야."처럼 사용합니다.

② **'아무리 적게 잡아도' 의 뜻일 때**

음식 값이 못해도 만 원은 넘겠지. / 윤영이가 가꾼 화초가 못해도 열 개는 될 거야.

③ **용언의 어간 뒤에서 '-지 못하다' 형식으로 보조용언으로 쓰일 때**

나는 그에 미치지 못한다. / 이번 휴일에는 부모님께 가지 못한다.

2_띄어 써야 하는 경우

① **어떤 일회적인 행위일 때**

나는 어제 몸살이 나서 문상(問喪)을 못 했다.

한 마디로 말해, 어떤 행위를 수행할 '능력' 이 있느냐 없느냐를 나타낼 때는 '못하다' 로 붙여 쓰고, 어떤 '일회적인' 행위를 잘 수행하지 못할 때는 '못 하다' 로 띄어 씁니다.

'못 하다' 외에도 '못 자다', '못 미덥다', '못 마시다', '못 미치다' 등도 마찬가지입니다. 본래부터 술을 먹지 못하는 사람은 "못마신다"고 표현하고, 평소에는 술고래인데 마침 지금은 몸이 아파서 마시지 못할 때는 "못 마신다"고 써야 합니다.

⇒376p 「'안 되다' ＊ '안되다'」 참고

132

‘부딪치다’
‘부딪히다’

ⅴ 부딪다

뒤의 차가 앞차에 부딪는다. 몸을 벽에 부딪는다. (자기 스스로)

ⅴ 부딪치다

자동차에 부딪친다. 몸을 벽에 부딪친다. 차와 차가 마주 부딪쳤다.
(강세의 의미)

ⅴ 부딪히다

자전거에 부딪혔다. 마차가 화물차에 부딪혔다. (피동의 의미, 부딪음을 당하다)

기본 어휘는 ‘부딪다’입니다. 이것을 강세를 주어 표현하면 ‘부딪치다’가 되고, ‘부딪음을 당하다’는 뜻의 피동 표현으로 쓰면 ‘부딪히다’가 됩니다. 즉 ‘부딪다’의 피동 표현이냐 강세 표현이냐에 따라 말이 달라집니다.

길을 가다가 자전거를 타고 달리던 꼬마와 접촉한 적 있어요?

꼬마는 내가 피할 수 없는 빠른 속도로 달려오고 나는 피하고 싶었지만 내 뜻과는 반대로 그와 '부딪히고' 말았습니다. 그런데 내게 '부딪친' 꼬마가 더 크게 울어서 무척 난감했지요.

그런가 하면 말다툼을 한 친구와는 눈길이 '부딪치는' 걸 피하게 됩니다. 또 사사건건 '부딪치며' 살아온 부부는 마침내 헤어짐을 결심하겠네요. 계란을 그릇 모서리에 '부딪쳐서' 깨트린 후 라면에 넣어 먹으면 정말 맛있어요!

‘숫-’ ✳ ‘수-’   **133**

표준어 규정 제7항. **수컷을 이르는 접두사는 ‘수-’로 통일한다.**

수꿩, 수나사, 수놈, 수사돈, 수소, 수은행나무

수컷을 표현할 때 ‘숫-’과 ‘수-’를 놓고 고민하는 일이 많지요. ‘숫꿩’은 어법에 어긋납니다. ‘수소’는 수컷 소를 가리킵니다.

다만 ①다음 단어에서는 접두사 다음에서 나는 거센소리를 인정한다. 접두사 ‘암-’이 결합되는 경우에도 이에 준한다.

수캉아지, 수캐, 수컷, 수키와, 수탉, 수탕나귀, 수톨쩌귀, 수퇘지, 수평아리

다만 ②**다음 단어의 접두사는 ‘숫-’으로 한다.**

숫양, 숫염소, 숫쥐

이 세 동물만 ‘숫-’을 붙입니다. 어떤 학생들은 ‘양념쥐’라고 외우더군요. 양념통닭이 생각나서 오래 기억할 수 있다면서요.

134

‘안 되다’ ✻ ‘안되다’

‘안 되다’는 부정을 나타내는 ‘안’이 ‘되다’를 꾸며 주는 형태입니다. 이런 경우에는 띄어 씁니다.

남을 불편하게 해서는 안 된다.
아직 점심때가 안 되어서 배가 고프지 않아.

하지만 ‘안되다’가 하나의 단어로 사용될 때는 붙여 써야 합니다.

﹀ 안되다(동사)
① 일, 현상, 물건 따위가 좋게 이루어지지 않다.
사업이 안되어서 고민이 많다.
② 사람이 훌륭하게 되지 못하다.
자식이 안되기를 바라는 부모는 없다.
③ 일정한 수준이나 정도에 이르지 못하다.
이번 시험에서 우리 반이 안되어도 삼등은 할 것 같다.

∨ 안되다(형용사)

① 섭섭하거나 가엾어 마음이 언짢다.

지난달에 다리를 다쳤는데, 어제는 팔을 다쳤다니 참 안됐어.

② 근심이나 병 따위로 얼굴이 많이 상하다.

병치레를 하더니 얼굴이 많이 안됐구나.

띄어 쓰는 경우와 붙여 쓰는 경우를 아래와 같이 구분해도 됩니다.

㉠ 주연이는 노래를 부른다. (○)

㉡ 주연이는 노래를 안/못 부른다. (○)

위의 문장 ㉠과 ㉡은 모두 어법에 맞고 자연스럽지요. 즉 '안 / 못'을 사용하면 부정문이고 그렇지 않으면 긍정문이 됩니다. 이런 때는 ㉡처럼 띄어 씁니다. 하지만

㉢ 영수는 참 안됐다. 이번에 또 다쳤대. (○)

㉣ 영수는 참 됐다. 이번에 또 다쳤대. (×)

㉤ 너는 어떻게 동생만도 못하니? (○)

㉥ 너는 어떻게 동생만도 하니? (×)

위의 문장 ㉢과 ㉤은 어법에 맞고 자연스럽지요. 하지만 ㉣과 ㉥은 문장 자체가 성립되지 않습니다. ㉢이나 ㉤과 같은 경우에만 '안되다, 못하다'가 하나의 단어입니다. 그러므로 붙여 써야 합니다. 참 쉽지요?

⇒356p 「'되-' ↔ '돼'」 참고

⇒371p 「'못 하다-' ↔ '못하다'」 참고

135

‘안’ ✼ ‘않’

㉠ 교실 안에서 말소리가 <u>아니</u> 들리는 게 신기했다.

‘아니’는 용언 앞에 쓰여서 부정이나 반대의 뜻을 나타내는 부사입니다. 예를 들어 ‘아니 먹다’, ‘아니 슬프다’와 같이 사용되지요. 그리고 이 ‘아니’를 줄여서 ‘안’으로 나타냅니다. 위의 ㉠은 이렇게 써도 됩니다.

㉡ 교실 안에서 말소리가 <u>안</u> 들리는 게 신기했다.

이번에는 ‘아니하다’를 사전에서 찾아 볼까요.

〔Ⅰ〕「동사」
‘않다〔Ⅰ〕’의 본말.
그는 아무 말도 아니하고 떠나 버렸다.

〔Ⅱ〕「보조동사」
(동사 뒤에서 ‘-지 아니하다’ 구성으로 쓰여) ‘않다〔Ⅱ〕’의 본말.

밥을 먹지 아니하다./나는 입사한 지 얼마 되지 아니하여 사표를 냈다./동생은 학교에 가지 아니하였다.

〔Ⅲ〕「보조형용사」
(형용사 뒤에서 '-지 아니하다' 구성으로 쓰여) '않다〔Ⅲ〕'의 본말.
얼굴이 곱지 아니하다/이 산은 가파르지 아니하여 어린이도 쉽게 오를 수 있다./어제는 날씨가 맑지 아니하였다.

'아니하다'의 줄임말이 '않다'입니다. 그러므로 '아니하-'가 사용될 자리에는 '않-'을 써야 합니다. ⓒ과 ⓓ은 같은 문장입니다.

ⓒ 그는 거짓말을 하지 <u>아니하고</u> 벌을 달게 받았다.
ⓓ 그는 거짓말을 하지 <u>않고</u> 벌을 달게 받았다.

요약하자면 '아니'를 넣어도 될 자리에는 '안'을, '아니하-'를 넣어서 자연스러운 자리에는 '않-'을 사용해야 합니다. 아래 예문을 보면서 이런 사실을 확인해 보세요.

서연이는 밥도 아니(＝안) 먹고 집을 나섰다.
그렇게 운동을 아니(＝안) 하다가는 건강이 약해질 거야.
운동을 않고(＝아니하고) 건강하기를 바라는 것은 헛된 생각이야.
밥을 먹지 않고(＝아니하고) 집을 나선 까닭인지 교문에 도착하기도 전에 배가 고팠다.

궁금증을 해결하기 위해 『표준국어대사전』을 열어 볼까요.

∨ 어떠하다 │ ‘어떻다’의 본말

∨ 어떻다 │ 의견, 성질, 형편, 상태 따위가 어찌 되어 있다.
요즈음 어떻게 지내십니까? / 요새 몸은 좀 어때? / 이렇게 하면 어떨
까요? / 네 의견은 어떤지 모르겠지만 난 그렇게 생각해.

∨ 어떡하다 │ ‘어떠하게 하다’가 줄어든 말.
아저씨, 저는 어떡하면 좋겠어요? / 오늘도 안 오면 어떡해. / 종대는
3년 동안 그가 말했던 대로 고향이 아닌 정읍에서 어떡하든 살아 보려
고 바동거렸다.

‘어떡하다’는 ‘어떠하게(어떻게) 하다’가 줄어든 말입니다. 즉
‘어떡해’는 ‘어떻게 해’가 줄어든 말이고, ‘어떻게’는 ‘어떻다’의
활용형입니다. 이런 내용을 위 예문에 적용시켜 봅시다. 다음에

소개하는 문장들은 서로 같은 의미를 지닙니다.

아저씨, 저는 어떠하게 하면 좋겠어요?
→ 아저씨, 저는 어떻게 하면 좋겠어요?
→ 아저씨, 저는 어떡하면 좋겠어요?

종대는 고향이 아닌 정읍에서 어떠하게 하든 살아 보려고 바둥거렸다.
→ 종대는 고향이 아닌 정읍에서 어떻게 하든 살아 보려고 바둥거렸다.
→ 종대는 고향이 아닌 정읍에서 어떡하든 살아 보려고 바둥거렸다.

'어떡해' 와 '어떻게' 를 쉽게 구별하는 방법이 없을까요. '어떡하다' 는 동사고, '어떻다' 는 형용사라는 걸 기억해 두세요. '어떡하다' 는 '어떡할까, 어떡해' 등으로, '어떻다' 는 '어떨까, 어때' 등으로 활용합니다.

‘-에요’ ❋ ‘-예요’

‘-에요’와 ‘-예요’의 쓰임을 궁금해 하고 있군요. 학교에서도 이것을 묻는 학생들이 적지 않습니다. 자꾸 혼동이 되는 모양이에요. 위 문장 중에 ‘모양이에요.’를 보세요. ‘모양’에 받침이(ㅇ) 있기 때문에 뒤에 ‘-이’가 붙었습니다. 그리고 ‘이’가 있을 때는 ‘이에요’라고 씁니다. 반면에 ‘-이’가 없다면, ‘-예요’라고 써야 합니다. 좀 더 자세히 볼까요? 다음 두 문장은 모두 어법에 맞습니다.

이것은 철수가 좋아하는 것이에요. →이것은 철수가 좋아하는 거예요.

그럼 아래의 문장은 맞는 걸까요? 아니면 잘못된 문장일까요?

이것은 종이예요.

‘종’이 학교에서 시간을 알릴 때 울리는 ‘종’이라면 틀린 문장입니다. 그때는 ‘이것은 종이에요’라고 써야 합니다. 반면 책을 만드는 ‘종이’라면 올바른 문장이죠. 이제 이해가 되었으리라 생각해요.

'-오' ❋ '-요'

'-오'와 '-요'를 구분하기가 어렵다는 말도 자주 듣습니다. 나도 학생이었을 때 자주 혼동하곤 했지요. 차근차근 접근해 볼까요.

㉠ 이리 앉으시지.
㉡ 이리 앉으시지요.

위의 ㉠과 ㉡은 의미상 차이가 없습니다. ㉠에 비해 ㉡에는 존중의 뜻이 덧붙여진 것뿐입니다. 두 문장이 의미상 차이가 없다는 것은 '요' 없이도 문장이 성립된다는 증거입니다. 즉 '요'는 생략이 가능합니다.
이에 비해 '오'는 생략하면 안 됩니다. 종결어미이기 때문입니다. 그러므로

새해 복 많이 받으십시오.

이렇게 써야 옳습니다. 굳이 '요'를 붙이고 싶으면 "새해 복 많

이 받으세요."처럼 써야 합니다. 그런가 하면,

ⓒ 이것은 책이요, 저것은 컴퓨터입니다. (○)
ⓔ 이것은 책이오, 저것은 컴퓨터입니다. (×)

ⓒ은 올바른 문장이고, ⓔ은 잘못된 문장입니다. '요'는 연결어미이기 때문입니다. 요약하자면 문장의 중간에는 '요'를, 문장 끝에는 '오'를 써야 하며, 단 '-세요'는 문장 끝에도 사용합니다.

139

'웃-' ✳ '윗-'

'웃-'과 '윗-'은 명사 '위'에 맞추어 '윗-'으로 통일한다.

위와 아래의 대립이 분명한 단어를 표현할 때는 '웃-'과 '윗-' 중에 '윗-'을 기본형으로 삼습니다. 아래에 설명하는 두 가지 경우를 제외하고는 언제나 '윗-'을 사용합니다.

[예외 1] 된소리나 거센소리 앞에서는 '위-'로 한다.

위쪽, 위칸

쪽의 첫소리 'ㅉ'은 된소리이고, '칸'의 첫소리 'ㅋ'은 거센소리입니다. 이처럼 된소리나 거센소리가 올 때는 '위-'를 사용합니다. '윗쪽'이 아니라 '위쪽'으로, '윗처리'가 아니라 '위처리'로 표기합니다.

[예외 2] '아래, 위'의 대립이 없는 단어는 '웃-'으로 발음되는 형태를 표준어로 삼는다.

웃돈, 웃어른

웃어른과 아래어른에 대해 생각해 보세요. 어른은 다 나보다 '윗분'입니다. 결코 '아래'인 어른은 있을 수 없어요. 이런 것을 위아래의 대립이 없다고 합니다.

이런 특징은 '윗사람과 아랫사람'을 생각해 보면 쉽게 이해할 수 있습니다. 윗사람은 나보다 직급이 높은 사람이고, 아랫사람은 내 지시를 받아서 일을 처리하는 사람입니다. 만약 내가 회사의 과장이라면 사장은 윗사람이고 평사원은 아랫사람입니다. 이처럼 위아래의 대립이 분명할 때는 '윗-'을, 그렇지 않을 때는 '웃-'을 씁니다.

그렇다면 '윗옷'일까요 아니면 '웃옷'일까요? 둘 다 표준어입니다. '윗옷'은 '하의'(下衣)에 상대되는 '상의'(上衣)이고, '웃옷'은 '속옷'〔內衣〕에 상대되는 '겉옷'〔外衣〕을 뜻합니다. 티셔츠는 상반신에만 걸치는 옷이니까 '윗옷'입니다. 외투는 상반신과 하반신에 모두 걸쳐 입는데 제일 나중에 입는 겉옷이므로 '웃옷'입니다.

‘웬’ ✳ ‘왠’

∨ 웬

① 어찌 된.

웬 영문인지 모르다. / 웬 까닭인지 몰라 어리둥절하다. / 웬 걱정이
그리 많아? / 이게 웬 날벼락이람. / 이제 곧 봄인데, 웬 눈이 이렇게
내리니?

② 어떠한.

골목에서 웬 사내와 마주치다. / 웬 놈이야, 떠드는 놈이? / 개가 짖는
바람에 그는 웬 낯선 사람이 오는가 해서 나왔다. (이기영, 「고향」)

“웬 사람이 널 찾아왔어.”나 “웬 일로 그러지?”의 ‘웬’을 ‘왠’
으로 잘못 적어서는 안 됩니다. ‘왜’와 관련이 없는 말이므로 ‘웬’
이 맞습니다.

그런가 하면 “왠지 기분이 울적하다.”에서는 ‘왠지’로 적어야
합니다. ‘왠지’는 ‘왜인지’의 준말로서, ‘왜 그런지 모르게. 또는
뚜렷한 이유도 없이’라는 뜻이기 때문입니다.

‘-으러’ ✳ ‘-으려’

> **-으러** | (‘ㄹ’을 제외한 받침 있는 동사 어간 뒤에 붙어) 가거나 오거나 하는 동작의 목적을 나타내는 연결어미.
>
> 점심을 먹으러 집에 간다. / 그는 뱀을 잡으러 다닌다.

> **-으려** | (‘ㄹ’을 제외한 받침 있는 동사 어간 뒤에 붙어)
>
> ① 어떤 행동을 할 의도나 욕망을 가지고 있음을 나타내는 연결어미.
>
> 그를 잡으려 했지만 용기가 없었다. / 그의 말을 믿으려 했다.
>
> ② 곧 일어날 움직임이나 상태의 변화를 나타내는 연결어미.
>
> 새싹이 돋으려 한다. / 날이 밝으려 한다.

    ‘-으러’는 가거나 오는 동작과 밀접한 연관을 맺습니다. 예컨대 “엄마의 심부름으로 두부를 사러 갔다.”처럼 사용합니다. ‘-으러’는 주로 목적을 나타내는 반면, ‘-으려’는 주로 의도나 욕망을 나타냅니다. 일상 문장에서는 목적과 의도를 엄밀하게 구분하기가 어렵지요. 여러분이 혼란스러워 하는 것도 그 때문일 거예요. 하지만 ‘-으러’ 뒤에는 ‘가다, 오다’와 같은 말이 온다는 걸 기억한다면 그 혼란스러움이 많이 줄어들 거예요.

🐱 '-이' ❄ '-히' 142

부사의 끝음절이 분명히 '이'로만 나는 것은 '-이'로 적고, '히'로만 나거나 '이'나 '히'로 나는 것은 '-히'로 적습니다. 다음과 같은 경우에는 '-이'로 적습니다.

① ㅅ 받침 뒤: 깨끗이, 느긋이, 따뜻이, 번듯이, 빠듯이, 산뜻이

② ㄱ 받침 뒤: 깊숙이, 고즈넉이, 끔찍이, 가뜩이, 멀찍이(단, 예외도 있음. 예컨대 넉넉히, 명백히 등등)

③ 첩어 뒤: 간간이, 겹겹이, 곳곳이, 알알이, 일일이, 줄줄이

④ 부사 뒤: 곰곰이, 더욱이, 히죽이, 생긋이

⑤ ㅂ 불규칙 용언의 어간 뒤: 가까이, 새로이

⑥ '-하다'가 붙지 않는 어간 뒤: 길이, 헛되이

'할 거야' ✻ '할걸'
'할걸' ✻ '할게' ✻ '할까'

㉠ 올 여름방학에는 꼭 할머니 댁에 갈 <u>거야</u>.

'거'는 의존명사 '것'을 구어적으로 이르는 말이고, '거야'는 '거'에 보조사 '야'가 붙은 형태입니다. 즉 '것이야'가 줄어서 '거이야'가 되고, '거이야'가 마침내 '거야'가 된 것이지요. 의존명사는 앞에 오는 수식어와 띄어 써야 합니다. 따라서 '거'가 의존명사이므로 '먹을 거야./ 갈 거야.'처럼 이 말을 수식하는 관형어와 띄어 써야 합니다. 그런데 이때 '거야'를 소리나는 대로 '꺼야'로 쓰는 사람들이 많습니다. 예를 들어 '할머니 댁에 갈 꺼야 / 갈꺼야.'와 같이 쓰기 쉽습니다. 하지만 이것은 어문 규정에 어긋납니다. '것'이 '거'로 바뀐 것이고, '것'은 의존명사이므로 '갈 거야'로 써야 합니다.

㉡ 이럴 줄 알았으면 공부를 더 열심히 <u>할걸</u>.
㉢ 내가 먼저 청소를 시작<u>할 걸</u> 잘못 생각했다.

ⓛ에 사용된 '-ㄹ걸'은 문장의 마지막에 사용되는 종결어미입니다. 이때의 '-ㄹ걸'은 그렇게 했으면 좋았을 것이나 하지 않은 어떤 일에 대해 가벼운 뉘우침이나 아쉬움을 나타냅니다. 그렇기 때문에 예문처럼 어간에 붙여 써야 합니다. '-ㄹ걸'은 화자의 추측이 상대편이 이미 알고 있는 바나 기대와는 다른 것임을 나타내는 종결 어미로도 사용됩니다. 예컨대 '그가 너보다 키가 클걸' 처럼 표현합니다.

반면에 ⓒ은 'ㄹ 것을'이 줄어서 된 말입니다. 즉 관형형 어미 '-ㄹ'과 의존명사 '것', 그리고 조사 '-을'이 결합되어 이루어진 말입니다. 관형형 어미와 의존명사는 띄어 쓰고, 의존명사와 조사는 붙여 쓰는 것이므로 '-ㄹ 것을 / -ㄹ 걸'과 같이 표현해야 합니다.

그렇다면 ⓛ과 ⓒ을 어떻게 구별할까요? 방법은 의외로 간단합니다. ⓛ은 종결어미이기 때문에 문장의 끝에 나타납니다. 반면에 ⓒ은 그 뒤에 다른 표현이 이어집니다.

국어사전에서 '걸'을 찾아 보면 네 가지 단어가 나옵니다. 윷놀이에서 사용되는 말, '개울'을 나타내는 방언, 중국 하나라의 마지막 왕, '개울'의 옛말, 이렇게 사용됩니다. 즉 ⓛ과 ⓒ에 사용된 '걸'은 한 단어가 아니라는 것을 알 수 있지요. ⓛ의 '걸'은 'ㄹ 걸'의 일부예요. 그리고 ⓒ의 '걸'은 '것을'의 일부입니다. 두 표현이 형태는 같아도 구성 방식이 전혀 다르다는 것을 이해한다면, 어떤 표현을 사용해야 할지 구분할 수 있겠지요.

ⓡ 다음에는 내가 먼저 연락할게.

'-ㄹ게'는 어떤 행동을 할 것을 약속하는 뜻을 나타내는 종결어미입니다. 따라서 '-ㄹ 게'처럼 띄어 쓰면 안 됩니다. '-ㄹ게'에

높임을 나타내는 말이 결합되면 '-ㄹ게요'가 된다는 것도 기억해 두세요.

그런데 위의 ㉠, ㉡, ㉢, ㉣에 사용된 말들을 모두 된소리로 표현하는 학생들이 많습니다. 즉 '할 꺼야, 할껄, 할 껄, 할께' 등으로 잘못 표기하기 쉽습니다. 우리말에서

㉤ 저 사람이 왜 너를 찾아왔을까?
   이 나무에 꽃이 피면 얼마나 예쁠까?
㉥ 저는 대학에 진학해서 국문학을 전공할까 합니다.
   이 과자는 내가 먹을까?

'-(으)ㄹ까'는 현재 정해지지 않은 일에 대한 물음이나 추측을 나타내거나(㉤), 정해지지 않은 일에 대하여 자기나 상대편의 의사를 묻는(㉥) 종결어미입니다.

144

'-함으로(써)'
* '-하므로'

'-으로'는 조사입니다. 그러므로 명사 뒤에서 사용됩니다. 이에 비해 '-(으)므로'는 어미입니다. 그러므로 어간과 결합합니다.

㉠ 민지는 열심히 공부함으로(써) 부모님의 은혜에 보답하고자 한다.
㉡ 지연이는 부지런하므로 잘산다.

㉡은 어간 '부지런하-'에 어미 '-므로'가 결합되었습니다.
이 두 가지 표현은 의미도 각각 다릅니다. '-으로써'는 수단이나 방법을 의미하는 데 비해, '-므로'는 '하기 때문에'를 나타냅니다.
즉 위의 ㉡은 '지연이는 부지런하기 때문에 잘 산다.'는 뜻입니다.
이때 부지런하다는 것이 원인이고, 잘산다는 사실은 결과입니다.

⇒349p 「'그러므로' * '그럼으로'」 참고

단어
뜻

개발 ✳ 계발 145

⌄ 개발

① 천연 자원 따위를 인간 생활에 도움이 되게 하는 것. 수자원 개발

② 새로운 것을 생각해 내어 실용화하는 일. 신제품 개발

③ 황무지 따위를 개간하여 논밭이나 집터 따위로 만드는 일.

④ 잠재된 재능 등을 살리어 발달케 함.

⌄ 계발

① 지능을 깨우쳐 열어 줌.

② 계몽.

③ 문답을 통하여 자발적으로 이해하게 하고, 창의와 자존심을 길러 주는 교육 방법.

사전 내용에서 알 수 있듯, 개발④와 계발①의 의미가 매우 비슷합니다. 그래서 조금 혼동되는 것이지요. 쉽게 구별하려면, 물질에 관련된 것은 개발을, 정신 영역에 관련된 것은 계발을 사용한다고 기억하세요. 그러면 잘못 사용하는 일은 없을 거예요.

여러분들이 학교에서 공부를 하는 것은 여러분의 잠재 능력을 계발(啓發)하는 과정입니다. 계발은 교육에서 매우 중요한 말이지요. 이 단어의 기원을 알아볼까요.

불분(不憤)이어든 불계(不啓)하며 불비(不悱)어든 불발(不發)한다. (『논어』〈술이〉)

(학문을 좋아하게 되어 마음 속으로) 분발하지 아니하면 이끌어주지〔啓〕 아니하며, (알고 싶은 내용이 잘 이해되지 않아 마음을) 애태우지 아니하면 말해주지〔發〕 않는다.

이 문장은 『논어』에 나오는데, 공자님이 교육 방식을 언급한 내용입니다. 쉽게 말해서 제자가 공부에 의욕을 갖지 않으면 아무리 가르쳐도 소용이 없다는 뜻이에요. 옛날이나 지금이나 공부는 배우려는 의지가 가장 중요하지요. 여러분들도 마음을 굳게 먹고 감추어져 있는 여러분의 능력을 마음껏 계발해 보세요.

이 두 단어를 『표준국어대사전』은 이렇게 풀이해 놓았습니다.

▽ 경신(更新)

① 이미 있던 것을 고쳐 새롭게 함. '고침' 으로 순화.

② 종전의 기록을 깨뜨림.

▽ 갱신(更新)

① =경신(更新).

② 〔법률〕 법률 관계의 존속 기간이 끝났을 때 그 기간을 연장하는 일.

한자 '更' 은 '고칠 경' 과 '다시 갱' 두 가지 뜻으로 읽힙니다. 갱신의 첫 번째 의미는 경신과 같습니다. 그러므로 두 단어는 같은 의미로 사용합니다. 다만 이런 경우는 '고침' 으로 바꾸어 쓸 것을 권장합니다.

'경신' 은 종전의 기록을 깨트린다는 의미가 있습니다. 100미터를 예전의 최고 기록보다 빠른 시간 안에 주파했다면 '기록을 경신했다'고 합니다.

또한 '갱신'은 법률상으로 법률 관계의 존속기간이 끝났을 때 그 기간을 연장하는 일을 말합니다. 예컨대 주민등록증을 '갱신'한다고 하면 기존의 것을 없애고 새로 발급받는 것을 말합니다. '경신'한다고 하면 주민등록증의 기재 사항을 수정하는 것입니다. 이런 경우에는 쓰임을 잘 구별해서 사용해야 합니다.

 # 곤혹 ✳ 당혹 ✳ 당황 **147**

곤혹(困惑)

곤란한 일을 당하여 어찌할 바를 모름.

예기치 못한 질문에 곤혹을 느끼다. / 내가 사회생활을 원만히 하지 못하는 것도 아마 형이 들려준 이야기를 내 나름대로 곡해하고 형의 곤혹만을 염두에 두기 때문에 그런 것이 아닌가 해. (이영치, 「흐린 날 황야에서」)

당혹(當惑)

무슨 일을 당하여 정신이 헷갈리거나 생각이 막혀 어찌할 바를 몰라 함. 또는 그런 감정. '당황'으로 순화.

당혹을 금치 못하다. / 동영은 놀라움과 당혹이 엇갈린 눈으로 그녀를 바라보았다. (이문열, 「영웅시대」) / 할머니가 입을 열었을 때 신부의 당혹과 경악은 더욱 커졌다. (한무숙, 「생인손」)

당황(唐慌 / 唐惶)

놀라거나 다급하여 어찌할 바를 모름.

사고 소식을 듣고 어머니는 당황과 불안에 떨고 계셨다. / 이제 자신의 거짓말로 끝장이 났다는 생각에 갑자기 눈앞에 아무것도 보이지 않을 만큼 당황이 되었다. (이문열, 「변경」)

두 단어의 의미 차이를 발견하기가 쉽지 않네요. 놀라거나 다급하지는 않지만 어떤 일을 하기가 곤란할 때가 있습니다. 이럴 때는 '곤혹'을 사용합니다. 이에 비해서 '당혹'에는 '놀라거나 다급하여'라는 의미가 포함됩니다. 그리고 이 말은 '당황'으로 순화되었으므로 앞으로는 '당혹'이라는 말 대신에 '당황'이라는 말을 사용하기를 권합니다.

근본(根本)

[명사] ① 초목의 뿌리.

② 사물의 본질이나 본바탕.

근본 원칙 / 우리 경제가 불황 상태에 있는 것이 주가 하락의 근본 원인이다.

③ 자라 온 환경이나 혈통.

그는 근본이 좋은 사람이다. / 근본 있는 집안에서 자란 사람은 다르다. / 근본이 미천한 만큼 남들이 업신여기기 쉬우나 남이야 업신여기든 말든 내 앞만 닦으면 그만이니……. (홍명희, 「임꺽정」)

[부사] 처음부터 애당초.

그는 근본 주력이 모자랐다.

근간(根幹)

① 뿌리와 줄기를 아울러 이르는 말.

② 사물의 바탕이나 중심이 되는 중요한 것.

국가의 근간 사업 / 근간을 이루다. / 단 열흘 만에 대정 고을 유생들을 근간으로 하여 자위단이 결성되었으니, 이름하여 상무사라 하였다.

(현기영, 「변방에 우짖는 새」)

▽ 근원(根源)

① 물줄기가 나오기 시작하는 곳.

압록강의 근원은 백두산이다.

② 사물이 비롯되는 근본이나 원인.

생명의 근원 / 소문의 근원 / 그 소년의 몸을 흐르는 피가 자신과 근원을 같이한다는 사실만으로도 모든 것은 용서될 수 있을 것 같은 기분이었다. (이문열, 「영웅시대」)

'근본'과 '근간'은 유사한 의미로 많이 사용됩니다. 다만 근본은 혈통을 의미할 때도 있습니다. 예문에 나타나 있는 것처럼 '근본 있는 집안'이라고 말합니다. 하지만 '근간 있는 집안'이라는 표현은 사용하지 않습니다.

'근원'은 시작하는 지점을 뜻합니다. 예문 ①은 "압록강은 백두산에서 시작되었다."는 뜻입니다.

149

보상 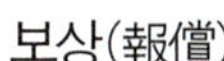 배상

보상(報償)

① 남에게 진 빚 또는 받은 물건을 갚음.

빌린 돈의 보상이 어렵게 되었다. / 그는 보상을 약속하고 그녀에게 사업 자금을 빌려 갔다.

② 어떤 것에 대한 대가로 갚음.

노고에 대해 보상을 받다. / 그는 사건을 묵인하는 보상으로 거액을 받았다. / 어머니에게는 자식의 성공이 그동안 겪은 고생에 대한 보상이었다. / 그는 아무런 보상도 바라지 않고 나를 도와주었다.

③ 〔심리학〕 행위를 촉진하거나 학습 분위기를 조성하기 위하여 사람이나 동물에게 주는 물질이나 칭찬.

보상(補償)

① 남에게 끼친 손해를 갚음.

피해 보상.

② 국가 또는 단체가 적법한 행위에 의하여 국민이나 주민에게 가한 재산상의 손실을 갚아 주기 위하여 제공하는 대상(代償).

③ 〔심리학〕 신체적으로나 정신적으로 열등함을 의식할 때, 다른 측면의 일을 잘 해냄으로써 그것을 보충하려는 마음의 작용.

배상(賠償) | 남의 권리를 침해한 사람이 그 손해를 물어주는 일.
피해자 쪽에서 배상을 금전으로 요구해 왔다.

이 중에서 학생들이 구분하기 어려워하는 것은 보상(補償)의 ②번과 배상이 아닐까 싶네요.

'보상(補償)'은 국가 또는 단체가 법에 어긋나지 않는 행위를 했는데 그 결과로 손실이 생겼을 때 이를 갚아 주는 것입니다. 예를 들어 국가에서 도로를 건설하려다 보면 국민의 토지를 사용해야만 하는 경우가 생기겠지요. 이때 그 토지의 주인이 입는 손해를 갚아 주어야 합니다. 이런 것을 보상이라고 합니다.

이에 비해 '배상'(賠償 〔물어줄 배, 갚을 상〕)은 개인과 개인 사이에서 생긴 피해를 갚는 행위입니다. 예를 들어 아이가 공놀이를 하다가 다른 사람의 자동차를 망가뜨렸을 때, 아이의 부모는 차 주인에게 배상을 해야 합니다. 여러분들이 도서관에서 빌린 책을 잃어버렸을 때에도 책값을 물어주어야 하지요? 즉 배상을 해야 합니다.

결국 이 두 단어의 차이는 국가가 적법한 절차에 따라 한 것의 결과(보상)인가, 아니면 개인 간의 문제인가(배상)입니다.

보전 ❋ 보존

'보전'은 '온전하게 보호하여 유지함'이란 뜻으로, "생태계 보전", "환경 보전", "국토의 개발과 보전에 힘쓰자."와 같이 쓰입니다.

'보존'은 '잘 보호하고 간수하여 남김'이란 뜻으로, "보존 창고", "유물 보존", "영토 보존", "공문서 보존 기간", "우리 문화의 보존에 힘쓰다."와 같이 쓰입니다.

보전과 보존은 '보호하여 잘 간수한다.'라는 의미는 같습니다. 다만, 보존에는 후세에게 남긴다는 의미가 더 담겼습니다. 그러므로 사전적인 의미로 보면 "환경 보전"이나 "환경 보존"이나 모두 올바른 표현입니다. 그러나 환경이나 생태계에는 '있는 상태를 그대로 유지한다.'는 '보전'을 쓰고, 유물이나 공문서, 영토 등은 '보존'과 어울려 쓰는 게 일반적입니다.

수선 ✳ 수리

『표준국어대사전』을 열어 볼까요.

- 수선(修繕) | 낡거나 헌 물건을 고침.
  옷 수선 / 수선만 잘하면 이 구두는 새것같이 되겠다.
  비슷한 말: 수리(修理).

- 수리(修理) | 고장 나거나 허름한 데를 손보아 고침.
  사실 그는 일의 종류라면 발동기 수리로부터 도토리 요리까지 모르는 것이 거의 없는 친구였다. (홍성원, 「육이오」) / 양철 지붕에 송판으로 엉성하게 지은 조그만 예배당은, 수리를 못해서 벽이 떨어지고 비만 오면 천장이 새는데……. (심훈, 「상록수」)

'수선'과 '수리'는 낡거나 고장 난 물건을 고치는 일을 가리키는데, 그 대상이 무엇인가는 가리지 않습니다. 그런데 일상생활에서 이 두 말을 적용하는 대상이 조금 다릅니다.

㉠ 옷 수선, 구두 수선
㉡ 자전거 수선, 자전거 수리, 우산 수선, 우산 수리
㉢ 컴퓨터 수리, 냉장고 수리

위에서 알 수 있듯, 비교적 크기가 작고 단순한 구조의 사물은 '수선' 한다고 합니다. 냉장고를 수리한다고는 해도 수선한다고는 하지 않으며, 구두를 수선한다고는 해도 수리한다고는 하지 않습니다.

이에 비해 자전거는 '수선' 이나 '수리' 를 모두 쓸 수 있습니다. 비교적 작은 부위를 고쳤다면 자전거를 '수선' 한 것이고, 전체적인 구조나 기어 등을 손질했다면 자전거를 '수리' 한 것이지요. 우산은 찢어진 우산 천을 꿰맨다면 '수선' 이 적절하고, 스테인리스로 된 우산살 부분을 잘 조립하여 고친다면 '수리' 가 더 적절합니다.

실제 ✳ 실재　152

실제(實際)

① 사실의 경우나 형편.

실제 모습 / 실제 상황 / 실제 생활 / 실제와 이론 / 그는 실제 나이보다 젊게 보인다.

② 허망(虛妄)을 떠난 열반의 깨달음. 또는 진여(眞如)의 이체(理體).

실재(實在)

① 실제로 존재함.

실재의 인물.

② 변증법적 유물론에서, 인간의 의식으로부터 독립하여 객관적으로 존재하는 물질세계.

③ 관념론에서, 사물의 본질적 존재.

'실제'는 '사실의 경우나 형편'을 이르는 말입니다. 반면, '실재'는 '실제로 존재하는 것'을 이르는 말로 "그 소설의 주인공은 실재 인물이다."와 같이 쓰입니다.

　여러분들은 아기 때 사진을 가끔 들여다보나요?(본 지 오래되었다면 한번 꺼내 보세요. 일상생활의 힘겨움을 덜어낼 수 있을 거예요). 아이 적 찍은 사진에는 여러분의 유아기 모습이 담겨 있습니다. 즉 유아였을 때 여러분의 '실제' 모습입니다. 그런데 여러분은 이제 더 이상 유아가 아닙니다. 유아로서의 여러분은 존재하지 않습니다. 달리 말하면 유아로서의 여러분은 '실재' 하지 않습니다.

이성, 이성적, 이성에 하소연하다 153

　'이성'(理性)을 투박하게 말하면 '생각'입니다. 사람은 생각하는 능력을 지녔다는 점에서 다른 동물과 다릅니다. 범죄자는 완전 범죄를 도모하고, 형사는 범인을 검거하는 방안을 생각합니다. 즉 사람이면 누구나 다 생각을 합니다.

　사람은 도구를 사용합니다. 냉장고나 망치 같은 것들이 우리 인간의 도구입니다. 그런데 인간만이 이런 도구를 사용하게 된 것은 생각하는 힘 덕분입니다. 즉 '어떻게 하면 못을 더 쉽게 박을 수 있을까?', '어떻게 하면 음식물을 오래 보존할 수 있을까?' 하는 생각 끝에 망치와 냉장고를 만들어 낸 것입니다.

　사람은 자기가 한 일을 반성합니다. '그때 내가 왜 그랬을까?', '지난번 중간고사 기간에 공부를 좀 더 할걸.' 이라며 반성을 합니다. 이런 반성 역시 생각의 결과입니다. 이와 같이 생각하는 특성이 겉으로 드러날 때 '이성적'이라고 합니다.

　다른 사람을 설득하는 방법에는 감정에 호소하는 것이 있습니다. 그런가 하면 이성에 호소하는 것도 설득의 방법입니다. 즉 상대방의 생각이 어떤 점에서 오류인지를 들어 가며 차근차근 접근할 수 있습니다. 이 방법은 상대방이 스스로의 행동을 비판적으로 생각해 보도록 권유하는 방법입니다. 이런 방법을 두고 '이성에 호소한다.', '이성에 하소연한다.'와 같이 말합니다. 이성은 주먹이나 욕설보다 더 아름답습니다.

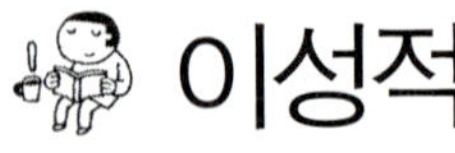 이성적

❊ 감성적

❊ 감정적

﹀ 이성(理性)

① 개념적으로 사유하는 능력을 감각적 능력에 상대하여 이르는 말. 인간을 다른 동물과 구별시켜 주는 인간의 본질적 특성이다.

이성에 호소하다. / 이성을 되찾다. / 이성이 마비되다. / 그는 감성보다는 이성이 발달한 냉철한 인간이다. / 명훈은 논리나 이성으로는 경애를 설득할 수 없음을 진작부터 알고 있었다. (이문열, 「변경」) / "아이고, 나 죽는다. 나 죽는다!" 그네는 이제 이성을 잃고 사지를 버둥대며 헛소리를 질러 댔다. (김원일, 「불의 제전」)

② 진위(眞僞), 선악(善惡)을 식별하여 바르게 판단하는 능력.

③ 절대자를 직관적으로 인식하는 능력.

④ 칸트 철학에서, 선천적 인식능력인 이론이성과 선천적 의지능력인 실천이성을 통틀어 이르는 말. 좁은 의미로는 감성, 오성(悟性)과 구별되어 이데아에 관계하는 더 높은 사고능력을 말하기도 한다.

∨ 감성(感性)

① 자극이나 자극의 변화를 느끼는 성질.

감성이 무디다. / 감성이 섬세하다. / 감성이 뛰어나다. / 그 시인은 풍부한 감성의 소유자이다.

② 이성(理性)에 대응되는 개념으로, 외계의 대상을 오관(五官)으로 감각하고 지각하여 표상을 형성하는 인간의 인식 능력.

∨ 감정(感情)

어떤 현상이나 일에 대하여 일어나는 마음이나 느끼는 기분.

감정이 풍부하다. / 복받치는 감정을 억누르다. / 음악은 사람의 감정을 순화한다. / 그는 자신의 감정을 좀처럼 드러내지 않았다. / 어머님은 슬픈 감정을 참지 못하고 눈물을 흘리셨다. / 그는 자신의 감정을 솔직하게 표현했다. / 유 선달은 솟구치는 감정을 누르려고 큰기침을 해 가며 손수건으로 입을 씻었다. (이기영, 「봄」)

'감성'과 '이성'은 대상을 인식하는 능력이라는 점에서 비슷합니다. 다만 '감성'은 감각기관으로, '이성'은 사유하는 능력으로 대상을 인식한다는 점에서 다릅니다. 그리고 '감정'은 우리가 흔히 말하는 기분을 가리킵니다. '감정'은 대상을 인식하는 것이라기보다는 우리 마음속에서 일어나는 느낌을 가리키므로 '감성'이나 '이성'과는 구별됩니다.

'감정적'은 마음이나 기분에 의한 것을 의미합니다. 즉 어떤 일을 당했을 때 떠오르는 마음이나 기분에 따라 행동하는 특성입니다. 이에 비해 '이성적'은 이성에 따르거나 이성에 근거한 것을 뜻합니다.

예를 들어 자동차 접촉 사고가 났다고 가정해 볼까요. 운전자들이 감정적인 사람이라면 일방적으로 상대방의 잘못만 주장할 테고, 그러는 과정에서 욕설이나 주먹이 오갈지도 모릅니다. 반면에 이성적인 사람들이라면 충돌 당시의 모습을 사진으로 촬영하고, 다른 차들이 통행할 수 있게 우선 차를 도로 옆으로 옮기고, 교통경찰관에게 사고 경위를 설명하겠지요. 이렇게 차분한 태도로 잘잘못을 가리는 태도를 '이성적'이라고 말합니다.

 일절 ✿ 일체

『표준국어대사전』에서는 이렇게 풀이해 놓았습니다.

⌄ 일절(一切) | 종이 따위를 한 번 끊음.

⌄ 일절(一切) | 아주, 전혀, 절대로의 뜻으로, 흔히 사물을 부인하거나 행위를 금지할 때에 쓰는 말.
출입을 일절 금하다. / 일절 간섭하지 마시오. / 그는 고향을 떠난 후로 연락을 일절 끊었다. / 그는 자기 가족에 관한 이야기를 어느 누구에게도 일절 하지 않았다. / 할아버지나 삼촌은 끝내 그 이상의 말을 일절 입 밖에 내지 않았다. (김춘복, 「쌈짓골」)

⌄ 일체(一切)
〔명사〕① 모든 것.
도난에 대한 일체의 책임을 지다. / 그는 재산 일체를 학교에 기부하였다. / 이 가게는 음료 종류 일체를 갖추고 있다. / 거기에 따른 일체 비용은 회사가 부담한다. / 우리는 만인의 벗, 일체 중생의 동정자.

(법정, 「무소유」)

② (‘일체로’ 꼴로 쓰여) ‘전부’ 또는 ‘완전히’의 뜻을 나타내는 말.

일체로 술을 끊다. / 오늘부터는 장군한테 병정 단속하는 권한을 일체로 맡길 테니, 장군은 나를 버리지 마시오. (박종화, 「임진왜란」)

〔부사〕 모든 것을 다.

걱정 근심일랑 일체 털어 버리고 자, 즐겁게 술이나 마시자.

사람들은 ‘일절’과 ‘일체’를 자주 혼동합니다. 아마도 ‘切’이 ‘끊을 절’과 ‘모두 체’, 두 가지 음을 지니기 때문일 것입니다. 이 두 가지를 구별하는 방법을 알아봅시다.

‘일절’은 ‘아주, 도무지, 결코, 전혀’ 등을 뜻하는 부사로, 사물을 부인하거나 금하는 말과 어울려서 쓰입니다. 예컨대 “그 문제에 대해선 일절 말이 없었다.”라고 써야 합니다. ‘일체’는 ‘모든 것, 온갖 것’이라는 뜻의 명사입니다. 또한, ‘전부, 온통’이라는 관형사적 용법으로 쓰이기도 합니다.

문구류 일체 구비: 문구류는 모두 갖추었다는 뜻입니다.

문구류 일절 구비: 문구류는 하나도 없다는 뜻입니다. 어법에 어긋난 표현이므로 이렇게 표기해서는 안 됩니다.

좇다

① 목표, 이상, 행복 따위를 추구하다.

명예를 좇는 젊은이. / 태초부터 사람은 살기 편한 것을 좇게 마련이오. 그래 연장이라는 것도 생겨나고 모든 것이 발전해 간다고 소생은 생각하오. (박경리, 「토지」)

② 남의 말이나 뜻을 따르다.

아버지의 유언을 좇다. / 부모님의 의견을 좇기로 했다. / 장군께서 그렇게 말씀하시니 그대로 좇겠습니다. (홍효민, 「신라 통일」) / 우리는 국민 여러분의 뜻을 좇아 우리들의 의향을 만방에 떨치는 바입니다.

(이호철, 「소시민」)

③ 규칙이나 관습 따위를 지켜서 그대로 하다.

3일 아니면 5일 신행이 관례였다. 그러나 그런 관례를 좇고 있을 계제가 못 되었다. (하근찬, 「야호」)

④ 눈여겨보거나 눈길을 보내다.

시선은 서편 하늘로 멀어지는 까마귀 떼를 좇고 있었다. (김원일, 「어둠의 축제」) / 사열받는 병사들처럼, 곁을 지나가는 무당을 좇아 눈길만 따라

갈 뿐이었다. (송기숙, 「자랏골의 비가」)

⑤ 생각을 하나하나 더듬어 가다.

태영은 다시 자기의 생각을 좇고 있는 눈빛이 되었다. (이병주, 「지리산」) /
준구는 손으로 책장을 넘기면서도 머리로는 이십대 여인의 영상을 좇
느라고 거의 눈을 감고 있었다. (이영치, 「흐린 날 황야에서」)

⑥ 남의 이론 따위를 따르다.

공자의 이론을 좇다. / 이 논리를 그대로 좇는다면 우리는 한국말 대
신에 일본 말을 더욱 열심히 배워야 하고……. (최인훈, 「회색인」)

∨ 쫓다

① 어떤 대상을 잡거나 만나기 위하여 뒤를 따라서 급히 가다.

쫓고 쫓기는 숨 막히는 추격전을 벌이다. / 어머니는 아들을 쫓아 방
에 들어갔다. / 사냥꾼과 몰이꾼들은 눈 위에 방울방울 번진 핏자국을
따라 노루를 쫓았다. (이청준, 「병신과 머저리」)

② 어떤 자리에서 떠나도록 내몰다.

새를 쫓다. / 귀신을 쫓다. / 황소가 꼬리를 흔들어 등의 파리를 쫓았
다. / 마른풀을 거둬다 크게 모깃불을 피워 밤늦게까지 모기를 쫓았
다. (송기숙, 「자랏골의 비가」)

③ 밀려드는 졸음이나 잡념 따위를 물리치다.

머릿속에 드는 망령된 생각을 애써 쫓았다. / 혀를 깨물기도 하고 팔
뚝을 꼬집기도 하면서 잠을 쫓았다. (한승원, 「해일」)

항상 그런 것은 아니지만, 주로 물리적인 이동, 구체적인 움직
임을 표현할 때에는 ‘쫓다’ 를, 추상적이고 심리적인 이동이나 지
향을 표현할 때에는 ‘좇다’ 를 씁니다. 예컨대 “그윽한 눈길로 그
사람의 시선을 좇았다.”에는 이동의 개념은 있지만 직접 발걸음을
떼어서 옮기는 것이 아니므로 ‘좇다’ 를 씁니다. 그러나 “아버지를

쫓아갔다.", "그를 쫓아오느라 뛰어왔다."처럼 물리적인 이동이 있는 경우는 '쫓다'를 씁니다.

　여러분에게도 존경하는 선생님이 있나요? 존경한다는 것은 그 사람을 흉내 내며 살겠다는 뜻이지요. 달리 말하면 그 사람을 좇아 살겠다는 마음가짐입니다. 이때 좇겠다는 말이 늘 그 사람 뒤를 따라 다니겠다는 뜻은 아니겠지요? 그러므로 '좇다'를 씁니다. 만약 "범인을 좇는 형사"라고 쓰면, 형사가 범인을 추종한다, 범인에 동조한다는 뜻이 되어 버립니다. 주의해서 사용해야 하겠네요.

157

지양 ✽ 지향

먼저 사전을 열어 볼까요.

지양(止揚)

① 더 높은 단계로 오르기 위하여 어떠한 것을 하지 아니함. '피함', '하지 않음'으로 순화.
② 변증법의 중요한 개념으로, 어떤 것을 그 자체로는 부정하면서 오히려 한층 더 높은 단계에서 이것을 긍정하는 일. 모순 대립하는 것을 고차적으로 통일하여 해결하면서 현재의 상태보다 더욱 진보하는 것이다. '벗어남', '삼감'으로 순화.

지향(指向)

일정한 목표를 정하여 나아감. 또는 그 방향.
길을 잃고 지향 없이 헤매다. / 밤이 이슥하도록 까닭을 잊어버린 채 이 거리 저 거리로 지향 없이 헤매었다. (이상, 「날개」)

위 뜻에서 알 수 있는 것처럼, 지양은 대립된 두 사물(이를 정〔正〕과 반〔反〕이라고 합니다)이 대립을 그치고(止〔그칠 지〕), 한 단계 더 높은 상태로 발전(揚〔오를 양〕)하는 것을 말합니다. 이 단어는 변증법의 핵심 개념입니다. 반면에 지향은 일정한 목표를 추구하는 것입니다. 그래서 지양처럼 그칠 지(止)가 아니라 손가락으로 가리킨다는 지(指)를 씁니다.

⇒462p 「연역법 · 귀납법 · 변증법」 참고

두 단어를 이용하여 예문을 만들어 보았습니다.

노사 간의 갈등을 지양하고 공동 운명체적인 사고 방식을 지향하자.
여야 간의 다툼을 지양하고 새로운 의회 민주주의를 지향하자.

158

체 ✳ 채 ✳ 째

체 | 그럴듯하게 꾸미는 거짓 태도나 모양.

보고도 못 본 체 딴전을 부리다. / 모르는 체를 하며 고개를 돌리다. / 알지도 못하면서 아는 체는 왜 하니? / 내가 아무리 말해도 그는 들은 체도 하지 않았다. / 그는 내미는 돈은 본체만체 하던 일에만 열중했다.

채 | '-은 / 는 채로' 구성으로 쓰여 이미 있는 상태 그대로 있다는 뜻을 나타내는 말.

옷을 입은 채로 물에 들어간다. / 노루를 산 채로 잡았다. / 벽에 기대앉은 채로 잠이 들었다. / 그 여자는 부끄러운 듯 여전히 고개를 숙인 채 말했다. / 나는 뒷짐을 진 채 마당을 잠시 어정거렸다. / 사지는 오래전에 감각을 잃어 통증도 모르는 채 장작처럼 뻣뻣하다. (홍성원, 「육이오」)

째 | 일부 명사 뒤에 붙어 '그대로', 또는 '전부'의 뜻을 더하는 접미사.

그릇째 / 뿌리째 / 껍질째 / 통째로 / 밭째

　‘-하는 척’이란 뜻일 때는 ‘체’, ‘-하는 상태로’를 나타낼 때
는 ‘채’입니다. 즉 ‘체’는 부정적인 뜻을 나타내고, ‘채’는 어떤
상태를 지속하고 있음을 의미합니다. 꾀병은 아픈 ‘체’하는 것입
니다. 턱을 괸 ‘채’ 창밖을 내다보는 사이에 시간이 훌쩍 지나가
기도 해요.
　이것들과 달리 ‘째’는 ‘있는 그대로’ 또는 ‘전부’의 뜻을 표현
합니다. 배가 몹시 고플 때는 사과를 껍질째 먹습니다. 닭은 통째
로 굽는 경우가 많고, 뱀은 개구리를 통째로 잡아 먹습니다.

427

주요개념

주요 개념

159

가설

'가설'(假設)을 『표준국어대사전』에서 찾아보았습니다.

가설

① 〔논리학〕 어떤 사실을 설명하거나 어떤 이론 체계를 연역하기 위하여 설정한 가정. 이로부터 이론적으로 도출된 결과가 관찰이나 실험에 의하여 검증되면, 가설의 위치를 벗어나 일정한 한계 안에서 타당한 진리가 된다.

② 사회 조사나 연구에서, 주어진 연구 문제에 대한 예측적 해답. 두 개의 변인이나 그 이상의 변인들 사이의 관계에 대한 추정적 또는 가정적 서술문(敍述文)의 형식으로 이루어진다.

'가설'은 '어떤 문제에 대해 미리 이러저러할 것이라고 예측하여 세운 학설'을 가리키는 말입니다. 예를 들어 볼게요. 집에서 형광등이 켜지지 않으면 ㉠"전구가 고장 났나 보다." ㉡"스위치가 망가졌나 보다." 이런 생각을 합니다. 이 중 어느 것이 원인인지는 모르지만, 둘 다 원인이 될 만한 사실인 건 분명합니다. 설마 형광

등이 켜지지 않는데, ⓒ '현관문이 고장 났나 보다' 고 생각하는 사람은 없을 것입니다.

위 ㉠과 ㉡을 생각한 다음, "이틀 전에 전구를 바꾸었으니까, 아마도 스위치가 망가졌을 거다."는 데 생각이 미칩니다. 그런 후에 스위치를 보니까 정말 그곳에 이상이 있었네요. 이제 스위치만 수리하면 되는 거죠.

허술한 예화이긴 하지만 여기에서는 ㉠과 ㉡이 일종의 가설입니다. 물론 이것은 사실적 가설이지요. 과학적 가설은 이보다 훨씬 더 정교하고 복잡한 양상을 띱니다. 그렇더라도, 형광등이 켜지지 않는다는 현상을 설명하기 위해 설정한 가설이라는 점에서는 성격이 같습니다. 이런 식으로 서술하는 것을 가설을 제기하고 이에 따라 서술했다고 합니다.

개념과 추상화　160

 ⌄ **개념** │ 여러 관념 속에서 공통된 요소를 뽑아내어 종합하여서 얻은 하나의 보편적인 관념. 언어로 표현되며, 일반적으로 판단에 의하여 얻어지는 것이나 판단을 성립시키기도 한다.

 여기 밥, 빵, 떡, 피자가 놓여 있다고 가정해 볼까요. 여러분들은 이것들에 어떤 공통적인 속성이 있음을 쉽게 알아차릴 겁니다. 크기, 모양, 색깔 등은 제각각이지만 '먹는 것'이라는 점이 그렇죠. 이렇게 여러 대상들이 지닌 공통 요소를 뽑아내는 사고 과정을 '추상화'(抽象化)라고 합니다. 그리고 추상화를 거쳐서 얻은 보편적인 관념을 '개념'이라고 합니다. 개념은 보통 언어로 표현되는데, 우리가 매일 사용하는 '단어'는 하나의 개념을 담고 있습니다. 예컨대 이 세상에는 수없이 많은 나무가 있습니다. 그중 잎의 모양이 같은 것들을 모아 침엽수, 활엽수 등으로 추상화하는 것이지요.
 추상화는 구체적인 사물에서 관념적인 의미를 이끌어 내는 과정을 의미하기도 합니다. 이때의 추상은 '구체'의 상대어입니다.

⇒ 204p 「구체※추상」 참고

429

개념과 개념 간의 관계 중에서 대표적인 것 몇 가지만 소개하면 다음과 같습니다.

① **동일 관계**: 내포는 서로 차이가 있지만 외연은 완전히 합치되는 두 개념 간의 관계.
예) '서울'과 '대한민국 수도'

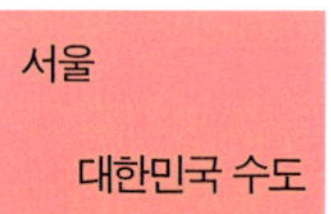

② **대소 관계(포함관계)**: 한 개념의 외연이 다른 개념 속에 완전히 포함되며, 또 그것이 다른 개념의 일부분으로 되어 있는 두 개념 간의 관계.
예) '남성'과 '형'

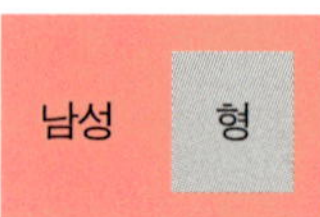

③ 교차 관계: 외연의 일부분이 서로 합치되는 두 개념 간의 관계.

예) '교사'와 '서울시민'

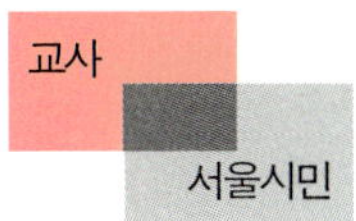

④ 모순 관계: 하나의 가까운 유개념에 속하는 두 종개념의 외연이 완전히 다르며, 그들 외연을 합한 것이 그 유개념의 외연과 같은 두 개념 간의 관계.

예) 흰색과 모순인 색은? 희지 않은 색

흰색 + 희지 않은 색 = 모든 색

⑤ 반대 관계: 한 가까운 유개념에 종속되는 두 종개념의 외연이 완전히 다르며, 그 외연을 합한 것이 그 유개념의 외연보다 좁은 두 개념 간의 관계.

예) 흰색의 반대색은? 노란색, 검은색, 파란색 등

⇒ 35p 「내포 ※ 외연」 참고

 귀류법

162

 역으로 옳지 않은 것을 증명할 때는 그것을 옳다고 하면 모순이 생김을 보여 줌으로써 증명합니다. 고대 철학자 소크라테스는 귀류법을 특히 좋아했답니다. 아래와 같은 논쟁에서 민정이 주장이 옳음을 증명한다고 칩시다.

순돌: 순자의 성악설이 옳으므로 인간은 누구나 악하게 태어났다.

민정: 맹자의 성선설이 옳으므로 인간은 누구나 착하게 태어났다.

㉠ 순돌이의 주장이 옳다고 가정한다. ⇒ 인간은 악하게 태어났다.

㉡ 순돌이의 주장의 모순을 발견한다. ⇒ 인간이 악하게 태어났다면 어린애들은 악해야 한다. 그런데 아이들은 악한 경우가 거의 없다. (모순)

㉢ 그러면 상대방의 주장이 거짓임이 밝혀진다. ⇒ 인간이 악하게 태어났다는 것은 거짓이다.

㉣ 따라서 민정이의 주장이 옳다. ⇒ 인간이 악하게 태어난 것이 아니라면 인간은 선하게 태어났다.

귀류법은 소크라테스가 대화 속에서 많이 사용했다 하여 '소크라테스의 대화법'이라고도 합니다.

163

내적 준거
외적 준거

1_내적 준거

말이나 글의 내용과 표현은 일정한 요소를 갖추어야 비로소 바르고 효과적인 말과 글이 됩니다. 이러한 요소는 말이나 글 자체의 내적인 요소와, 그 말이나 글을 둘러싼 외적인 요소로 나눕니다. 그리고 내적인 요소를 판단하는 기준을 '내적 준거'라 합니다. 내적 준거는 어휘나 문장, 구성에 나타나는 현상의 요소 및 부분과 전체의 관계를 이루는 여러 요소에 적용됩니다.

정확성 | 다루고 있는 사실이 정확하게 표현되어야 하며, 말하고자 하는 바가 분명해야 합니다.

적절성 | 느낌 또는 판단의 근거가 적절하게 드러나야 하며, 거기서 이끌어낸 생각이 타당한 결과라야 합니다.

유기성 | 각 부분은 독자적이면서도 일관성을 갖추어야 하며, 전체와 유기적인 관계 속에서 조화를 이루어야 합니다.

내적 준거를 사용하는 비판적 이해는 말이나 글이 지닌 여러

자질들을 말과 글 자체의 구조 속에서 분석·평가하는 언어 활동입니다. 말이나 글을 이루는 부분과 전체의 관계 등에 주목하면서 세부적인 준거를 구체적으로 이해하는 것이 관건입니다.

2_외적 준거

말과 글에 필요한 요소 가운데 화자(필자), 상황, 청자(독자) 등 언어 외부에 관계되는 기준을 '외적 준거'라고 합니다.

신뢰성 | 다루고 있는 사실과 그에 대한 생각이 일반적 진리에 부합하며 믿을 만해서 받아들일 수 있는 것이라야 합니다.

공정성 | 대상을 바라보는 시각, 문제의식, 그리고 그것을 다루어 나가는 방식이 편견에 사로잡히지 않고 공정해야 합니다.

효용성 | 다루고 있는 문제가 논의할 만한 가치를 지니고 있어야 하며, 그에 대한 판단이 사회·시대적 상황에 비추어 볼 때 쓸모 있고 의미 있는 것이라야 합니다.

외적 준거를 사용하는 비평적 활동은 말이나 글을 둘러싸고 있는 여러 요소들, 특히 말과 글이 수용되는 상황적 요소와 관련지어 말이나 글을 분석·평가하는 언어 활동입니다. 즉 말과 글의 가치를 일반적 진리, 사회·시대적 상황, 독자의 배경 지식 등과 관련하여 평가합니다. 따라서 자신의 직접·간접경험을 다각도로 적용하는 것이 중요합니다. 자료를 폭넓게 조사하여 비평의 근거로 활용할 수도 있습니다. 국어영역에서는 〈보기〉를 제시하고, 이를 고쳐 썼다고 가정할 때 고려했을 사항을 묻는 문제가 출제됩니다. 학생이 '내적 준거'와 '외적 준거'를 알고 있는가 묻는 문제입니다. 수험생의 글쓰기 능력을 객관적으로 평가하려는 것이지요.

164

논리적 비약

'비약'을 『표준국어대사전』에서는 이렇게 풀이해 놓았습니다.

∨ 비약 | 논리나 사고방식 따위가 그 차례나 단계를 따르지 아니하고 뛰어넘음.

비약은 논리를 전개하면서 일련의 사고 과정을 따르지 않는다는 말입니다. 즉 중간 단계를 생략하는 것, 순서를 바꾸는 것 등이 대표적인 '논리적 비약'입니다. 논리적 비약이라는 말은 보통 '논리적 비약이 심하다'의 꼴로 쓰이어서 부정적인 의미를 나타냅니다.

서정수 교수님께서 쓰신 글의 일부를 인용할게요.

"뉴턴은 사과나무 아래를 지나가다가 사과가 떨어지는 것을 목격했다. 늘 보아 오던 일이었지만 그날따라 유다른 관심을 가지고 이 현상을 바라보게 되었다. 마침내 그는 만유인력 현상을 발견하게 됐다."

이 글에서는 한 가지 사실만을 제시하고 결론을 이끌어 내고 있어서 논리적 비약이 드러난다. 적어도 다음과 같이 써야 할 것이다.

"뉴턴은 사과나무 아래를 지나다가 나무에서 사과가 떨어지는 사실에 주목했다. 늘 보아 오던 일이었지만 오늘따라 유다른 관심을 가지고 이 현상을 바라보게 되었다. 그는 다른 여러 물건을 위에서 아래로 떨어뜨려 보았다. 그는 이런 물건들의 낙하 현상을 살핀 끝에 물건은 가벼운 것이나 무거운 것이나 지구 표면에 수직으로 떨어진다는 가설을 세울 수 있게 되었다."

이번에는 예문을 직접 만들어 봅시다.

김씨 아저씨는 감기가 드는 것 같아서 독한 소주를 몇 잔 마셨다. 그랬더니 감기가 깨끗이 나았다.

이 논증에서 '소주를 마신 일'이 '감기가 나은 것'의 원인이라고 생각해서는 안 됩니다. 이 예문은 소주를 마신 '후에' 감기가 나았다는 사실을 근거로 소주를 마셨기 '때문에' 감기가 나았다고 논증을 비약시켰습니다. 즉 이 논증은 선후 관계를 인과 관계로 잘못 본 것입니다.

'까마귀 날자 배 떨어진다.'〔烏飛梨落〕는 말이 있지요. 선후 관계를 인과관계로 잘못 파악할 수 있는 상황을 지적하는 말입니다. '까마귀가 나는 것'과 '배가 떨어지는 것'은 선후 관계이지만, 반드시 원인과 결과의 관계는 아닙니다. 까마귀가 날기 '때문에' 배가 떨어지는 것은 아니거든요. 마찬가지로 소주를 몇 잔 마신 것이 감기를 치료한 원인은 아닙니다. 그런 점에서 위 문장은 논리 비약이 심하다고 말할 수 있습니다.

 논지 ✽ 논제
✽ 화제 ✽ 문제

'논지'는 필자의 논리적인 생각을 담아내는 글에 나타난 핵심 내용, 취지입니다. 김구 선생님의 「나의 소원」은 우리나라가 자주 독립을 이룩해서 세계 문화에 이바지하자는 논지를 담고 있습니다.

논지를 전개하는 방법에는 여러 가지가 있습니다. 설명의 방식(정의, 비교, 대조, 분류, 유추, 분석, 서사, 과정, 인과 등)으로 펼치는가 하면 논증적인 방법(연역법, 귀납법, 유추, 변증법)으로 전개하기도 합니다. 글의 내용에 따라 효율적인 방법을 선택하는 지혜가 필요합니다.

'주지'는 주장이 되는 요지나 근본이 되는 중요한 뜻을 말합니다. '논지'는 '주지'에 비해, 논리적이라는 의미가 더 강해요. 즉 객관적 사실을 논리적으로 추론하여 주관적 판단, 의견, 주장을 드러내는 글의 요지를 논지라고 합니다. 일상 경험을 담은 수필은 그 주지를 파악할 수는 있지만, 논지를 파악한다는 말은 부자연스럽습니다. 반면, 사형제도 폐지를 주장하는 글에서는 논지를 파악할 수가 있고요.

'논제'는 논리적 사고를 요청하는 글의 제목을 가리킵니다.

“사형제도, 유지해야 하나 폐지해야 하나?”, “스크린 쿼터 축소해
야 하나?” 같은 것이 논제입니다. 그럴 때는 뜻이 '논지'와 비슷합
니다. 사전적인 의미의 논제(論題〔논할 논, 제목 제〕)는 논설이나
논문, 토론 따위의 주제나 제목을 가리킵니다. 즉 제목과 주제 둘
다 의미합니다.

'화제'는 그 글에서 주로 다루려는 내용, 이야깃거리를 말합니
다. 논제가 논리적인 성격의 글에 특히 연관되어 있는 데 비해, 화
제는 설명문 등 여러 글의 이야깃거리를 두루 가리킵니다. 말하자
면 모든 글에는 화제가 있는 셈입니다.

'문제'는 논의나 논쟁이 필요한 대상을 말합니다. 혹은 대답을
요구하는 물음이기도 하고요. 필자가 주변에서 이루어지는 일과
관련하여 그것이 잘못되었음을 지적하고, 이에 대해 자기 의견을
피력하겠다고 말할 때, '문제를 제기했다'고 합니다.

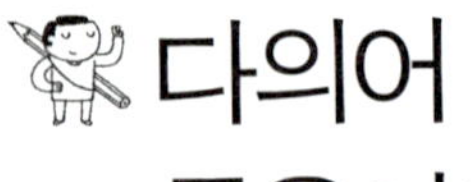 다의어
 * 동음이의어

1) 다의어

두 가지 이상의 뜻을 가진 단어. ‘다리’ 는 원래 ‘사람이나 짐승의 몸통 아래에 붙어서 몸을 받치며 서거나 걷거나 뛰게 하는 부분’ 을 가리키지만, ‘책상 다리’, ‘지겟다리’ 처럼 ‘물건의 하체 부분’ 을 가리키기도 하는데, 다의어는 이러한 단어를 이릅니다. 다의어는 의미는 분명히 다르지만 연관성이 있어야 합니다.

2) 동음이의어

소리는 같으나 뜻이 다른 단어입니다. ‘쓰다’ 는 맛이 쓰거나, 모자를 쓰거나, 물건을 쓰는 등 여러 가지 뜻을 나타냅니다.

3) 그렇다면 다의어와 동음이의어는 어떻게 구별할까요?

다의어는 어원이 같습니다. 즉 뿌리가 동일합니다. 그러니까 하나의 단어인 셈입니다. 이 하나의 단어가 두 가지 이상의 뜻으로 쓰이는 게 다의어입니다. ‘머리’ 는 원래 ‘사람이나 동물의 목 위의 부분’ 을 가리키지만, ‘생각하고 판단하는 능력’, ‘단체의 우두머리'를 가리키기도 하는데, 이러한 단어가 다의어입니다.

반면에 동음이의어는 우연히 발음이 같을 뿐, 사실상 별개의 단어입니다. 즉 전혀 다른 단어입니다. 예를 들어 '배'를 생각해 보세요. 우리 몸의 배, 과일인 배, 바다에서 사람이나 물건을 옮기는 배, 그리고 갑절을 나타내는 배가 있습니다. 이들 단어들은 모두 발음이 같지만 의미가 다릅니다. 그리고 말의 뿌리도 전혀 다르지요. 이것은 동음이의어입니다. 맛이 쓰다, 글씨를 쓰다, 모자를 쓰다의 '쓰다'도 동음이의어입니다.

다의어와 동음이의어를 구별하는 가장 확실한 방법은 국어사전에서 찾아 보는 거예요. 예를 들어 다의어인 '머리'를 찾아 보면

① 사람이나 동물의 목 위의 부분. 눈, 코, 입 따위가 있는 얼굴을 포함하며 머리털이 있는 부분을 이른다.
② 생각하고 판단하는 능력

이처럼 한 단어 안에 의미를 구별해 가면서 번호를 붙여 놓았습니다. 하지만 동음이의어인 '배'를 찾아 보면

배1 | 사람이나 동물의 몸에서 위장, 창자, 콩팥 따위의 내장이 들어 있는 곳으로 가슴과 엉덩이 사이의 부위
배2 | 사람이나 짐 따위를 싣고 물 위로 떠다니도록 나무나 쇠 따위로 만든 물건
배3 | 배나무의 열매

이처럼 단어마다 번호를 붙여 놓았어요. 즉 발음만 같을 뿐 한 단어가 아니라는 것을 분명하게 표시해 둔 거지요.

⇒ 164p 「언어 유희, 동음이의어」 참고

논의 과정에 필요한 단어를 『표준국어대사전』에서 찾아보았어요.

˅ 안(案) | 궁리하여 내놓은 생각이나 계획.
˅ 대안(代案) | 어떤 일에 대처할 방안.
˅ 방안(方案) | 일을 처리하거나 해결해 나갈 방법이나 계획.

이 중 대안에 대한 예화를 하나 만들어보겠습니다.

학교에서 야간자율학습실을 운영하는데, 학습 분위기가 좋지 않고 이용 학생도 자꾸 줄었습니다. 문제점을 조사해 보니, 교실의 조명 및 난방 시설이 부족하고 감독이 소홀하다는 점이 드러났습니다.

이 문제에 '대안'을 제시한다면? 먼저 학습실 형광등을 교체하고, 난방기를 추가로 설치하자는 의견을 내놓을 수 있습니다. 그리고 감독 교사가 학습실에 상주하도록 교사용 책상도 필요합니다. 또한 학생마다 좌석을 지정하고, 학습실을 관리하는 학생을 선발하자는 의견을 제시할 수 있습니다. 이처럼 대안은 실현 가능한 구체적인 의견이어야 합니다.

　　문단은 단일한 사고를 담은 최소 단위입니다. 문단은 중심 생각을 담은 문장(주제문)과, 이를 정당화하는 문장(뒷받침 문장)들로 완성됩니다. 이때 주제문이 문단의 어느 위치에 놓이는가에 따라 두괄식, 미괄식, 양괄식, 병렬식 문단으로 나눕니다.

1_두괄식

주제문이 문단의 앞에 놓이고, 그다음에 뒷받침 문장이 옵니다.

　　"칼을 쓰는 자는 칼로 망한다."고 갈파한 예수의 말씀은 하나의 보편적 진리로 받아들여지고 있다. 이는 우리가 잘 아는 몇 가지 사례만 보아서도 알 수가 있다. 한때 나는 새도 떨어뜨릴 만한 기세로 세계를 무력으로 점거하던 나폴레옹은 결국 무력으로 멸망했다. 2차 대전을 일으켜 세계를 정복하려던 히틀러, 무솔리니들도 다 연합군의 칼 아래 쓰러졌다. 또 아프리카, 남미에서 끊일 새 없이 무력으로 정권을 빼앗고 빼앗기는 권력 다툼도 바로 그 보기라 할 수 있다. 합법적인 절차를 무시하고 총칼의 힘으로 정권을 빼앗는다는 것은 어느 경우나 비평화적 정권 교체의 전례를 남기는 것이 되며, 그것은 반드시 되풀이되고 만다. 작용과 반작용이 되풀이되듯이 말이다.

"칼을 쓰는 자는 칼로 망한다."는 게 필자의 주장입니다. 필자는 예수의 말씀을 인용하여 자기 생각을 분명하게 드러낸 다음 이를 뒷받침하는 사례를 나열했습니다. 이 글은 두괄식 문단의 특징을 잘 보여줍니다.

2_미괄식

용성을 국경으로 삼으면 의롭지 못한 것이 하나 있고, 이롭지 못한 것이 둘이 있습니다. 선조의 땅을 줄이게 되어 의롭지 못하고, 험준한 산천이 없는 점과 방어하기 불편함이 이롭지 못합니다. 두만강을 국경으로 삼으면 대의(大義)가 하나 있고, 큰 이로움이 둘이 있습니다. 시조의 땅을 회복하는 것이 하나의 대의이고, 험준하고 큰 강을 의지하는 점과 방어하기 쉬운 점이 두 가지 이로움입니다. 그러하오니 용성을 국경으로 삼고자 하는 것은 생각이 부족한 것입니다.

필자는 용성과 두만강 중 어느 것을 국경으로 삼아야 하는지에 대해서 주장을 펼쳤습니다. 두 주장의 장단점을 제시한 다음 이를 근거로 마지막 문장에 결론을 제시했습니다. 이 글은 미괄식 문단의 전형을 보여줍니다.

3_양괄식(중괄식)

주제문이 문단의 앞뒤에 놓이고, 가운데가 뒷받침 문장으로 채워집니다. 주제문이 앞뒤에 놓인다고 해서 주제가 두 개라는 의미는 아닙니다. 주제가 되는 내용을 한 문단 안에 두 번 말하는 방식이라고 이해하면 됩니다.

청소년은 알고 있는 것을 실천할 수 있어야 한다. 우리 주변에는 질서를 지켜야 한다는 것을 알면서도 지키지 않는 사람이 적지 않다. 또 이기주의가 나쁘다는 것을 알면서도 실제 생활에서는 이기적인 행동을 하는 사람도 있다. 이것은 생각과 행동이 일치하지 않는 데서 오는 현상으로, 사회가 급변하는 데에도 그 원인이 있다. 청소년 중에 생각과 행동이 일치하지 않는 사람이 많다면, 우리 사회의 미래는 밝지가 않다. 따라서 청소년은 알고 있는 것을 실천에 옮기는 성실한 자세를 지녀야 한다.

이 글의 주제문은 맨 앞의 "청소년은 알고 있는 것을 실천할 수 있어야 한다."와 마지막 문장 "따라서 청소년은 알고 있는 것을 실천에 옮기는 성실한 자세를 지녀야 한다."입니다. 주제문이 앞과 뒤에 놓인 양괄식 문단입니다.

4_병렬식

한 문단에 동등한 비중을 가진 내용이 나란히 놓이는 것입니다. '첫째~, 둘째~, 셋째~' 하는 식으로 문단을 구성하는 방식이 가장 대표적입니다.

문자
— 표음문자, 표의문자,
음소문자, 음절문자,
자질문자

∨ 표음문자(表音文字) │ 말소리를 그대로 기호로 나타낸 문자. 한글, 로마자, 아라비아 문자 따위가 있다.

∨ 표의문자(表意文字) │ 하나하나의 글자가 언어의 음과 상관없이 일정한 뜻을 나타내는 문자. 고대의 회화 문자나 상형 문자가 발달한 것으로, 한자가 대표적이다.

∨ 음소문자(音素文字) │ 표음문자 가운데 음소적 단위의 음을 표기하는 문자. 한글, 로마자 따위가 있다.

∨ 음절문자(音節文字) │ 한 음절이 한 글자로 되어 있어 그 이상은 나눌 수 없는 표음문자. 일본의 가나 따위가 있다.

∨ 자질문자(資質文字)
한글의 자음은 소리 성질에 따라 예사소리, 된소리, 거센소리로 나누어집니다. 'ㄱ'은 예사소리이고, 'ㄲ'은 된소리이며,

‘ㅋ’은 거센소리입니다. 이처럼 하나의 소리를 다른 소리와 구별하게 해 주는 특성을 자질이라고 합니다. 그런데 ‘ㄱ, ㄲ, ㅋ’은 자형(字刑〔글자 자, 모양 형〕)이 서로 다릅니다. 자질문자는 이와 같이 글자 모양에 자질의 특성이 드러나는 문자입니다.

ㄱ → 획을 하나 더 그으면 → ㅋ
ㄱ → ㄱ을 나란히 놓으면 → ㄲ

영어에는 이런 특성이 없습니다. 예컨대 ‘C’에다 한 획을 긋는다고 해서 다른 자음이 되거나 소리의 성질이 달라지지 않습니다. 한글이 영어와 다른 점 가운데 하나입니다.

한글은 자질문자입니다. ‘ㄱ’은 예사소리지만, ‘ㅋ’은 거센소리입니다. 그리고 ‘ㄲ’은 된소리입니다. 그런데 ‘ㄱ’과 ‘ㄲ’과 ‘ㅋ’은 자형(글자의 형태, 모양, 생김새)이 다릅니다. 즉 가획(加劃, 획을 하나 더 그음)을 통해서 자형을 바꾸는데, 이 변화가 소리의 성격(예사소리냐, 된소리냐, 거센소리냐)에 직결됩니다. ‘ㄱ’과 ‘ㄲ’과 ‘ㅋ’의 관계는 ‘ㄷ’과 ‘ㄸ’과 ‘ㅌ’의 관계와도 같습니다. ‘ㅈ, ㅊ, ㅉ’도 마찬가지입니다. 이렇게 자질의 특성이 드러나는 문자가 자질문자입니다.

한글은 표음문자입니다. 즉 소리 나는 대로 적는 글자입니다. 이런 점에서 표의문자인 한자와 다릅니다. 한자는 소리가 아니라 뜻을 중시하는 문자이니까요.

한글은 음소문자입니다. 예컨대 ‘각’은 ‘ㄱ, ㅏ, ㄱ’으로 나눌 수 있습니다. 이런 점에서 음절문자인 일본의 가나와는 다릅니다.

　같은 책을 읽고도 사람마다 받아들이는 책 내용이 각기 다릅니다. 이것은 읽는 사람의 지식이 저마다 다르기 때문입니다. 이 배경 지식을 '스키마'(schema)라고 부릅니다.

　스키마는 어떤 개인이 가지고 있는 지식의 구조, 또는 사람의 기억 속에 저장되어 있는 경험의 총체입니다. 독서 과정을 연구하는 학자들은 사람마다 가지고 있는 스키마가 다르며, 따라서 같은 글을 읽고 이해하는 바도 다르다는 사실을 밝혀냈습니다. 앤더슨(Anderson)은 아래의 문장을 제시하고 사람들의 반응을 관찰했습니다.

　토니는 매트에서 천천히 일어나면서 빠져나갈 궁리를 하고 있다. 그는 잠시 망설이면서 생각을 해보았다. 모든 것이 잘 풀리지 않는다. 그를 가장 괴롭히고 있는 것은 지금 붙잡혀 있는 것이다. 그는 자기의 현재 상태를 여러모로 생각해 보았다. 그를 붙잡고 있는 자물쇠(lock)는 너무 튼튼하지만 자기는 그것을 깰 수 있다고 생각했다. 그러나 중요한 것은 시기가 적절해야 한다는 것이다.

이렇게 된 것이 초기에 거칠게 행동한 것으로 받은 벌칙 때문이라고 생각하자 그는 너무 가혹하다는 느낌이 들었다. 지금 상황은 점차로 기진 맥진되어 가는 상황인데 그는 너무 오랫동안 짓눌림을 받고 있어 녹초가 될 지경이다. 그는 무자비하게 짓눌리고 있다.

토니는 화가 나기 시작했다. 지금이 어떻게든 해야 할 시기라고 느꼈다. 그는 성공 또는 실패가 다음 몇 초간 자기가 하는 행동 여하에 달려 있음을 알고 있다.

여러분들은 이 글을 읽으면서 토니가 어떤 상황에 놓여 있다고 생각했나요? 사람들 대부분은 토니가 감옥에서 탈출을 계획하고 있는 죄수이거나, 아니면 어떤 방에 갇혀서 벌을 받고 있는 사람이라고 반응했습니다. 그런데 체육학과에서 레슬링을 공부하는 학생들은 이 글이 상대 선수에게 잡힌 목을 빼고 빠져나가려는 레슬링 선수를 묘사했다고 받아들였습니다.

이렇게 다르게 해석하는 것은 'lock'이 두 가지로 해석되기 때문입니다. 'lock'은 '자물쇠'라는 뜻인 동시에, 레슬링의 기술인 '목 조르기'라는 의미도 있습니다. 이 단어를 어떻게 이해하는가에 따라 글 전체의 해석이 달라진 것입니다.

이 실험을 통하여, 글을 읽고 해석하는 것은 단순히 문자의 뜻을 그대로 이해하는 것이 아니라 배경 지식에 의존하는 경향이 매우 강한 행위임이 밝혀졌습니다. 즉 배경 지식은 독서에 결정적 영향을 미치는 요소이며 역으로 독서는 우리의 배경 지식을 더 높이 쌓는 행위입니다.

현예는 식해(食醢)를 먹었다.

이 문장을 읽었을 때, 여러분 마음속에 어떤 음식이 떠올랐나요? 어떤 사람은 '쌀밥을 엿기름으로 삭혀서 설탕을 넣고 차게 식힌 음료'를 떠올렸겠지요. 슈퍼마켓에서 사 마시는 그 음료 말이에요. 그런데 그건 '식혜'(食醯)예요. 현예가 먹은 '식해'(食醢)는 '생선에 약간의 소금과 쌀밥을 섞어 숙성시킨 식품'입니다. 즉 생선젓을 먹은 겁니다.

이처럼 어떤 배경 지식을 지녔는가에 따라 글을 받아들이는 데 차이가 생깁니다. 그리고 이 글을 읽은 여러분들은 '식해'와 '식혜'에 관한 배경 지식을 쌓은 셈입니다.

부연 * 상술

1_부연

앞 문장을 다시 기술하거나 다른 말로 바꾸어 표현하는 역할을 하며, 앞 문장과는 종속적인 계층 관계를 이룹니다. '다시 말하면', '요컨대', '즉' 등의 접속어 뒤에 이어지는 때가 많습니다. "이 문제를 다른 말로 바꾸어 설명해 보시오."라는 요구가 바로 '부연하라'는 말입니다. 예문을 볼까요.

고속도로를 질주하는 컨테이너 트럭의 대열, 산을 뭉기는 불도저들의 활발한 움직임, 사방에 들어서는 고층 건물 주변의 크레인 등을 볼 때마다 혼란과 고통을 느끼면서도 흐뭇해진다. 거기서 우리가 성공적으로 이룩한 산업화와 국력의 성장을 확인할 수 있기 때문이다. 지금 지구 곳곳에 동일한 모습과 현상이 퍼져 가고 있다. 산업화를 통한 문명화가 인간을 빈곤과 억압에서 해방시키는 수단인 한 이 작업은 더욱 추진되어야 한다. 그러나 우리가 겪고 있는 혼란과 고통은 너무 크고 그것이 동반하는 그늘은 너무 어둡다.

서울이나 뉴욕 등에서는 숨쉬는 데 생리적 고통을 느낀다. 오염된 하천에서 죽어 떠 있는 물고기를 볼 때 자연 파괴의 심리적 아픔을 경험한다. 산더미같이 쌓인 쓰레기장에서 코를 막아야 할 때 썩어 가는 자연의 모습이 안타까워진다. (박이문, 「생태학적 세계관으로」)

두 문단짜리 예문입니다. 필자는 첫 문단에서 산업화가 낳은 두 가지 결과를 언급하고는 그중 부정적인 측면에 주목했습니다. 둘째 문단에서는 부정적인 양상을 부연했습니다. 즉 첫 문단에서 언급한 "혼란과 고통", "그늘"이 무엇을 말하는 것인지 독자들이 쉽게 이해하도록 설명을 덧붙이고 있네요. 이를 부연이라고 합니다.

2_상술

앞 문장과 종속적인 계층 관계를 이룹니다. 상술은 앞 문장을 자세히 기술함으로써 구체화·특수화시키는 역할을 하는데, 예증(exemplification)을 포함하기도 합니다. 상술은 '더 자세히 말하면', '예를 들면' 등의 접속어 뒤에 이어지는 때가 많습니다.

상술과 부연은 모두 앞에 오는 문장에 종속된다는 점, 그리고 앞에 오는 문장을 더 자세하게 설명한다는 점에서 같습니다. 그런데 상술이 상위개념을 하위개념으로 설명하는 방법인데 비해, 부연은 앞에서 말하지 않은 새로운 사실을 덧붙여 말하는 성격이 강합니다. 각각 어울리는 접속어를 유심히 보는 것도 상술과 부연을 구분하는 편리한 방법입니다.

452

비언어적_{언어 외적} 표현 172
반언어적_{언어 내적} 표현

1_비언어적 표현

비(非)는 '아니다'라는 뜻이지요. '비언어적'은 언어가 아닌 다른 요소를 말한다고 기억하면 됩니다. 즉 언어는 아니지만 의사를 전달하는 활동과 관련된 것들이 '비언어적 표현'입니다.

예를 들어 학생이 좋아하는 선배에게 사랑을 고백하기로 마음먹은 날, 어떤 옷을 입는 게 좋을까요? 마구 흐트러진 옷차림이 좋을까요, 아니면 단정하고 진지해 보이는 복장이 어울릴까요. 설마 두 옷차림이 차이가 없다고 생각하는 것은 아니겠지요.

옷차림뿐만 아니라 표정, 동작, 눈길, 태도 등 여러 가지 요소가 의사 전달에 영향을 미칩니다. 이런 것을 비언어적 표현이라고 합니다. 다른 말로는 언어 외적 표현이라고 합니다.

2_반언어적 표현

비언어적 요소 외에도 의사 전달에 영향을 미치는 요소가 또 있는데 바로 '반언어적'인 요소들입니다. 이때 반은 반대한다는

'反'이 아니라 거의 비슷하다는 뜻의 '半'입니다.

　우리는 말로 일정한 의미를 표현합니다. 하지만 그 의미를 어떤 방식으로 표현하는가가 중요해요. 즉 같은 말이라도 어떤 속도로, 어떤 어조로, 어떤 음색으로 말하는가에 따라 느낌이 달라집니다. 말의 고저, 장단, 강약 등도 이런 기능이 있고요. 이런 요소들을 '반언어적 표현'이라고 합니다. 다른 말로 '부수적'인 언어 표현이라고도 합니다.

설명의 방법

정의

정의는 어떤 개념의 내용, 본질 등을 명확하게 규정하는 사고 작용입니다. 정의는 피정의항과 정의항으로 이루어지며, 정의항은 종차와 유개념으로 구성됩니다. 유개념은 상위개념과 같은 말입니다. 어떤 개념을 하나의 기준을 적용하여 나눈 결과를 하위개념, 종개념이라고 해요. 그리고 그 종개념 간의 차이를 종차라고 하지요. 예를 들어 사람은 동물의 종개념이라는 점에서 호랑이와 같습니다. 그런데 사람은 이성적이고 언어를 사용한다는 점에서 호랑이와 다릅니다. 이처럼 어떤 종개념이 다른 종개념과 구별되는 요소를 종차라고 합니다.

한꺼번에 너무 여러 가지 용어가 쏟아져 나와서 혼란스럽나요? 아래 예문을 보면 한결 이해하기 쉬울 거예요.

사람은 — 피정의항

언어적 — 종차

동물이다 — 유개념

종차 + 유개념 — 정의항

정의할 때 유의할 점

①
기독교는 서구인들의 종교다. (×)

②
등은 전기의 힘으로 방을 밝히는 조명기구다. (×)
연필은 필기 도구다. (×)

③
통계학자는 통계학을 연구하는 사람이다. (×)

이런 식이라면, '통계학은 통계학자가 연구하는 학문이다' 라는 정의가 성립됩니다. 그 결과 사고를 전개하지 못 하고 제자리에서 뱅뱅 돌게 되지요. 이런 것을 순환 논증의 오류라고 해요. 국어 사전에서 '통계학자' 를 찾으면, 통계학을 연구하는 사람이라고 풀이해 놓았습니다. 그런데 국어 사전은 단어 뜻을 풀이해 놓은 것이지 결코 개념의 본질을 규명한 사전은 아닙니다.

④
타조는 날지 못하는 새다. (×)
장님은 앞을 보지 못하는 장애우다. (×)

⑤

사과는 겉이 빨갛다. (×)

‘정의’를 사용한 예문을 볼까요.

사람은 말하는 동물이라고 정의할 수 있다. 사람 말고는 말하는 능력
을 가진 동물이 없으니 말이다. 앵무새가 말을 하지 않느냐고 할지 모르
지만, 그것은 말을 흉내 내는 것뿐이지 본격적인 언어 능력을 발휘하는
것은 아니다. 오늘날까지도 많은 학자들이 사람 밖의 동물 가운데 말을
하는 부류가 있는지 열심히 찾아보고 있지만, 결론은 사람만이 말하는 능
력을 천부적으로 가지고 태어난다는 것이다.

첫 문장에서 ‘사람’을 정의했습니다. 이 문장을 주제문으로 삼
았고, 다른 문장들은 뒷받침 문장입니다. 논리적인 글을 쓸 때 ‘정
의’를 사용하면 읽는 이에게 신뢰감을 줍니다. 예컨대 ‘안락사 찬
반’을 묻는 논술고사에서 안락사의 본질을 규명하고, 이를 바탕으
로 논지를 전개하면 설득력 있는 글을 완성하겠지요.

분류와 분석

분류는 어떤 대상을 일정한 기준에 따라 나누는 방식이에요.
사람을 피부색에 따라 황인종, 흑인종, 백인종으로, 성별에 따라
여자와 남자로 나누기도 하지요. 분류를 할 때는 오직 하나의 기
준만을 적용해야 합니다. 동시에 두 개의 기준을 적용하면 안 됩
니다. 예컨대 피부와 성별을 동시에 적용하면, 나는 황인종이면서
남자에 해당하게 됩니다. 이것은 잘못된 분류입니다.
분석은 어떤 대상을 구성 요소별로 나누어 설명하는 방식이에
요. ‘분석’할 때는 전체와 부분의 관계로 설명하는 게 중요합니다.

예를 들어 곤충의 몸은 머리와 몸통, 그리고 꼬리로 분석할 수 있고, 건물은 1층, 2층 이런 식으로 분석할 수 있겠네요.

분류는 그 대상을 일정한 기준으로 나누고, 분석은 그 대상을 구성하고 있는 요소(=부분)로 나눕니다. 사람을 피부색으로 나누면 황인, 흑인, 백인으로 분류합니다. 하지만 황인, 백인, 흑인이 사람의 몸을 이루고 있는 부분은 아닙니다. 반면에 머리, 몸통, 팔다리는 사람 신체의 일부분입니다. 그러므로 사람을 이렇게 나누면 분류가 아니고 분석입니다.

'구분'은 '일정한 기준에 따라 전체를 몇 개로 갈라 나눔.'을 말합니다.

시대 구분 / 구분을 짓다. / 서정시와 서사시의 구분은 상대적일 뿐이다.

'구별'은 '성질이나 종류에 따라 나타나는 차이. 또는 그것을 갈라놓음.'을 의미합니다.

신분 구별 / 공과 사의 구별 / 요즘 옷은 남녀 구별이 없는 경우가 많다.

'구분'은 어떤 것을 몇 개로 나눈다는 의미가 핵심이고, '구별'은 나누어진 각각의 것들에서 차이를 인식함이 중심입니다. 만약 방에 책이 가득하다면, 그중 시집과 소설책을 다른 책들과 구분해서 문학도서 책꽂이로 옮겨야 하겠지요. 하지만 시집과 소설책이 함께 있다면 구분보다 구별하게 되겠네요.

'분석'과 '분류'는 설명의 방법에 해당하는 개념이고, '구분'과 '구별'은 단어라는 점도 다릅니다. 즉 글의 전개 방식 중에는 분석과 분류가 있지만, 구분이나 구별은 없습니다.

비교와 대조

비교와 대조는 둘 이상을 대상으로 합니다. 대상들의 비슷한 점을 견주는 것이 비교이고, 차이점에 주목하는 것이 대조입니다. 비교나 대조로 글을 전개할 때는 대상들의 동일한 측면을 비교 또는 대조해야 하고, 그 대상은 독자들에게 낯익은 것이어야 바람직합니다. 이 방법은 기준을 설정하고, 그 기준에 따라 대상의 속성을 정리한 후, 그 내용을 통하여 유사점과 차이점을 확인하고, 이를 중심으로 대상을 설명하는 절차를 거치는 게 바람직합니다.

탁구와 테니스는 경기장 가운데 네트를 걸어 놓고 펼치는 운동 경기이다. 라켓을 이용하여 공을 상대방에게 보내고, 단식 경기와 복식 경기가 있으며, 정해진 점수를 먼저 얻는 쪽이 이긴다는 점에서 같다. 하지만 탁구는 실내 경기이고, 테니스는 실내외를 구분하지 않는다. 그리고 탁구는 공이 테이블 위에 닿은 후에 쳐야 하지만, 테니스는 공이 내 코트에 닿은 후는 물론 닿기 전에라도 칠 수 있다.

이 글은 탁구와 테니스를 다루었습니다. 그러면서 공통점과 차이점을 모두 언급했지요. 즉 비교와 대조라는 방식을 둘 다 사용한 겁니다. 비교와 대조는 비슷한 점과 차이점을 효과적으로 드러내는 데 매우 적합합니다. 아래 대상들의 비슷한 점과 차이점을 알고 있나요?

과자, 빵, 케이크, 쿠키 / 고릴라, 오랑우탄, 원숭이, 침팬지 / 두견새, 소쩍새 / 도덕, 윤리 / 신앙, 종교

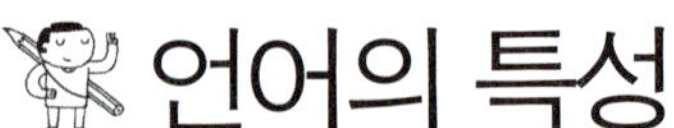

언어의 특성 174
─ 분절성, 자의성, 역사성, 사회성

분절성

언어는 자음과 모음으로 분해할 수 있습니다. '고기'는 'ㄱ, ㅗ, ㄱ, ㅣ'로 나누어지고, 'love'는 l, o, v, e'로 나누어집니다.

'사람'은 '시옷, 아, 리을, 아, 미음(ㅅ, ㅏ, ㄹ, ㅏ, ㅁ)'이라는 기호를 조합해서 만듭니다. 이 조합은 '생각을 하고 언어를 사용하며, 도구를 만들어 쓰고 사회를 이루어 사는 동물'을 의미합니다. 이처럼 모든 언어에는 일정한 기호가 있습니다.

그런가 하면 언어는, 실제로는 하나인 대상을 마치 별개의 것으로 인식하게 만듭니다. 오늘과 내일은 빈틈없이 연결되어 있습니다. 즉 오늘의 끝이 곧 내일의 시작입니다. 그런데 '오늘'과 '내일'이라는 단어 때문에 전혀 별개의 것으로 인식됩니다. '턱'과 '뺨'은 그 사이에 경계선을 정확하게 집어내기가 쉽지 않은데도, 각각의 단어 때문에 완전히 분리된 것으로 느껴지곤 합니다.

자의성

언어는 음성과 의미가 결합된 것인데, 이 두 가지 요소의 결합은 필연적이지 않습니다. 즉 동일한 대상을 두고 각 나라 언어에 따라 '하늘', '天', 'sky' 등으로 달리 표현하는 것은 언어의 자의적인 성질 때문입니다. '자의적'이라 함은 필연적이 아니고 임의대로 결정된 것이라는 뜻입니다.

하나의 의미를 가리키는 기호는 언어마다 다릅니다. 예컨대 '생각을 하고 언어를 사용하며, 도구를 만들어 쓰고 사회를 이루어 사는 동물'을 가리키는 대상을 '사람', '人', 'human' 등으로 표기하고 발음도 각각 다릅니다. 이것이 언어의 자의성입니다. 이렇게 기억하면 되겠네요. 만약 인류의 언어가 '자의성'을 갖고 있지 않다면 아마 모든 사람들이 한 가지 말만 사용하면서 자유롭게 의사소통할 수 있었을 거라고 말이에요.

역사성(가변성)

언어는 끊임없이 변화하여 생성·변화·사멸의 과정을 거칩니다. 하나의 단어도 오랜 세월이 지나면 의미가 변화합니다. '어여쁘다'가 옛날에는 '불쌍하다'는 뜻이었으나, 오늘날에는 '아름답다'는 뜻입니다. '백'(百)을 나타내는 '온'이나 '천'(千)을 의미하는 '즈믄' 같은 말은 아예 사라지고 없습니다.

사회성(불변성)

언어는 그 말을 사용하는 사람들의 약속이기 때문에, 특정한 개인이 마음대로 바꾸지 못합니다. 예를 들어서 대통령이라 할지라도 매일 먹는 '밥'을 '법'이나 '봅'으로 바꿀 수 없습니다. 이처럼 얼마 정도는 일시적으로 변화하지 않는 속성을 언어의 사회성이라고 합니다. 그런데 언어에는 오랜 세월에 걸쳐 서서히 변화하는 속성도 있다고 했지요? 즉 언어에는 가변성(역사성)과 불변성(사회성)이 함께 들어 있습니다.

연역법
귀납법
변증법

이 세 가지 논증 방법을 익히려면 먼저 '전제'와 '결론'에 대해 공부해야 합니다. 우리는 어떤 사실을 근거로 어떤 판단을 내립니다. 예컨대 먹구름이 하늘을 가득 덮는 것을 보고, 곧 비가 올 거라고 판단합니다. 그런가 하면 어느 날 친구가 안경을 쓰기 시작한 것을 보고는 친구의 시력이 많이 나빠졌음을 짐작합니다. 이처럼 어떤 판단이나 결론을 이끌어 내는 자료를 '전제'라고 합니다. 그리고 객관적인 전제를 바탕으로 주관적인 의견을 이끌어 내는 것을 '논증'이라고 합니다.

(전제)이므로 (결론)이다 → (먹구름이 하늘 가득 몰려오므)로 (비가 올 것)이다.

(결론)이다, 왜냐하면 (전제)이기 때문이다 → (비가 올 것)이다. 왜냐하면 (먹구름이 하늘 가득 몰려오기) 때문이다

'전제 찾기' 문제가 나온다면 위의 구도를 적용시켜 보세요.

1_연역법

'연역법'은 일반적인, 더 넓은 개념에서 구체적인, 더 좁은 개념으로 사고를 전개하는 방식입니다. 가장 기본적인 예문을 소개합니다.

㉠ 사람은 죽는다.
㉡ 홍길동은 사람이다.
㉢ 그러므로 홍길동은 죽는다.

위 논증은 ㉠과 ㉡을 자료로 해서 결론 ㉢을 이끌어 냈습니다. ㉠, ㉡과 같이, 어떤 판단이나 결론을 얻는 데 자료가 되는 것을 전제라고 합니다. 그런데 위의 논증을 보면 전제가 결론보다 상위개념입니다. 즉 사람은 홍길동의 상위개념입니다. (사람 ⊃ 홍길동) 이렇게 상위개념을 전제로 삼아 하위개념을 결론으로 도출하는 방식을 연역법이라고 합니다.

위 예문에서 결론은 하나의 문장 형태, 즉 주어(홍길동)＋서술어(죽는다) 구조입니다. 결론의 서술어(죽는다)가 나타나 있는 전제, 즉 ㉠(사람은 죽는다)을 '대전제'라고 합니다. 결론의 주어(홍길동)가 나타나는 전제, 즉 ㉡(홍길동은 사람이다)을 '소전제'라고 합니다. 이렇게 전제 두 개, 결론 한 개로 이루어진 논증을 '삼단논법'이라고 부릅니다.

㉣ 모든 훌륭한 예술품에는 그 작가의 혼이 들어 있다.
㉤ 이 작품은 작가의 혼이 깃들었다고 볼 수 없다.
㉥ 그러므로 이 작품은 훌륭한 예술품이 아니다.

필자의 주장은 ㉥입니다. ㉣과 ㉤을 근거로 ㉥을 도출했습니다. '이 작품'은 '모든 (훌륭한) 예술품'의 부분집합이므로 연역법입니다. 아래 예문도 이런 방식으로 논리를 전개했습니다. 즉 상위개념을 근거로 하위개념에 관한 주장을 펼쳤습니다.

사람은 기본적인 인권을 가지고 태어난다. 프랑스 혁명 이후 이 천부적 인권 사상은 근대 민주국가의 근본 이념이 되고 있다. 독재국가들에서는 이 기본권을 짓밟아 온 사례가 있으나, 그런 행위는 끊임없는 저항과 온 세계인의 지탄을 받아 왔다. 이러한 사실은 인권이 얼마만큼 신성불가침의 것인지를 반증하는 것이다.

그런데 여기서 말하는 사람에는 예외가 없다. 선한 사람이건 악한 사람이건, 자유롭게 사는 사람이건 감옥에 갇힌 사람이건, 어른이건 어린이건 차별이 있을 수 없다. 그러므로 일시적으로 나쁜 짓을 한 사람이라고 해서, 감옥에 있는 사람이라고 해서, 또는 아직 어린 사람이라고 해서 그 인권을 함부로 침해받을 수는 결코 없는 것이다.

이 글의 필자는 모든 인간은 인권을 갖고 있다는 사실을 생각의 실마리로 삼았습니다. 이를 근거로 범죄자와 어린아이도 인권을 지녔다는 것을 주장했습니다. 결론이 전제의 부분집합에 해당하므로 연역법입니다.

2_귀납법

연역법과는 반대 방향으로 논증하는 방식입니다. '귀납법'은 개별적이고 구체적인 사례를 근거로 일반적이고 보편적인 결론을 주장합니다. 귀납법을 설명하면 다음과 같습니다.

유한한 수의 특수한 대상들 $X1, X2, X3, \cdots\cdots Xn$은 모두 X의 종류에

속하고 P라는 속성을 가지고 있다.

그러므로 모든 X는 P라는 속성을 가지고 있다.

예문을 만들어 볼까요.

소나무는 잎이 바늘 모양이다.

잣나무는 잎이 바늘 모양이다.

향나무는 잎이 바늘 모양이다.

소나무, 잣나무, 향나무는 침엽수다.

그러므로 침엽수는 잎이 바늘 모양이다.

여우는 새끼를 낳는다.

호랑이는 새끼를 낳는다.

여우와 호랑이는 포유류다.

그러므로 포유류는 새끼를 낳는다.

위의 논증은 여우, 호랑이 이야기를 하고, 이것을 근거로 해서 이들의 상위개념인 포유류에 대한 결론을 도출했습니다. 이런 것을 귀납법이라고 합니다.

귀납법은 일상생활에서도 자주 쓰입니다. 예컨대 '배탈'이 났을 때 이런 식으로 추리하지요.

친구들과 여행을 갔는데 저녁을 먹은 후에 모두 배탈이 났다. 은애는 삼겹살, 김치, 참치를 먹었고, 연수는 삼겹살, 참치, 두부찜을 먹었으며 혜란이는 삼겹살, 두부찜, 김치를 먹었음이 밝혀졌다. 세 사람 모두 삼겹살을 먹었으므로 배탈 원인은 삼겹살이라고 추리할 수 있다.

3_변증법

'변증법'이란, '어떤 하나의 생각'(정〔正〕)과 '그에 반대되는 생각'(반〔反〕)을 제시한 뒤, 두 생각의 단점을 버리고 장점만 뽑아 '새로운 생각'(합〔合〕)을 만들어 내는 논리 전개입니다. 변증법으로 합을 구성하는 과정에는 상상력이 필요하며, 만들어진 내용(합)이 그대로 사회적으로 받아들여지는 것도 아니니 조심해서 사용해야 합니다.

'정'과 '반'이라는 두 개념은 어느 한쪽이 옳다거나 그르다는 차원의 단순한 문제가 아닙니다. 각각 서로에 대한 장점과 단점을 지니고 있는 것으로 파악해야 합니다. 그렇기 때문에 이 두 개념의 장점만을 모아 새로운 개념을 탄생시키는 추론 과정이 중요합니다. 변증법은 종합적이고 지적인 사고 작용을 요구합니다. 말했다시피 상상력도 필요하고요. 따라서 어떤 의미에서는 가장 비논리적이고, 또 어떤 의미에서는 가장 역동적인 논리 전개 방법입니다.

그런데 마지막에 제시되는 '합'은 반드시 사회적으로 용인될 수 있는 내용이어야 합니다. 예를 들어 빈부 격차를 줄이기 위해서 부자의 재산을 빼앗아 가난한 사람들에게 나누어 주자는 결론은 얼핏 논리적이고 그럴듯하게 보일지는 모르지만 우리 사회에서 받아들여질 수 없는 결론입니다. 예문을 보면서 이런 사실을 확인해 봅시다.

국가의 인터넷 통제는 인터넷에 막대한 영향을 미칠 수 있다. 우선 긍정적인 영향을 살펴보면, 사회에 필요한 정보가 유통되도록 만들 수 있다. 또 부정적인 기술이 발달되고 확산되는 것을 억제할 수 있다. 예를 들면, 음란 정보나 반사회적인 정보를 통제하는 것이 이에 해당할 것이다.

부정적인 영향으로는, 이러한 통제 권한을 갖고 있는 집단이 사회와 기술의 발전을 결정하기 때문에 독재나 독선으로 흐를 가능성이 있다는 점이다. 그리고 정보화는 열린 정보 체제를 추구하는 것인데, 통제는 이러한 정신에 어긋난다. 뿐만 아니라 통제 때문에 정보 생산과 유통이 침체되는 현상이 생겨날지도 모른다.

인터넷도 인간의 사회적 행위가 일어나는 공간이므로 반사회적인 행위가 있을 때 통제하는 것은 지극히 당연하다. 그러나 통제가 낳는 부정적 영향을 최소화하기 위해서는 신중하게 고려하여 최선의 범위 내에서만 통제가 행해져야 할 것이다.

필자는 인터넷을 통제할 때 생기는 영향을 긍정적인 면과 부정적인 면으로 나누어서 진단합니다. 인터넷을 통제하면 불건전한 정보가 유통되는 것을 막을 수 있는 반면, 열린 정보사회를 지향할 수 없다는 게 그의 생각입니다.

필자는 이런 상반된 점들을 통합하여, 반사회적인 행위가 있을 때만 최소한의 범위에서 통제하자는 결론을 내렸습니다. 확실히 변증법적인 사고를 드러낸 글임을 알 수 있네요.

　논리적인 오류는 학자마다 견해가 달라 분류 체계를 설명하기가 좀 어렵습니다. 다만 일반적으로 '오류'는 크게 보아 심리적 오류, 자료적 오류, 언어적 오류 등 3가지 정도로 구분됩니다. 아래는 웹 및 논리학 개론서를 참고하여, 오류에 대한 일반적인 분류와 정의를 정리한 것입니다.

1_심리적 오류

논지에 대해 심리적으로 설득시키려 할 때 범하는 오류.

① 감정에 호소하는 오류: 동정, 연민, 공포, 증오 등의 감정에 호소해서 논지를 받아들이게 하는 오류.

　변호인은 다음과 같이 피고인을 변론하였다. "피고는 어머니 없는 일곱 어린이의 아버지이며 더욱이 병중에 누워 있는 늙으신 부모님까지 모시고 있는 형편입니다. 그가 하루라도 벌지 못하면 그의 가족은 굶주려

죽을 수밖에 없습니다. 어린이들이 무슨 죄가 있습니까? 병든 부모를 돌보지 못하게 하는 것이 인간의 도리입니까? 그가 죄를 지었다고는 하지만 마땅히 석방되어야 합니다."

② 사적 관계에 호소하는 오류: 정(情) 때문에 논지를 받아들이게 하는 오류.

넌 나하고 제일 친한 친구잖아. 네가 날 도와주지 않는다면 난 누굴 믿고 이 세상을 살아가란 말이니? 내가 불법 저지른 거 딱 한 번만 더 눈감아 주라.

③ 군중에 호소하는 오류: 군중심리를 자극하여 논지를 받아들이게 하는 오류.

루미나리 화장품은 전 세계 여성들이 애용하고 있습니다. 아름다운 여성의 필수품, 루미나리 화장품을 소개합니다.

어떤 책이 베스트셀러이기 때문에 그 책이 좋다고 주장한다든가, 어떤 정책을 다수가 인정하기 때문에 좋은 정책이라고 주장하는 것이 이 오류입니다. "대부분의 나라가 그 제도를 채택하고 있기 때문에 그것을 채택하는 것이 바람직하다."는 주장도 이 오류입니다.

④ 부적합한 권위에 호소하는 오류: 논지와 직접적인 관련이 없는 권위자의 견해를 근거로 신뢰하게 만드는 오류.

이 향수가 얼마나 좋은 향수인 줄 아니? 그 유명한 영화배우 오드리

씨도 꼭 이 향수만 고집한다는 말 들어 봤지?

　어떤 주장이 옳다는 것을 증명하기 위하여 주제와 무관한 분야의 권위자의 견해에 의지한다면 이 오류를 범하는 것입니다. 예를 들면 도덕적인 문제와 관련된 논쟁에 국어교육의 권위자인 김 교수님의 견해를 인용해서 자신의 주장을 옹호하려 한다면, '부적합한 권위에 호소하는 오류'에 빠집니다.

　⑤ 인신(人身) 공격의 오류: 주장하는 사람의 인품, 직업, 과거 정황을 트집 잡아 비판하는 오류.

　그의 시는 볼 필요도 없다. 그는 중학교밖에 안 나온 사람 아닌가.

　⑥ 피장파장의 오류(역공격의 오류): 비판받은 내용이 비판하는 사람에게도 역시 동일하게 적용됨을 근거로 비판에서 벗어나려는 오류.

　선배는 뭘 잘했다고 그래요? 선배는 더하더라 뭐.

　⑦ 원천 봉쇄의 오류(우물에 독약 치는 오류): 반론의 가능성이 있는 요소를 원천적으로 비난하여 봉쇄하는 오류.

　너, 빨리 가서 자라. 늦게 자는 어린이는 착한 어린이가 아니야.
　우리를 반대하는 사람은 반역자라고 아니할 수 없습니다. 제정신을 가진 사람이라면 우리에게 반대할 수 없을 것입니다.

2_자료적 오류

① 성급한 일반화의 오류: 제한된 정보, 부적합한 증거, 대표성을 결여한 사례를 근거로 일반화하는 오류.

하나를 보면 열을 안다고, 너 지금 행동하는 걸 보니 형편없는 애구나. 은지, 주현이, 문주 모두 O형인데 공부를 잘한다. 그러므로 O형인 사람은 모두 공부를 잘한다.

어떤 지역 사람들 중 일부가 성질이 조급한 것을 보고서 "그 지방 사람들은 성질이 조급하단 말이야."라고 말한다면, '성급한 일반화의 오류'입니다. 그 지역 사람들 전부가 같은 속성을 갖고 있는 것으로 성급하게 일반화했기 때문입니다.

② 잘못된 유추의 오류: 유추를 부당하게 적용함으로써 발생하는 오류.

컴퓨터와 사람은 유사한 점이 많아. 그러니 컴퓨터도 사람처럼 감정을 느낄 거야.

③ 무지에 호소하는 오류: 증명할 수 없거나 알 수 없음을 들어 거짓이라고 추론하는 오류.

어느 독실한 기독교 신자가 신이 존재한다는 것을 다음과 같이 주장했다. "신은 존재한다. 왜냐하면 아무도 신이 존재하지 않는다는 것을 증명할 수 없기 때문이다."
아무도 진선이가 제주도에 간 것을 보지 못했다. 그러므로 진선이는 제주도에 가지 않았다.

지구 바깥에 생물체가 존재하는 것을 아무도 확인하지 않았다. 그러므로 지구 밖에는 생명체가 없다.

그러나 이 오류와 "증거가 없기 때문에 무죄로 간주한다."고 판단하는 재판상의 판단을 혼동해서는 안 됩니다. 재판에서는 "유죄의 증거가 없으면 무죄로 간주한다."는 법률상의 원리(무죄 추정의 원칙)를 전제하고 있기 때문에 오류가 아닙니다.

④ 논점 일탈의 오류(무관한 결론의 오류): 논점과 관계없는 것을 제시하여 무관한 결론에 이르게 되는 오류.

너희들 왜 먹을 것 갖고 싸우니? 빨리 방에 들어가서 공부나 해!

⑤ 우연의 오류(원칙 혼동의 오류): 상황마다 적용해야 할 원칙이 다른데도, 이를 혼동해서 생기는 오류.

인간은 자유로워야 한다. 따라서 살인범도 자유로워야 한다.
부모에게 물려받은 신체를 손상하는 것은 불효다. 혜경이는 어머니께 콩팥을 이식해 드렸다. 그러므로 혜경이는 불효자다.

⑥ 의도 확대의 오류: 의도하지 않은 결과를 의도한 결과라고 판단하여 생기는 오류.

아니, 그 사람을 벌금 3만 원만 받고 풀어 줘요? 그 사람 피하려다가 차가 충돌해서 두 사람이나 죽었는데, 그런 살인자를 가만 놔두는 법이 어디 있어요?

⑦ 잘못된 인과관계의 오류: 단순한 선후 관계를 인과관계로 추리하는 오류.

너 어제 도희랑 데이트했지? 네가 빵집에 들어간 지 10분쯤 뒤에 도희가 그리로 들어가는 것을 내가 봤는데?
번갯불이 있은 후에는 언제나 천둥이 친다. 그러므로 번갯불은 천둥의 원인이다.

⑧ 결합의 오류, 분해의 오류: 부분의 속성을 전체도 가진다거나, 전체의 속성을 부분도 가진다고 추론하는 오류.

나트륨이나 염소는 유독성 물질이다. 그러니 염화나트륨도 유독성 물질이다. ⇔ 염화나트륨은 독성이 없다. 그러니 나트륨이나 염소도 독성이 없긴 마찬가지다.
3 더하기 5는 8이야. 그런데 3과 5는 홀수야. 그러니까 8도 홀수지.
옛날에 새소리를 무척 좋아하는 왕이 있었다. 왕은 새가 지저귀는 소리를 들으며 늘 감탄하곤 하였다. 어느 날 왕은 문득 이렇게 생각하였다. '새소리는 따로따로 들어도 이렇게 아름다운데 함께 들으면 얼마나 더 아름다울까?'
왕은 신하들에게 궁전 앞뜰에 새장을 짓고 새들을 잡아다 가두어 놓으라고 명령하였다. 며칠 뒤, 새장 속에는 새들이 우글거리게 되었다. 왕은 새들의 아름다운 합창을 들을 것을 생각하며 기분이 좋아 껄껄 웃었다. 여러 종류의 수많은 새들이 저마다 노래를 부르기 시작했다. 새들이 한꺼번에 지저귀니 그 소리가 매우 요란했다. 왕은 시끄러운 소리에 귀를 막았다. 그리고 새들을 다 놓아주도록 명령했다.

⑨ 흑백논리의 오류: 어떤 집합의 원소가 단 두 개밖에 없다고 여기고

추론하는 오류.

내 부탁을 거절하다니, 넌 나를 싫어하는구나.
영수는 키가 작지 않다. 그러므로 영수는 키가 크다.
그는 여당 의원이 아니다. 그러므로 그는 야당 의원이다.

⑩ 복합 질문의 오류: 겉으로는 단순한 질문처럼 보이지만 내용적으로는 두 개 이상의 질문이 결합된 질문을 한 다음, 긍정 또는 부정으로 단순하게 답변할 것을 요구할 때 범하게 되는 오류.

친구가 시켜서 돈을 훔쳤지?

"응"이라고 답변하면, 친구의 말을 듣고 도둑질을 한 셈이 됩니다. "아니오."라고 답변한다고 해도 도둑이라는 누명을 벗기 어렵습니다. 친구가 시킨 게 아니라 내가 자발적으로 도둑질을 했다는 뜻이 되기 때문입니다.

3_언어적 오류

① 애매어의 오류: 둘 이상의 의미를 가진 말을 애매하게 사용함으로써 생기는 오류.

배가 아프면 병원에 가야 한다. 사촌이 땅을 사면 배가 아프다. 따라서 사촌이 땅을 사면 병원에 가야 한다.
시간은 금이다. 황금 보기를 돌같이 해야 한다. 그러므로 시간 보기를 돌같이 해야 한다.

② 은밀한 재정의의 오류: 용어의 의미를 자의적으로 재정의하여 사용함으로써 생기는 오류.

그 친구, 정신 병원에 보내야 하는 것 아냐? 요즘 세상에 뇌물을 거절하다니, 미치지 않고서야 어떻게 그럴 수가 있어?

③ 애매문의 오류: 어떤 문장의 의미가 두 가지 이상으로 해석되는 오류.

나는 그저께 『구운몽』을 사서 끝까지 다 읽었다.
이것은 5와 7의 네 배다.
책을 산 날 다 읽은 것인지, 산 날부터 읽기 시작해서 현재까지 다 읽은 것인지가 분명하지 않습니다. 둘째 예문은 '$5+(7\times4)$'인지 '$(5+7)\times4$'인지가 분명하지 않습니다.

④ 강조의 오류: 문장의 어느 한 부분을 강조하여 발생하는 오류.

음주라면 진저리를 치는 선장이 술 마시기 좋아하는 일등항해사에게 금주를 명하였으나 그럴수록 항해사는 선장의 잔소리에 반발하여 술을 더 많이 마셨다.
그래서 하루는 항해사가 술에 잔뜩 취해 있는 것을 보고 선장은 항해일지에 사실대로 '오늘 일등항해사 만취'라고 기록하였다. 항해사가 이 일지를 보고 선장에게 용서해 달라고 애원하였다. 왜냐하면 항해일지가 선주에게 그대로 보고된다면 항해사는 해고될 게 분명하기 때문이다. 그러나 아무리 애원해도 선장이 그를 용서해 주지 않자 항해사는 복수할 꾀를 생각해 내었다. 그는 자기가 당번이 되어 항해일지를 기록하고 일지의 끝에 '오늘 선장 술 안 취했음'이라고 기록하였다.

⑤ 사용과 언급을 혼동하는 오류: 사용한 말과 언급한 말을 혼동해서 생기는 오류.

고대사는 성경에 들어 있다. 성경은 두 글자로 된 말이므로, 고대사는 두 글자 안에 들어 있다.

⑥ '이다'를 혼동하는 오류: 술어적인 '이다'와 동일성의 '이다'를 혼동해서 생기는 오류.

신은 사랑이다. 그런데 진실한 사랑은 흔치 않으므로, 진실한 신도 흔치 않다.

⑦ 범주의 오류: 서로 다른 범주에 속하는 것을 같은 범주의 것으로, 혹은 같은 범주에 속하는 것을 다른 범주의 것으로 혼동하는 데서 생기는 오류.

운동장이랑 교실은 다 둘러봤는데, 그럼 학교는 어디에 있습니까?

유추

논리학에서 '유추'는 두 개의 사물을 두고, 그것들이 여러 면에서 비슷하다는 것을 근거로 또 다른 속성도 유사할 것이라고 추론하는 일입니다. 쉽게 말해 서로 비슷한 점을 비교하여 하나의 사물에서 다른 사물로 추리하는 방법이 유추입니다.

유추라는 말을 처음 사용하게 된 유래는 이렇습니다. 옛날에 한 나무꾼이 살았는데, 테두리가 톱처럼 들쭉날쭉한 잎에는 손을 잘 베이는 반면에 테두리가 가지런한 잎에는 손을 베이는 일이 없었다고 합니다. 그는 가지런한 테두리보다 들쭉날쭉한 테두리가 사물을 잘 자른다는 사실에 착안해서 오늘날 우리가 사용하는 톱을 만들어 냈습니다.

유추의 대표적인 형태를 하나 볼까요.

X와 Y는 다르지만, q, r이라는 속성을 가진 점에서 같다.
X는 s라는 속성을 가지고 있다.
그러므로 Y도 s라는 속성을 가지고 있다.

나와 수미는 다르지만, 사람으로서의 외형적 특질을 가지고 있고, 언어로 의사를 소통하며, 행위를 하는 등의 속성을 가진 점에서 같다.

나는 마음을 가지고 있다.

그러므로 수미도 마음을 가지고 있다.

 흔히 '미루어 짐작한다.'는 게 바로 유추입니다. 예를 들어 울타리는 인간의 행동을 제약하지만, 울타리가 있기 때문에 도둑이 침입하는 걸 막습니다. 법도 마찬가지입니다. 법은 인간의 행동을 제약하지만 법은 우리의 권리를 보호합니다. 이런 식으로 사유하는 게 유추입니다. '유추'가 사용된 예문을 하나 더 읽어 볼까요.

화성에도 사람이 살까? 이 문제는 많은 과학자들 사이에 논란이 되고 있다. 그런데 지금까지 발명된 아무리 큰 망원경이라도 화성에 생명체가 있는지를 직접 확인할 수 없다. 그러므로 우리는 지구와 화성을 견줌으로써 어떤 추정을 내릴 수밖에 없다.

지구는 하나의 축을 중심으로 하여 돌고 있는 공 모양의 유성으로서 태양 둘레를 일정하게 공전하고 있다. 지구는 얼마쯤의 원소로 이루어져 있으며 대기층이 있음으로써 생명체를 지탱한다.

화성도 태양을 일정한 궤도로 공전하고 있고, 태양과의 거리나 자전 주기도 지구와 거의 같다. 화성은 표면의 상태가 유성 중에서 지구와 가장 비슷하고 엷으나마 대기권이 있는 것으로 알려져 있다. 이런 점에 비추어 볼 때 화성에도 생명체가 있으리라는 추정은 상당한 근거가 있다고 할 만하다.

178

음성상징

▾ **상징어(象徵語)**

소리와 의미의 관계가 필연적인 것으로 여겨지는 단어. 의성어와 의태어로 '멍멍', '탕탕', '아장아장', '엉금엉금' 따위가 있다.

▾ **음성상징(音聲象徵)**

어떤 단어가 가지는 음의 성질, 높낮이, 강약 등에 따라, 다른 단어와 구별되는 어감이나 뜻을 나타내는 일. 양성 모음이 작고 섬세한 어감을 표현한다면, 음성 모음은 크고 둔탁하며 어두운 어감을 나타낸다. '아장아장'과 '어정어정', '졸졸'과 '줄줄' 같이 어감에 차이가 느껴진다.

여러분이 외출했다 집에 돌아오니까, 수도꼭지 두 군데에서 물이 쓸데없이 쏟아지고 있다고 가정해 볼까요? 한 곳에서는 물이 '졸졸' 흐르고 있고, 다른 곳에서는 물이 '줄줄' 흐르고 있다면, 어느 쪽 수도꼭지를 먼저 잠가야 할까요. 당연히 물이 '줄줄' 새는 곳 먼저 손질하겠지요.

'졸졸'과 '줄줄'은 모음 하나가 다를 뿐입니다. 그런데 두 단어가 주는 느낌(어감〔語感〕)은 크게 다릅니다. 그런가 하면 '발갛게' 익은 과일과 '빨갛게' 익은 과일도 어감이 다르지요?

이처럼 우리말에는 단어 형태의 일부를 바꾸어 어감을 분화시킴으로써 미세하고 섬세한 감정을 표현하는 단어가 발달했습니다. 이런 특성은 우리말의 장점이므로 글을 쓸 때 잘 활용하면 좋겠네요.

179

일반적 ※ 구체적

'일반적'과 '구체적'은 상위개념과 하위개념의 관계라고 이해하면 됩니다. 예를 들어 봅시다.

동물⊃포유류⊃인간⊃남자

왼쪽에서 오른쪽으로 갈수록 범위가 점점 좁아집니다. 이때, 오른쪽일수록 구체적(하위개념)이라고 하고, 왼쪽일수록 일반적(상위개념)이라고 합니다. 즉 인간은 포유류에 비해서는 구체적인 개념이지만 남자에 비해서는 일반적인 개념입니다. 마찬가지로, 포유류는 동물의 하위개념이면서 인간의 상위개념입니다.

이들 단어와 비슷한 뜻을 지닌 단어를 정리해 볼까요.

일반적(보편적) = 추상화 = 상위개념
구체적(개별적) = 특수화 = 하위개념

이번에는 이들 단어를 직접 사용한 문장을 봅시다.

구체적 진술과 일반적 진술에서는 일반적 진술에 주제가 들어 있다. 주제는 일반적 진술로 이루어져 있고, 뒷받침 문장은 구체적 진술로 이루어져 있다.

예를 들어 '인간'에 대해서 진술한 것과 '남자'들의 특성에 대해서 진술한 문장들로 이루어진 글이 있다고 가정해 봅시다. 이 글에서 필자는 인간에 관해 말하려는 것이겠죠? 그리고 인간의 특성을 설명하기 위해서 남자를 근거로 제시하는 것입니다. 그러므로 주제는, '남자'보다 상위개념인 '인간'을 진술한 문장에 있습니다.

국어 교과서 1단원에 나오는 「황소개구리와 우리말」을 읽어 보았나요? 찌르레기, 황소개구리, 블루길 등은 구체적인 사례입니다. 이런 구체적인 사례를 근거로 "주체적으로 외래문화를 받아들이자."는 주제를 드러냈습니다. 말하자면 구체적인 자료를 근거로 일반적인 주제를 표현했습니다. 이런 방식을 귀납법이라고 합니다.

⇒462p 「연역법 ✳ 귀납법 ✳ 변증법」 참고

전건 부정의 오류와 후건 긍정의 오류 180

참과 거짓을 판별할 수 있는 진술을 명제라고 합니다. 이 명제를 정언명제, 가언명제, 선언명제로 구분합니다.

정언명제: P는 S이다.
고래는 포유류다. / 김효덕은 학생이다.

가언명제: P면 Q이다. (이때 P를 전건, Q를 후건이라고 해요.)
내일 비가 오면 정민이는 산에 갈 것이다. / 운동을 하면 건강해질 것이다.

선언명제: P이거나 Q이다.
오늘은 토요일이거나 일요일이다. / 이 용액은 산성이거나 알카리성이다.

이 중에서 가언명제를 이용해서 삼단논법을 펼칠 때, 전건은 긍정해야 하고 후건은 부정해야 합니다. 그렇지 않으면 논리적 모순이 생깁니다.

> 만일 비가 온다면 마당이 젖을 것이다. : P라면 Q이다.
> 비가 오지 않았다. : P가 아니다.
> 그러므로 마당이 젖지 않았을 것이다. : Q가 아니다.

위 논증은 가언명제를 제시한 후 전건을 부정했습니다. 그 결과 거짓인 결론을 얻었습니다. 비가 오지 않았다고 해서 마당이 젖지 않은 건 아닙니다. 마당을 물청소하거나 혹은 더위를 누그러뜨리려고 물을 뿌려도 마당은 젖게 마련이니까요.

이번에는 후건을 긍정해 볼까요.

> ⇒ 만일 효연이가 보약을 먹었다면 건강해졌을 것이다. : P이면 Q이다.
> 효연이는 건강해졌다. : Q이다.
> 그러므로 효연이는 보약을 먹었다. : 그러므로 P이다.

건강해졌다고 해서 꼭 보약을 먹은 것은 아닙니다. 편안한 마음으로 규칙적인 생활을 한다면 누구나 건강해질 수 있습니다. 더구나 부지런히 운동을 한다면 더욱 건강해지겠지요. 이처럼 후건을 긍정하면 논리적 오류를 범할 수도 있습니다. 꼭 기억해 두세요.

한 가지 사실을 두고 서로 다르게 판단하는 세 사람의 말을 들어 볼까요.

㉠ 놀부가 뱀에게 물렸다. 그러므로 그는 죽을 게 틀림없다.

㉡ 놀부가 뱀에게 물렸다. 그러므로 그는 죽겠지만, 운이 좋으면 살아날 수도 있을 것이다.

㉢ 놀부가 뱀에게 물렸다. 그런데 독사인지 아닌지, 어느 부위를 물렸는지, 물리고 나서 얼마나 지난 후에 병원에 도착했는지 알 수 없으므로 그의 생사를 판단하는 건 섣부르다.

위 세 명은 '놀부가 뱀에게 물렸다' 는 사실을 두고 서로 다른 판단을 하고 있습니다. 이들은 두 개의 문장으로 자기 주장을 나타냈습니다. 그중 앞문장은 객관적인 사실〔전제〕이고 뒷문장이 판단〔결론, 의견, 주장〕에 해당합니다. 그런데 내가 보기엔 다른 두 사람에 비해 ㉢이 가장 타당한 의견을 내놓았다고 판단됩니다.

타당하다는 것은 전제와 결론이 밀접하게 연관되었다는 뜻입니다. 예컨대 단지 뱀에게 물렸으므로 죽을 게 분명하다는 것보다는 어느 뱀에게 어느 부위를 물렸는지를 근거로 생사 여부를 판단해야 한다는 의견이 더 설득적입니다. 독이 없는 뱀에게 물렸거나, 설령 독사에게 물렸더라도 발가락 끝부분을 물렸는데 곧 치료를 받았다면 목숨을 잃을 가능성은 그리 높지 않습니다.

예문을 하나 더 보면서 좀 더 깊이 공부해 봅시다.

ⓒ 비가 내렸다면 마당이 젖었을 것이다.
ⓓ 마당이 젖었다.
ⓔ 그러므로 비가 내렸을 것이다.

이 논증은 ⓒ과 ⓓ을 바탕으로 ⓔ을 이끌어 냈습니다. 즉 ⓒ과 ⓓ이 전제이고, ⓔ이 결론입니다. 그런데 ⓒ과 ⓓ이 옳다고 해도, ⓔ을 옳다고 인정할 수가 없습니다. 비가 내리지 않았더라도 가족 중에 누군가가 마당에 물을 뿌렸다면 마당이 젖었을 테니까요. 이 논증은 타당하지 않습니다. 반면에,

ⓕ 2의 배수라면 짝수일 것이다.
ⓖ 18은 2의 배수이다.
ⓗ 그러므로 18은 짝수이다.

2의 배수라면 그것이 짝수라는 건 명백한 사실입니다. 그런데 18은 2의 배수입니다. 그렇다면 18이 짝수라는 건 움직일 수 없는 사실이지요. 이런 논증을 '타당하다'고 합니다.

일반적으로 타당하다고 인정 받는 연역 규칙 몇 가지를 소개합니다.

①

은재가 전교 1등을 했다는 것은 꿈이거나 현실이다. : 이것은 P이거나 Q이다.

은재가 전교 1등을 했다는 것은 꿈이 아니다. : 이것은 P가 아니다.

그러므로 은재가 전교 1등을 했다는 것은 현실이다. : 그러므로 이것은 Q이다.

② 단순 양도 논법

문선이는 붓글씨를 쓰든지 봉사 활동을 할 것이다. : P이거나 Q이다.

만일 문선이가 붓글씨를 쓴다면, 문선이는 즐거워질 것이다. : 만일 P라면 R이다.

만일 문선이가 봉사 활동을 한다면, 문선이는 즐거워질 것이다. : 만일 Q라면 R이다.

그러므로 문선이는 즐거워질 것이다. : 그러므로 R이다.

③ 복합 양도 논법

민경이는 공부를 하든지 운동을 할 것이다. : P이거나 Q이다.

만일 민경이가 공부를 한다면 성적이 오를 것이다. : 만일 P라면 R이다.

만일 민경이가 운동을 한다면 건강해질 것이다. : 만일 Q라면 S이다.

그러므로 민경이는 성적이 오르거나 건강해질 것이다. : 그러므로 R이거나 S이다.

논증은 대체로 정언명제로 이루어지는 경우가 많습니다. 정언명제는 어떤 명제, 주장, 판단을 아무 제약이나 조건 없이 내세우는 명제를 가리킵니다. 일반적으로 정언명제를 네 가지로 분류합니다. 먼저 주어 자리에 오는 대상이 모두를 가리키는가(전칭), 그 대상의 일부를 가리키는가(특칭)으로 구분합니다. 그리고 긍정명제와 부정명제로 나누지요.

모든 원숭이는 포유류이다.
(전칭긍정명제)

어떤 음악가는 아버지이다.
(특칭긍정명제)

모든 군인은 미성년자가 아니다.
(전칭부정명제)

어떤 한국인은 여성이 아니다.
(특칭부정명제)

이 네 가지 명제는 벤도형으로도 나타낼 수가 있어요. 먼저 전칭긍정명제를 설명할게요.

'모든 F는 G이다'라는 것은 'G에 포함되지 않는 F는 없다'라는 것과 같지요. 예컨대 모든 2의 배수는 짝수라는 말은 짝수에 포함되지 않는 2의 배수는 없다는 것과 같습니다. 이것을 벤도형으로는 이렇게 나타냅니다.

전칭긍정명제(A명제)

모든 F는 G이다

위 그림에서 빗금 친 부분은 그것에 해당하는 요소가 없다는 뜻입니다. 즉 비어 있음을 나타냅니다. 우리가 일반적으로 표시하는 방법과 반대인 것처럼 느껴져서 이상하지요? 하지만 '비어 있는 부분은 빗금을 친다'는 걸 꼭 기억해 두세요. 예를 들어 '모든 2의 배수(F)는 짝수(G)이다'라는 말은 짝수에 포함되지 않은 2의 배수는 없다는 것이지요. 그런 경우 2의 배수(F) 중에 짝수(G)에 포함되지 않는 부분에 빗금을 치는 거예요.

488

이번에는 특칭부정명제를 설명할게요. 특칭부정명제는 '어떤 F는 G가 아니다' 라는 형식을 지닙니다. 그리고 이것은 G에 포함되지 않는 F가 적어도 하나 이상 있다는 것과 같습니다. 이를 벤 도형으로 다음과 같이 표현합니다.

특칭부정명제(O명제)
어떤 F는 G가 아니다

여기에서 X는 어떤 요소가 있다는 표시입니다. 없다는 뜻이 아니라는 걸 유념하세요. '어떤 국어교사(F)는 아버지(G)가 아니다' 라는 명제는 아버지에 포함되지 않는 국어교사가 적어도 한 명 이상이라는 뜻이지요. 이럴 때 아버지(G)에 포함되지 않는 국어교사(F) 부분에 X 표시를 합니다.

네 개의 정언명제를 이런 식으로 표현하면 다음과 같습니다. 아래 그림을 흔히 '논리대당사각형' 이라고 합니다.

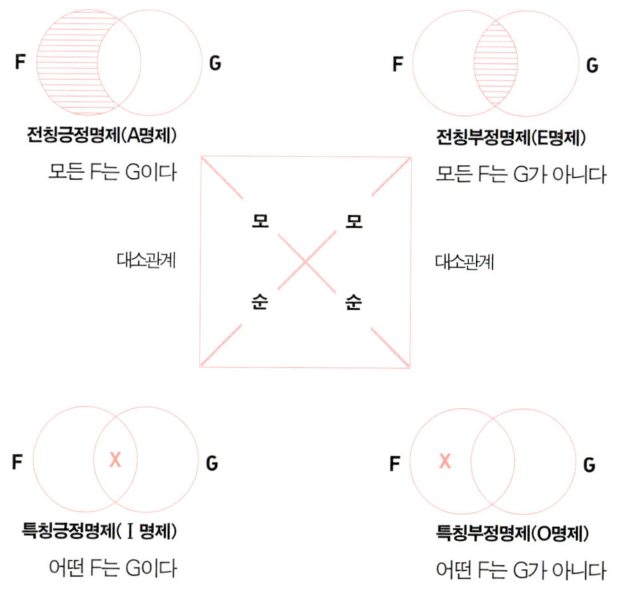

전칭긍정명제(A명제)
모든 F는 G이다

전칭부정명제(E명제)
모든 F는 G가 아니다

대소관계

대소관계

특칭긍정명제(I 명제)
어떤 F는 G이다

특칭부정명제(O명제)
어떤 F는 G가 아니다

그리스어 Affirmo는 '긍정하다'라는 뜻입니다. 이 단어의 모음을 순서대로 사용해서 전칭긍정명제는 A명제, 특칭긍정명제는 I명제라고 해요. 이에 비해 Nego는 '부정하다'라는 뜻입니다. 이 단어의 모음을 순서대로 사용해서 전칭부정명제는 E명제, 특칭부정명제는 O명제라고 부릅니다.

위의 그림을 보면 각 명제끼리 일정한 관계를 이루고 있어요. A명제와 O명제는 모순입니다. 즉 어느 하나가 참이면 나머지는 거짓이에요. 예를 들어 '모든 동사는 용언이다'가 참이면 '어떤 동사는 용언이 아니다'는 거짓일 수밖에 없지요. A명제와 I명제는 대소관계입니다. 즉 A명제가 참이면 I명제도 참이고, A명제가 거짓이면 I명제도 거짓입니다. '모든 나무는 식물이다'가 참이라면 '어떤 나무는 식물이다'도 참일 수밖에 없지요. E명제와 O명제도 대소관계를 이룹니다.

이제 이 그림을 이해했나요? 그렇다면 정언명제로만 이루어진 삼단논법의 타당성 여부를 쉽게 확인할 수 있습니다. 같이 해 볼까요? 가장 널리 알려진 삼단논법을 재료로 설명해 줄게요.

모든 사람은 죽는다. (대전제)
홍길동은 사람이다. (소전제)
그러므로 홍길동은 죽는다. (결론)

먼저 이 논법에 나타난 세 가지 개념이 서로 겹치도록 해서 원을 그립니다.

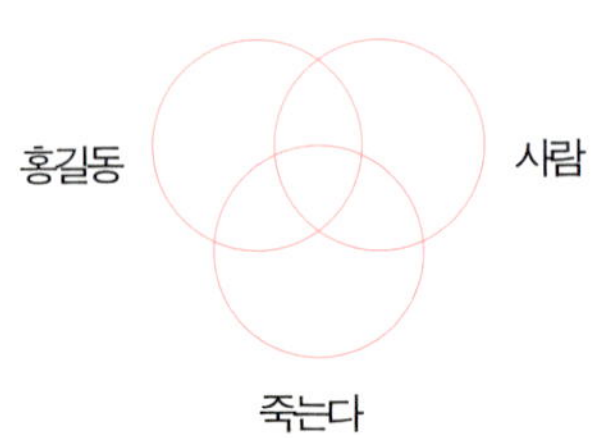

그런 다음 대전제, 소전제, 결론 순으로 '논리대당사각형'에서 설명한 방식으로 표시해 가는 거예요. 단 전제가 특칭적 주장과 일반적 주장으로 구성되어 있을 경우에는, 일반적 주장을 먼저 그립니다. 먼저 대전제를 그려 볼까요. '사람은 죽는다' 라는 말은 죽지 않는 사람은 없다는 것이지요. 그러므로 '죽는다에 포함되지 않은 사람'에 해당하는 부분을 빗금으로 표현합니다. 즉 이렇게 되겠네요.

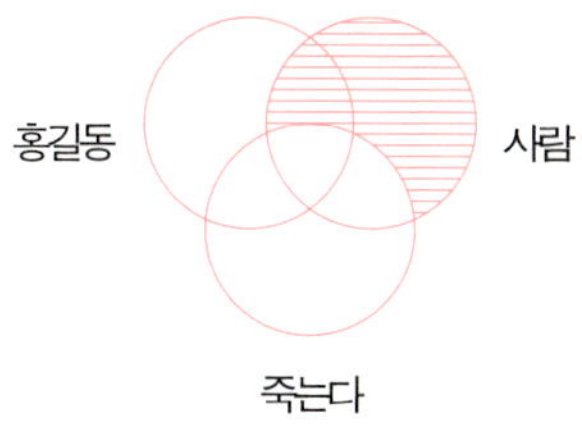

이번에는 대전제를 그린 그림에다 소전제를 그릴 차례입니다. 홍길동은 사람이라는 말은 '사람에 포함되지 않는 홍길동은 없다'는 뜻입니다. 그러므로 사람에 포함되지 않는 홍길동 부분이 비어 있음을 나타내도록 빗금을 그립니다. 대전제를 그린 것과 구별하기 위해 이번에는 세로선 빗금을 그려 볼게요. 그러면 이런 그림이 완성되겠네요.

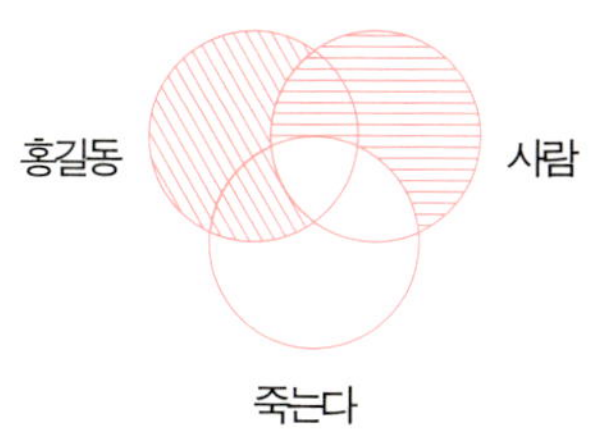

491

이제 마지막으로 결론을 그릴 순서입니다. 결론은 '홍길동은 죽는다' 입니다. 이를 그림으로 그리려면 죽는다에 포함되지 않은 홍길동에 빗금을 그려야 합니다. 그런데 대전제와 소전제를 빗금 친 부분에 이미 그려져 있기 때문에 더 그릴 게 없네요. 이처럼 **대전제와 소전제를 그린 후에 결론을 나타내기 위해 더 그려야 하는 부분이 없다면 '타당' 한 논증입니다.** 반면에 대전제와 소전제를 그린 후에 결론을 나타내기 위해서 더 그려야 하는 부분이 있다면 그것은 '타당하지 않은' 논증입니다.

낯선 것이라 조금은 어렵게 느껴지나요? 그렇다면 한 번 차근 차근 복습해 보세요. 그런 다음 이제까지 설명한 내용을 바탕으로 아래의 논증이 참인지 거짓인지 확인해 보세요.

㉠ 어떤 학생은 정치적이다.
  모든 정치적인 사람들은 순수하지 않다.
  그러므로 어떤 학생은 순수하지 않다.

㉡ 어떤 연예인은 사업가이다.
  어떤 구두쇠는 연예인이다.
  그러므로 어떤 구두쇠는 사업가이다.

이렇게 그릴 수 있지요? 그런데 논증 ㉠은 두 개의 전제를 그리고 나니까 결론을 그릴 필요가 없네요. 그러므로 '타당하다'고 할 수 있겠어요. 반면에 논증 ㉡은 결론을 나타내기 위해서는 아래의 그림처럼 구두쇠와 사업가의 교집합 부분에 X 표시를 하나 더 해야 합니다. 그러므로 '타당하지 않다'는 걸 확인할 수 있었지요?

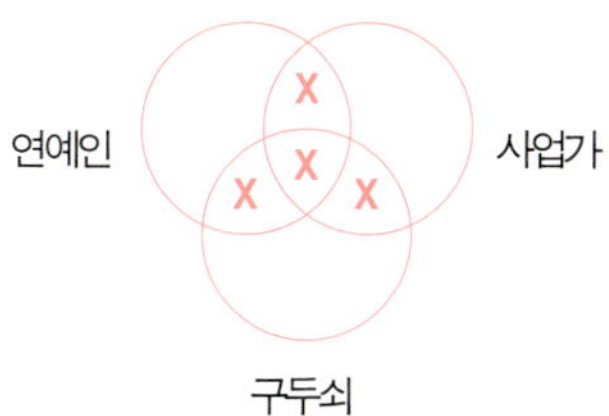

말로 설명하면 이해하기 쉬울 텐데, 글로만 설명하려니까 조금 힘드네요. 여러분도 이해하기 힘들었지요? 하지만 차근차근 반복해 보면 곧 이해할 수 있을 거예요. 벤도형을 이용해서 정언명제로만 이루어진 삼단논법의 타당성 여부를 검증하는 방법을 꼭 익혀 두길 권합니다.

통시성은 시간의 흐름을 염두에 둔 사고 방식입니다. 즉 특정 시대만을 대상으로 하는 것이 아니라, 여러 시기에 걸쳐 일어난 일의 변화를 대상으로 삼습니다. 어떤 특정한 대상이 오랜 세월 동안 어떻게 변모해 왔는지를 살피려고 할 때 통시적 방법을 사용합니다. 예를 들어 "우리나라 관료 조직의 변천 과정", "조선시대 형벌 제도의 변천사", "궁중 복식 제도의 변화" 같은 연구들에 통시적 방법을 씁니다.

공시적은 동시적(同時的)과 의미가 같습니다. 어떤 시기에 일어난 일을 대상으로 삼아 사고를 전개하는 방법입니다. 이 방법은 특정한 시기의 어떤 대상을 다각도로 깊이 있게 관찰할 때 사용합니다. 예컨대 '식민지 시대에 발표된 지식인 소설들의 특성', '조선 후기의 토지 제도 연구', '영·정조 시대 성리학의 논쟁' 등을 연구하려면 공시적 방법이 적절합니다.

499

학습법

학습법

고전문학 학습 방법 183

고전문학은 해석이 우선입니다. 그래야 작품을 감상하고 문제를 풀 수 있습니다. 해석을 하려면 단어를 알아야 하는데, 여러분도 지금 이것이 문제인가요?

나도 학생들에게 고전문학이 영어보다 더 어렵다는 하소연을 많이 듣습니다. 어렸을 때부터 영어 학원만 다녔는데 이제 고전문학을 공부하려니까 어려운 게 당연하지 않나요? 내가 듣기에는 날마다 수영만 해놓고 배드민턴을 못 친다고 하소연하는 것과 다르지 않아요. 그러니 해결책은 간단하지요. 이제부터라도 고전문학 작품을 자주 들여다보는 습관을 기르는 게 가장 중요합니다.

다음 페이지에 고전문학 작품에 자주 등장하는 단어를 정리해 보았습니다.

언뜻 보기에 이런 옛말들이 낯설고 어렵겠지만 차츰 익숙해질 거예요. 다른 공부와 마찬가지로 고전문학 공부 역시 누가 더 많은 시간 동안 공부했는가에 따라 결과가 확연히 달라집니다. 특히 시조는 작품이 매우 많으므로 하루에 서너 편씩 꾸준히 공부하는 게 좋겠습니다.

고어	현대어	예	현대어 풀이
-(ᄂ/ᄂ)ᄂ다	-는가	아ᄂ다 몰Oᄂ다	아는가 모르는가
-ㄹ세라	-할까 두렵다	졈그롤셰라	저물까 두렵다
-온/은말이	-으니	올은말이	오르니
건듯	문득, 잠깐	건듯 부러	문득 불어
녜	옛날에	녜와 ᄀ티	옛날과 같이
녀다, 녜다, 니다	가다, 지내다	녈구름	지나가는 구름
다히	쪽	동다히로	동쪽으로
뎌르다	짧다	뎌르니	짧으니, 짧아지니
머흘다	험하다	머흘도 머흘시고	험하기도 험하구나
삼기다	생기다, 만들다	이 몸 삼기실 제	이 몸이 생겨날 때
슬ᄏ장	실컷	슬ᄏ장 숩쟈	실컷 사뢰려고
슳다	싫다, 슬프다	슳어 ᄒ노라	슬퍼 하노라
여희다	여의다	여희여슈믈	여의었음을 이별하였음을
외오	따로, 외로이	외오 두고	따로 두고
웨다	외치다	웨ᄂ다	외치느냐
의손대	에게	님의손대	임에게
즛	모습	즈ᄉㅣ	모습이
ᄏ니와	물론이거니와	수품은 ᄏ니와	솜씨는 물론이거니와

　고전문학을 공부할 때는 너무 세세한 것까지 파고드는 것보다 전체적인 맥락을 잡는 것이 중요합니다. 문학 교과서에 수록된 작품을 중심으로 전체적인 내용을 파악하는 일에 주력해 보세요. 그 다음에 개별적인 내용을 공부합니다. 숲을 먼저 본 후에 나무를 살피는 식이 고전문학 공부의 기본입니다.

　고전문학에는 한자어가 많이 나옵니다. 그러므로 한자어에 관한 지식을 쌓는 것도 놓칠 수 없는 부분입니다. 이와 더불어 그 작품이 생산된 시대에 대한 배경지식을 쌓는 것이 필요합니다. 특히 역사적 사건, 정치적 사건을 이해해 두면 작품 내용을 더 빨리 파악하고, 더 오래 기억합니다. 언어와 국사를 따로 공부하는 것과, 함께 공부하는 것 중에 어느 것이 더 효과적인지는 여러분이 더 잘 알 테지요. 이른바 통합 교과적인 공부는 여러분의 몫입니다. 자기가 머리를 써서 하는 만큼 자기만의 영역을 단단히 쌓게 되니까 오히려 좋은 기회입니다.

선인들의 생애와 사상을 알고 작품을 감상해 보세요. 그것을 모른 채 감상하는 것과 천지 차이입니다. 율곡 선생은 과거에 아홉 번이나 장원급제한 분입니다. 이런 사실을 알게 된 후에 「고산구곡가」를 읽어 보면 예전보다 더 깊이 감동하게 됩니다. 허난설헌은 남편과 불화가 심했으며, 자녀 둘을 모두 잃었습니다. 지금도 그녀의 무덤 앞에는 자식들 무덤 두 개가 나란히 놓여 있습니다. 이런 삶을 이해하면 「곡자」, 「빈녀음」이 예전과 다르게 느껴집니다.

그리고 옛날 사람들의 사고방식과 문화는 현대인들과 다릅니다. 그 차이를 이해하는 일도 더없이 중요합니다. 이 책에 실린 〈간지〉와 〈음양오행설〉을 참고해서 기초적인 내용부터 꼭 익혀 두세요.

⇒ 191p 「간지」, 257p 「음양오행설」 참고

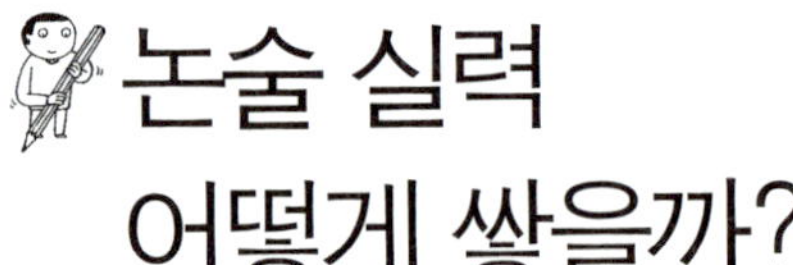

논술 실력 어떻게 쌓을까?

'논술' 이란?

논술고사에서 좋은 결과를 얻으려면 먼저 '논술' 에 관해 정확하게 알아야 하겠네요. 『표준국어대사전』에서는 논술을 '어떤 것에 관하여 의견을 논리적으로 서술함' 이라고 풀이해 놓았습니다. 이러한 사전적 의미에서 확장되어 논술이란 '비판적 읽기와 창의적 문제 해결하기를 기반으로 한 논리적 글쓰기' 를 가리킵니다.

논리는 '전제' 와 '결론' 으로 이루어집니다. 즉 이 두 가지 중 어느 하나라도 없으면 논리적이라고 할 수가 없어요. 전제는 어떠한 결론을 이끌어내는 데 꼭 필요한 기초 자료를 의미합니다. 그리고 그러한 전제에서 이끌어내는 의견을 결론이라고 하지요. 예컨대 '오늘은 월요일이다. 그러므로 내일은 화요일이다' 는 논증에 해당합니다. 이때 '그러므로' 를 기준으로 앞과 뒤에 오는 내용을 각각 전제와 결론이라고 하지요. 즉 논증이란 '전제이므로 결론이다' 와 같은 형식을 띠게 되며, 이러한 사고 내용을 일정한 순서에 따라 기록[서술]하는 것을 논술이라고 합니다.

논증이 무엇인지 이해했다면 아래에 제시하는 전제에서 결론을 이끌어 내보세요(빈 칸을 자기 나름대로 채워 보세요).

전제 : 만일 홍길동이 공부를 열심히 했다면 성적이 오를 것이다.
　　　홍길동은 공부를 열심히 하지 않았다.
결론 : 그러므로 홍길동은 _______________________

아마 '성적이 오르지 않았다'는 결론을 내린 학생도 있을 겁니다. 하지만 이것은 논리적인 사고는 아니에요. 공부를 열심히 했더라도 방법이 나빴거나, 시험을 치르는 날 건강이 좋지 않았다면 성적이 오르지 않을 수도 있으니까요. 그런가 하면 무지하게 운이 좋게도 홍길동이 공부한 내용에서만 시험 문제가 출제되었거나, 홍길동이 부정 행위를 저질러서 성적이 오를 가능성도 있어요. 위의 사고를 '만일 간디가 총살을 당했다면 그는 죽었을 것이다. 간디는 총살 당하지 않았다. 그러므로 간디는 죽지 않았다'와 견주어 보면 논리적이 아니라는 걸 쉽게 알 수 있지요.

그렇다면 논리적이라는 것은 과연 어떤 것일까요. 이를 위해서 두 가지 질문을 던져 보아야 합니다. 결론이 참이라는 것을 인정한다면 전제가 참이라는 것도 받아들일 수밖에 없는가? 이 논리에 사용된 전제는 참인가? 이 두 가지 질문에 모두 "그렇다"고 대답할 수 있어야 논리적이라고 할 수 있어요. 즉 전제와 결론이 이처럼 긴밀하게 연결되어 있는 것을 '논리적'이다, 혹은 '타당하다'고 합니다. 논술고사란 수험생의 논리적 사고 능력을 평가하려는 시험입니다.

따라서 논술고사를 준비하는 학생이라면 늘 논리적으로 사고하는 습관을 기르는 것이 가장 중요해요. 책을 읽을 때는 물론이고 TV를 시청하거나 심지어는 다른 사람과 이야기할 때도 위의 두 가지 질문을 스스로에게 던져 보아야 합니다. 질문하고 대답할 때 비로소 사고력이 길러지는 법이니까요.

논술고사 준비하기

각 대학의 기출문제의 유형과 요구사항에 따라 답안을 작성하는 훈련을 반복해야 합니다. 그런데 이때 가장 중요한 것은 출제자의 요구를 정확하게 분석하고, 이에 대한 답안을 제시할 수 있어야 한다는 점이에요. 논술고사를 채점한 교수님들은 답안 중에 출제자의 요구가 무엇인지 제대로 파악하지 않은 것이 많았다고 지적합니다. 이런 경우에는 아무리 그럴 듯한 답안을 내놓아도 불합격이 되고 말지요. 예컨대 요약하라고 했는데 대책을 제시하는 것은 투박하게 말해서 지구력을 발휘해 보라고 했는데 순발력을 뽐내는 것과 다르지 않아요. 논술시험에서 가장 많이 출제되는 유형과 그에 따라 주의할 점을 정리하면 다음과 같습니다.

	원인분석, 대책제시형	자료제시형	비교, 대조형	요약형
개념	사회적으로 문제가 되고 있는 것들의 실태를 지적하고 그 원인을 분석하며 나아가 적절한 대책을 제시하는 유형.	답안 작성에 필요한, 또는 전제가 되는 지문이나 통계 자료, 그림 등을 수험생에게 미리 제시하고 그에 따라 논술하도록 요구하는 문제 형식. 자료를 이해하여 언어화하라는 문제와 자료를 근거로 하여 추론하라는 문제로 대별된다.	둘 이상의 대상들을 여러 각도에서 비교·대조하여 장단점을 판별하거나, 하나의 대상일지라도 여러 관점에서 장단점을 비교·대조할 것을 요구하는 문제 형태. 단순히 비교·대조하는 데서 그치지 않고 그 해결방안이나 이상적인 상태에 관해서 논할 것을 요구하는 경우가 많다.	주어진 지문의 내용을 일정한 분량으로 요약, 정리할 것을 요구하는 논술 문제 유형. 주어진 글에 대한 독해력 및 글에 관해 이해한 내용을 스스로의 언어로 정확하게 표현할 능력이 있는지를 측정하려는 논술 문제 유형이다.
문제 형태	'~한 현상의 원인을 분석하고 대책을 제시하라.' '~한 현상의 원인을 설명하라.' '~한 현상에 대해 비판하라.' '~한 현상의 해결책을 제시하라.'	'주어진 자료를 바탕으로 하여 제시된 문제에 답하라.' '다음 글을 읽고 그 내용을 참고하여 제시된 논술문을 작성할 것.'	'~한 대상이 지닌 장단점에 대하여 논하라.' '~라는 상반된 주장에 대해 자신의 견해를 제시하라.' '주어진 지문에 나타난 두 견해의 공통점과 차이점에 대하여 논하라.'	'주어진 조건(분량, 단락, 기타의 조건)에 맞게 다음의 글을 요약하시오(혹은 줄여 쓰시오).'
주의사항	1. '실태'는 구체적인 예시를 활용해야 좋다. 2. '원인 분석'은 지엽적, 피상적인 지적만으로 안 된다. 3. '대책'은 '원인분석'과 가능한 한 1대 1로 대응시키는 것이 좋다. 막연하게 '노력하자'거나 '의식 개혁이 필요하다'는 식의 윤리적 해결은 바람직하지 않다.	1.자신의 주장의 논거를 가능한 자료 안에서 찾을 것. 2.자료에서 추출될 수 있는 정보들이 가능한 한 빠짐없이 언급되도록 할 것. 3.자료 해독 결과를 일방적으로 나열하지 않고 일관된 논지 안에서 수용 정리할 것. 4.도표의 분류 체계, 단위, 출전, 주석 등을 꼼꼼하게 읽을 것.	1.대상을 어떤 관점에서 비교·대조할 것인가 하는 기준을 제대로 설정해야 한다. 2. 기준을 설정하기 어려우면 먼저 대상의 개념을 정확히 밝혀 그 속성이나 범주를 확정지어 보는 것도 도움이 된다.	1.단락과 단락의 연결이 자연스러운지 검토하여 수정한다. 2.제시문의 필자 의도와 자신이 요약한 글의 의도가 부합하는지 비교한다. 3.출제자가 요구하는 글자 수와 맞춤법 원고지 사용법을 준수. 4.자신의 견해가 논술문에 반영되지 않도록 한다. 5.제시문의 일부분이나 한 문장 전체를 요약문에 옮겨 적지 않는다.

505

출제자의 요구가 무엇인지 파악했고, 그에 따라 논리적인 사고를 전개했더라도 표현력이 뒤떨어지면 자기 생각을 효과적으로 전달할 수 없어요. 논술고사는 분량과 시간에 제한이 있기 때문에 정확하고 효과적인 표현 능력을 길러야 해요. 좋은 문장은 '몸짱'을 닮았습니다. 꼭 필요한 근육[내용, 사고]은 골고루 갖추고 있는 반면에 군살[어법에 어긋나거나 군더더기인 표현]은 없을수록 좋아요. 아래에 제시하는 문장이 어떤 문제점을 지녔는지 생각해 보세요.

    ㉠ 여기에 대한 나의 의견은 도서정가제에 찬성한다는 사실이다.
    ㉡ 우리나라의 빈부격차는 선진국의 그것보다 훨씬 심각하다.
    ㉢ 최근에 와서 우리 사회의 최대 관심사는 아마도 청년 실업 문제일 것이다.

의미가 분명하게 전달되는 글쓰기 연습을 한 사람이라면 위의 문장을 각각 ㉠나는 도서정가제에 찬성한다. ㉡우리나라는 선진국보다 빈부격차가 훨씬 심각하다. ㉢최근 우리 사회는 청년 실업 문제에 가장 관심이 많다, 이렇게 쓰겠지요. 112자였던 원래 문장이 81자로 줄어들었네요. 비유하자면 체중을 32퍼센트나 줄인 셈이에요. 간결하면서 의미가 정확하게 전달되는 문장은 이처럼 중요합니다.

그런데 자기가 쓴 문장에서 스스로 허점을 발견해 내기란 매우 어려워요. 그러므로 다른 사람에게 보여주고 조언을 듣는 것이 현명하지요. 이때 친구의 도움도 필요하지만 그보다는 선생님에게 첨삭 지도를 받는 것이 더 좋습니다. 선생님들이 친구들에 비해 논술답안을 채점하는 분들과 경험이나 지식 면에서 더 가깝기 때문입니다.

논리적으로 사고하는 능력을 기르려면 그런 글을 자주 접해 보아야 합니다. 그런 점에서 신문 사설은 썩 좋은 논술 교재예요. 신문 사설을 이용해서 논술 시험에 대비하는 효과적인 방법을 안내할게요.

신문 사설을 오려 모을 공책을 준비해야 합니다. 이 공책은 크고, 종이에 구멍이 뚫여 있어서 원하는 대로 위치를 옮길 수 있는 게 좋습니다. 그래야 주제나 시기별로 사설을 다시 분류할 수 있습니다. 그리고 이 공책은 종이가 다소 두툼한 게 좋습니다. 공책에 사설을 풀로 붙여가면서 활용하기 때문입니다.

사설을 이용해서 공부하는 방법은 매우 많습니다. 여기에서는 초보자들이 단계적으로 학습할 수 있는 방법을 설명할게요.

먼저 단어와 친숙해지도록 노력해 보세요. 사설을 읽기 전에 꼭 국어 사전을 준비해야 합니다. 사설을 읽으면서 자신이 알지 못했던 단어를 사전에서 찾아 보길 권합니다. 이때 가능하면 한자까지 함께 익혀 두는 게 바람직합니다. 사설에는 특정한 단어들이 자주 나타납니다. 그리고 이 단어는 논술고사에서 활용할 일도 많기 때문에 한자 표기까지 알아 두어야 합니다. 더 깊이 공부하고 싶은 사람은 『시사 용어 사전』까지 갖추기를 권합니다. 낱말 뜻은 물론 중요한 개념까지 '내 것'으로 만들겠다는 자세로 사설을 읽는 것만으로도 여러분은 논술에 대한 자신감을 얻을 수 있습니다.

단어 공부가 끝났다면 문단 단위로 공부하는 게 올바른 순서입니다. 여러분들 중에는 왜 문장 단위는 뛰어넘는가 의아해 할 사람도 있을 것입니다. 그런데 사설은 전문적인 필자들이 쓴 글이므로 문장의 오류를 발견하기는 어렵습니다.

문단은 하나의 생각을 담게 마련입니다. 그리고 그 문단에 사용된 여러 개의 문장 중에는 그 문단의 요지를 담은 문장, 즉 주제문이 포함되어 있습니다. 그 주제문을 찾는 일을 반복하면 단락의 요지를 파악하는 능력이 향상됩니다. 그리고 이런 능력은 논술고사는 물론 수능 시험에서 비문학 지문을 정확하고 빨리 읽어 낼 때도 꼭 필요합니다.

주제문을 찾는 일에 익숙해지면, 그 문단에서 사용한 논증 방법도 눈여겨보아야 합니다. 글을 쓸 때 연역법과 귀납법, 변증법과 유추 등 여러 가지 추론 방식을 어떻게 사용하는지 실질적으로 이해할 수 있을 것입니다. 무엇을 전제로 어떤 결론에 이르는지, 전제와 결론의 관계가 필연적인지 검토해 보세요. 이런 과정을 거치는 동안 자연스럽게 논리적 사고력을 함양하게 됩니다.

문단 내용을 이해했다면 글 전체의 구조와 내용을 파악했을 거예요. 그리고 필자의 견해에 대해 여러분 나름대로 긍정 또는 부정적인 의견을 갖게 되겠지요. 이 의견을 공책의 여백에 기록해 보세요. 처음부터 어떤 격식을 갖춘 글을 쓸 필요는 없습니다. 처음에는 단순한 메모 정도로 기록하다가, 좀더 시일이 지나면 '전제와 결론'의 형태가 되도록 자기 의견을 적어 보세요. 전제와 결론이 어렵다면, '나는 A이기 때문에 B라고 생각한다'는 형식만 갖추어도 됩니다.

'요약'을 해 보는 것도 매우 효과적인 공부입니다. 사설 내용을 완전히 소화하지 않고서는 필자의 생각, 논리적인 흐름을 일정한 분량으로 축약하는 게 불가능합니다. 따라서 '요약'은 사설을 얼마나 잘 이해했는지 스스로 검증해 보는 계기가 됩니다. 뿐만 아니라 '요약'은 자기 생각을 객관적으로 표현하는 능력을 기르는 데도 매우 효과적입니다.

마지막으로 글을 부분적으로 완성하는 훈련을 해 보세요. 처음에는 결론을 여러분이 써 본 후에 원래의 사설과 비교해 보세요. 이런 일에 익숙해지면, 그다음에는 서론을, 세 번째로는 본론을 스스로 완성해 보길 권합니다. 그리고 마지막으로는 같은 주제로 여러분이 직접 논설문을 써보는 데까지 연습할 수 있겠지요.

사설을 공부할 때는 특정한 신문 하나만 보는 것보다는 상반된 견해를 주장하는 두 가지 신문을 보는 게 좋습니다. 그래야 한 가지 현상을 두고 어떻게 다른 의견을 펼치는지 비교해 가면서 여러분의 생각을 더욱 탄탄하게 세워나갈 수 있습니다. 사설 공책의 앞뒷면에 상반된 주제를 담은 사설을 붙여 두고 꼼꼼하게 견주어 보면 편중된 사고에서 벗어나게 될 것입니다.

위에서 안내한 방법대로 사설 공부하는 일이 결코 쉽지만은 않습니다. 시간도 많이 들지요. 그러므로 매일 한 편씩 이런 식으로 공부하기란 불가능합니다. 아마 일주일에 두 편 하기도 버거울 거예요. 자칫하면 계획만 거창하게 세웠다가 얼마 안 가서 포기할 수도 있습니다(실제로 그런 학생을 많이 보았습니다). 이를 피하기 위해서는 마음에 맞는 친구와 함께 공부하는 방법이 효과적입니다. 딱딱하고 지루한 사설 공부도 친구와 함께라면 늘 즐겁지 않을까요? 더욱이 친구와 생각을 나누면서 자신이 미처 고려하지 못했던 것까지 생각해 볼 수 있을 거예요. 친구와 대립된 견해를 펼치면서 자연스럽게 토론을 해봄으로써 심층 면접을 준비하는 효과까지 얻는다면 더 바랄 게 없겠지요. 그리고 사설만이 아니라 칼럼을 이런 방법으로 공부해 보는 것은 깊고 넓은 사고력을 갖추

는 지름길입니다. 여러분에게 이 길을 꾸준히 걸어라고 꼭 권하
고 싶네요.

 즉 비판적 읽기와 창의
적 문제 해결하기를 기반으로 한 논리적 글쓰기 능력을 발휘해야
합니다.

면접 실력 어떻게 기를까?

수시 모집을 앞두면 갑자기 면접 준비를 어떻게 해야 할지 몰라서 애태우는 학생들이 많네요. 정보를 탐색하는 1단계와 실제 면접을 연습하는 2단계 과정으로 나누어서 조언해 줄게요. 차근차근 읽어 본 후에 면접 준비에 적용해 보면 좋겠어요.

1단계 | 정보 탐색

대학이 학생을 선발하지 학생이 대학을 고르는 법은 거의 없습니다. 수험생들에게 이 말보다 더 두려운 말은 없겠지요. 하지만 조금만 생각을 바꿔 볼까요. 듣기 싫은 이 말 속에 대학 입학의 길이 열려 있거든요. 누군가에게 선택되려면 그 '누군가'가 원하는 모습으로 자신을 변모시켜야 한다는 건 너무도 명백한 사실이 아닐까요. 다시 말하면 각 대학에서 원하는 모습으로 자신을 표현할 수 있어야 합니다. 그런데 모든 대학이 다 똑같은 '인재상'을 원하는 것은 아니에요. 이름이 비슷한 전형일지라도 각 대학이 추구하는 인재상은 저마다 다릅니다. 각 대학의 전형 요강을 여러 번 반복하여 읽어 보면서 그 문구에서 사용된 핵심어를 조합하면 그 대학이 어떤 인재상을 원하는지 파악할 수 있습니다. 예컨대 "지역 사회 리더로 성장할 가능성과 잠재력이 있는 자란, 지역사회와 관련된 활동과 경험을 통하여, 자신의 잠재력과 역량을 개발하여 미래 지역사회에 기여하고자 하는 의지를 가진 자를 의미합니다."라는 문구를 주의 깊게 읽어 보세요. 이 전형은 학생이 자기가 살아온 지역에서 구체적으로 어떤 활동을 하면서 어떠한 잠재력과 역량을 길러왔으며(지금까지의 삶), 그 능력으로 지역 사회에 어떻게 기여할 것인지(앞으로의 삶)가 이 전형의 핵심이지 않을까요.

다음으로는 면접 진행 방식을 알아 두어야 합니다. 면접관은 몇 명인지, 시간은 얼마나 소요되는지, 사전에 면접 자료를 제공하는지, 영어 면접이 포함되는지, 인성만 평가하는지 전공과 관련된 면접을 치르는지 등 세부적인 사항을 모두 확인하는 제 중요해요. 이를 위해 전형 요강을 읽어 본다거나 선배들의 경험담을 조사하는 방법도 있어요. 대학의 입학관리처에 직접 문의하여 세부적인 사항까지 확인해둘수록 좋습니다.

또한 같은 대학의 유사한 학과, 그리고 다른 대학의 기출 문제를 조사하는 것도 잊지 말아야 해요. 이때 자기가 지원하는 전형과 유사한 전형, 자기가 지원하는 학과와 관련 있는 학과에서 제기된 질문을 분석하는 지혜가 필요합니다. 이를 바탕으로 예상 질문을 만들어 보세요. 그 예상 질문은 반드시 '현재', 그리고 '나'와 연관지어야 합니다. 어느 대학이든 면접관은 그 수험생이 이 세상과 어떻게 소통하면서 성장했으며 발전해 갈 것인지에 주목하게 마련이기 때문입니다. 고교생으로서 겪은 경험은 학생마다 크게 다르지 않습니다. 동아리 활동이나 리더십을 발휘한 사례, 독서 경험 등에서 커다란 차이를 보이지 않아요. 중요한 것은 그 경험 자체가 아니라 그 경험이 수험생을 어떻게 변화시켰으며, 그러한 과정의 연장선상에 놓인 대학 생활에서 얼마다 더 발전할 수 있는가 하는 점입니다. 이런 점에 주목한다면 면접장에서 어떤 질문을 만나게 될 것인지 짐작할 수 있지 않을까요?

2단계 | 면접 연습

수험생들은 예상 질문을 만들면 곧바로 말하기 연습을 시작하기가 쉽습니다. 그러나 이는 바람직하지 않습니다. 먼저 글로 답변을 작성해 보는 게 좋아요. 그렇게 함으로써 자기 사고력을 논리적으로 가다듬을 수 있게 되거든요.

답변을 가다듬을 때는 논리적으로 표현하는 게 핵심이에요. 논리적이라는 것은 전제와 결론이 밀접한 관계가 있다는 의미입니다. 예컨대 "길동이는 뱀에게 물렸다."라는 전제로부터 어떤 결론을 이끌어낼 수 있을까요. "길동이는 죽을 것이다."라든가 아니면 "길동이는 뱀에게 물린 자국이 생겼을 것이다."라고 말하는 사람이 있겠네요. 전자보다는 후자가 훨씬 논리적입니다. 뱀 중에는 독이 없는 뱀도 많으니까요. 이처럼 전제를 바탕으로 타당한 결론을 이끌어내는 데 능숙해져야 해요.

그리고 이 과정에서 군더더기 표현을 줄이고, 자기 생각을 명료하게 전달하는 표현을 발견하려는 노력도 중요합니다. "저는 심리학이라는 학문에 대해 많은 관심을 갖고 있습니다."와 "저는 심리학에 관심이 매우 많습니다."는 똑같은 사실을 말하고 있습니다. 하지만 전자보다 후자가 훨씬 더 명료합니다. 요컨대 전제와 결론이 밀접한 주장을 군더더기 없이 말할 수 있도록 글로 자기 생각을 가다듬어 두는 게 현명합니다. 답변이 완성되면 선생님께 조언을 들어보세요. 자기가 미처 생각하지 못했던 문제점을 발견함으로써 답변의 완성도를 높일 수 있을 테니까요.

예상 질문에 답변을 만들어 보았다면 우선은 친구들과 함께 반복해서 연습하는 게 좋아요. 이때 번갈아 가면서 면접관 역할을 하게 되는데, 서로에게 비판적일수록 좋습니다. 면접 연습장 분위기가 산만해지거나 아니면 친목 모임처럼 바뀌어서는 안 됩니다. 사소한 점이라도 일일이 지적을 해 주고, 그 지적을 수정하는 것만이 합격을 보장해 주지요. 친구들과의 연습 과정을 마치고 나면 선생님과 함께 면접 연습을 해 보세요. 친구들과 할 때보다 훨씬 더 정밀하고 깊이 있는 연습이 될 거예요. 이때는 자기가 지원하려는 학과와 관련 있는 교과목 선생님의 도움을 받는 것이 좋습니다.

선생님의 날카로운 질문은 수험생이 미처 준비하지 못했던 것일 가능성이 높습니다. 그리고 난감한 질문은 면접 장소에서 흔히 마주치는 장애물이기도 하지요. 자신이 모르는 것을 질문 받았다면 어떻게 해야 할까요. 질문 의도를 모르겠다면 면접관에게 질문 의도를 다시 확인해 본 후에 답변하는 게 바람직합니다. 그런데 질문 내용 자체를 모르는 것이라면 어떻게 하는 게 좋을까요.

1. 평소 면접 연습을 많이 해서 어떤 상황에서든지 당당하고 논리적으로 말할 수 있는 능력을 키워야 합니다.

2. 면접관의 질문 내용이 무엇인지 정확하게 파악하지 못했을 때는 질문 내용을 확인한 후에 답변하는 것이 좋아요. 즉 "지금 제게 질문하신 내용을 ～이라고 이해했는데, 맞습니까?"라고 되물어 보면서 답변에 필요한 시간을 확보하고 자기 생각을 정리하는 의연함, 대범함이 필요합니다.

3. 질문 내용은 파악했지만 자신이 잘 모르는 내용일 때

① 질문 내용과 완전히 일치하지는 않지만 그것과 관련이 있는 경험이나 활동이 있으면 그것만이라도 소개하세요. 그런 후에 그것을 중단한 이유―중간고사나, 모의고사, 수능 준비 등등―를 밝히고, 대학에 입학한 후에 마저 공부하겠다는 식으로 답변하세요. 예컨대 "한국문학사를 통시적으로 공부해 본 적이 있는가?"라는 질문에 대해서 "2학년 겨울방학 때부터 그와 관련된 공부를 시작했습니다. 그런데 고려 중반까지 공부했을 때 3학년이 되었고, 그때부터는 계속 시험 준비를 하느라 더 공부하지 못했습니다. 수능을 마치고 나면(대학에 입학한 후에) 나머지 부분을 이어서 공부하려고 합니다."와 같이 대답하는 것이지요.

② 질문과 연관 지을 만한 내용이 없을 때는 자신의 준비 부족을 솔직하게 드러냅니다. 그러나 이때에도 나중에 그것을 공부해 보겠다는 자세를 보여주는 게 좋아요. 예를 들어 "죄송하지만 그런 부분까지는 미처 생각해 보지 못했습니다. 수능 후에 그와 관련된 책을 구해서 읽어 보겠습니다."와 같이 대답해야 좋은 반응을 얻겠지요.

4. 면접관이 내 답변에 자꾸 반대 의견을 낼 때는 무조건 면접관 의견에 동조하거나 혹은 정반대로 자기 의견만 내세우는 고집불통 같은 행동을 해서는 안 됩니다. 면접관의 의견 중에 자신이 미처 생각하지 못했던 부분은 수용하되, 자기 의견이 가진 장점을 강조하면서 예전보다 합리적인 방안을 제시하는 변증법적 사고 과정을 보여 주어야 합니다.

우선은 자신이 그와 관련해서 아는 게 없다는 것을 솔직하게 인정하세요. 점수가 깎일까 봐 중언부언해서는 안 됩니다. 면접관

을 속이려 하는 건 절대 금물이에요. 면접관은 수험생보다 연륜과 학식, 경험 등 모든 면에서 나은 분들입니다. 그러므로 수험생의 능력으로는 면접관을 속일 수가 없어요. 선생님과 연습하는 과정에서 이런 상황까지 경험해 볼 수 있다면 가장 효과적인 면접 준비가 될 거예요.

면접 준비를 할 때 학과와 관련된 지식을 충분히 쌓아두는 것보다 중요한 일은 없습니다. 그런데 그 지식을 인터넷에만 의존하는 것은 위험해요. 실제 사례를 들려 줄게요. 중국학과에 진학하려는 학생에게 면접관이 중국의 정치 지도자 시진핑에 관해 물었습니다. 학생은 속으로 만세를 불렀다고 합니다. 바로 전날 밤에 시진핑에 대해 준비를 해두었기 때문이지요. 그는 자기가 알고 있는 대로 시진핑에 관해 언급하면서 그가 덩샤오핑의 아들이라고 덧붙였습니다. 대답이 끝나자 면접관이 어디에서 그런 사실을 알았는가 되물었어요. 학생은 인터넷에서 보았다고 답변했습니다. 그 학생은 면접장을 나와서야 덩샤오핑과 시진핑은 부자지간이 아니라는 사실을 알게 되었습니다. 굳이 인터넷을 이용한다면 백과사전이나 아니면 믿을 만한 사이트 등을 참고하길 권합니다.

면접은 말하기 능력과 떼려야 뗄 수가 없습니다. 어떻게 하면 효과적으로 말하는 능력을 기를 수 있을까요? 하체는 단단하게 고정시키고 상체는 유연하게 만들었을 때 좋은 목소리를 낼 수 있습니다. 이런 자세를 유지하면서 말하는 연습을 해 보세요. 그리고 평소 수업 시간에 발표하는 습관을 기르려는 노력을 기울여야 해요. '연습은 실전처럼, 실전은 연습처럼'이라는 말을 많이 들어 보았지요? 수업 시간에 침묵하면서 면접을 잘 보겠다는 것은 수영을 잘하고 싶어 하면서 수영장엔 들어가지 않는 것과 똑같습니다. 지원하는 학과와 관련된 글을 소리 내서 읽어 보는 것도 매우 좋은 방법입니다. 이때 배꼽 아래에 힘을 주고 "아~~~~" 하면서 길게 소리를 내보세요. 그런 다음 한 문장을 읽어 보세요. 그러고 나서 다시 "아~~~~"를 하고, 한 문장을 읽습니다. 이런 연습을 반복하면 정확하고 자신감 있게 말하는 능력을 기를 수 있어요.

　말하기는 상대방에게 '나'를 선물하는 행위입니다. 그러므로 내 말을 듣는 사람에게 신뢰감을 주어야 합니다. 그러려면 말끝을 분명하게 표현해야 해요. 끝을 얼버무리거나 흐리멍덩하게 말하는 버릇은 버려야 해요. 또한 "~ 것 같아요"라는 끝맺음은 신뢰감을 떨어뜨립니다. "먹구름이 몰려오는 것을 보니 비가 올 것 같아요."는 아무런 문제가 없는 표현이지요. 하지만 "이 동아리 활동이 제게 도움이 된 것 같아요."는 상대방에게 신뢰감을 주지 못합니다. 큰 사탕을 입에 물고 말을 해 보거나 젓가락을 입에 가로로 물고 말하기 연습을 해 보는 것도 정확한 발음을 익히는 데 도움이 된다고 알려져 있습니다.

　위에서 소개한 연습을 했다면 실제 면접 상황임을 가정하고 되풀이해서 연습을 해야 해요. 이때 연습 장면을 촬영하여 자신을 검증하는 자료로 활용하는 것도 권장할 만한 방법이에요. 답변의 논리성, 발음의 정확함, 목소리 크기, 말하는 속도, 시선 처리, 손의 움직임 등 모든 면의 단점을 보완하면 면접에 합격하리라는 자신감을 얻게 될 거예요. 꼭 그렇게 되길 바라는 마음으로 이제까지 안내한 방법을 표로 정리해 볼게요.

1단계: 정보 탐색	2단계: 면접 연습
○전형 요강 반복해서 읽기 ○기출 문제, 면접 방식, 선배들의 경험담 조사 　— 예상 질문 만들기	○예상 질문에 대한 답변 글로 작성해 보기 　— 전제와 결론이 논리적으로 결합된 답변 작성하여 선생님께 지도 받기 ○친구 및 선생님과 실제 면접 연습 　— 예상하지 못했던 질문 등 실제 면접 상황에 대처하는 능력 기르기 ○지원 학과 관련 배경지식 쌓기 ○신뢰감 주는 말하기 연습

🖊 모의고사 뒷정리　186

첫째, 모의고사 문제에서 틀린 문제를 유형별로 정리해 보세요.

둘째, 이런 방법으로 자기의 약점을 정확히 파악합니다. 시가 약한지 소설이 부족한지, 서정적 자아의 태도를 묻는 문제에 약한지, 문학 작품을 다른 장르로 바꾸어 쓰는 문제에 약한지를 확인해야 해요. 비문학에서는 어떤 문제를 자주 틀리는지 유형을 확인해 보세요. 해설지를 보면 문항마다 문제 유형을 기록해 두었습니다. 이를 참고해서 정리해 두세요. 예컨대 글쓴이의 관점 파악, 반론의 타당성, 논리 전개상의 특징 등으로 분류하는 겁니다.

셋째, 자기 약점을 알았다면 치료를 해야겠네요. 자기가 취약한 장르나 발문에는 꼭 알아 두어야 할 개념들이 있을 겁니다. 취약한 분야는 파고들어야 해요. 관련 개념을 완전히 익혀 두세요. 여기가 끝이 아닙니다. 학생이 출제 의도를 전혀 파악하지 못한 문제, 선택지 두 개를 놓고 고민, 고민하다가 하나를 골랐는데 나머지 하나가 정답인 문제는 선생님을 찾아가서 질문하는 게 좋습니다. 이때 시험지를 들고 가서 학생이 수험장에서 사고한 바를 함께 설명하면 더 좋겠네요. 한번 틀린 문제는 다시는 틀리지 않겠다는 마음가짐이 있어야 합니다.

넷째, 취약한 문제 유형만을 골라 집중적으로 반복하는 것도 필수적입니다. 이렇게 하면 자기가 취약하다는 생각은 사라지고 여유와 자신감을 얻을 수 있어요. 그렇게 되면 실질적으로 점수를 올릴 수 있습니다.

문제를 먼저 보아야 하나

　문제를 먼저 볼 것인가 그렇지 않은가는 수험생 개개인의 습관일 뿐입니다. 꼭 어떻게 해야 한다는 법은 없습니다.

　다만, 문제를 먼저 본다면 제시된 지문의 무엇과 관련된 문제가 출제되었는지를 파악할 수 있습니다. 즉 지문을 한결 효율적으로 읽어낼 수 있습니다. 그래서 이 방법을 선호하는 학생들이 많습니다. 하지만 이것은 학생 개개인이 선택할 문제일 뿐입니다.

　문제를 먼저 본다고 해서, 선택지 내용을 하나하나 파악하라는 의미는 아닙니다. 지문과 관련해서 어떤 문제를 묻는지 대강의 윤곽을 파악하면 됩니다. 즉 발문을 눈여겨보아야 합니다. 이런 식으로 문제를 확인하고 나면 지문을 읽을 때에도 출제된 문제와 관련된 내용에 주의를 집중하게 됩니다. ‘아 이러저러한 문제가 나왔구나.’ 라고 생각하며 지문을 보기 때문에, 지문을 읽다가 ‘어, 이건 몇 번 문제를 풀 때 참고해야겠네.’ 라는 식으로 기억을 되살려 낼 수 있어요. 이런 장점 때문에 문제를 먼저 보라고 권유하시는 선생님이 많습니다.

 문제집 고르고
활용하기

문제집 고르는 법

① 자기 수준에 맞는 문제집을 골라야 합니다. 국어영역 문제
집은 대체로 지문 하나에 다섯 문제가량 출제됩니다. 서점에 가서
문제집을 들고 한두 장 풀어 보세요. 학생이 다섯 문제 중에 두세
문제 정도 맞는 문제집을 고르세요. 그런 문제집을 우선 추려내서
풀다 보면 학생의 수준도 점점 올라갈 거예요.

② 해설이 얼마나 잘 되어 있는가를 살펴보아야 합니다. 해설
이 잘 되어 있다는 것은 학습자가 자기 사고 과정을 꼼꼼하게 검
증할 수 있도록 기술된 것을 의미합니다. 단순히 이만저만해서 몇
번이 답이라는 식으로 정답만 설명해 놓은 것은 피해야 해요. 해
설 내용은 정답보다 오히려 오답 설명이 더 중요합니다. 정답과
오답인 이유를 자세하게 설명해 놓은 문제집을 골라야 합니다.

③ 집필진을 주의 깊게 살펴보세요. 글쓴이가 무엇을 하는 사

람인지, 그런 종류의 책을 쓰기에 적합한 사람인지를 판단하세요. 집필자의 이력을 전혀 고려하지 않는 학생도 적지 않습니다. 그러나 문제집은 공산품이 아님을 명심하세요. 누가 쓴 책인가에 따라 내용의 질적 수준이 크게 다릅니다. 그리고 집필진을 살필 때는 필자가 너무 많은 책은 피하는 게 좋습니다.

④ 가능하면 교과서와 문제집, 참고서 등을 많이 출판한 회사의 책을 선택하는 게 바람직합니다.

⑤ 음식에 유통 기간이 있는 것처럼 문제집에도 유통 기한이 있다는 것을 아는 학생은 많지 않아요. 심사필이 붙어 있는지, 거기에 인쇄된 유통 기한이 언제까지인지 꼭 확인해 보아야 합니다.

⑥

문제집 활용 방법

①
문제를 풀려면 지문을 안 볼 수가 없습니다. 그런데 단지 지문만 공부하는 것은 책의 일부분만 공부하는 것과 같아요. 지문 내용을 바탕으로 더 깊이 파고들어가 보세요. 즉 그 작가의 다른 작품, 주제가 비슷한 다른 작가의 작품을 스스로 찾아 보아야 해요. 비문학 지문도 같습니다. 지문에서 다룬 중요한 개념, 그 문제를 둘러싼 논쟁거리를 살펴보세요. 단지 지문만 공부하는 것과 지문으로 공부하는 것은 엄청나게 달라요. 제시문 내용을 바탕으로 그

523

와 관련된 내용까지 능동적으로 공부하는 학생만이 사고력을 기릅니다. 더욱이 논술고사를 준비하는 효과도 얻게 되지요.

사고력을 기르는 게 공부의 근본입니다. 자기 사고를 나중에 검증할 수 있도록 선택지 옆에 정답 혹은 오답이라고 판단한 이유를 간단하게 기록하는 습관을 들이세요. 자세하게 적지 않아도 좋습니다. 자기가 어떤 생각을 했었는지 확인할 수만 있으면 됩니다. 만약 선택지 내용 중에 여러분의 생각과 다른 단어가 있어서 오답이라고 판단했다면, 그 단어를 지우는 것만으로도 충분합니다. 자기의 사고 내용을 반드시 남기는 게 중요합니다.

채점은 시험의 끝이 아니라 시작입니다. 문제의 정답을 확인하는 것에서 그치지 말고 자기가 생각한 것이 옳았는지 살펴보아야 합니다. 여러분과는 생각이 다른데도 같은 답지를 골라내는 일도 자주 일어납니다. 심지어는 자기 생각과 반대인데도 같은 선택지를 고르기도 합니다. 단지 맞고 틀리는 데 만족하지 말고 이런 사고 과정을 꼼꼼하게 검증해 보아야 사고력이 길러집니다. 출제자가 해설해 놓은 내용과 여러분이 메모해 둔 것이 같을 때라야 진정으로 그 문제를 맞힌 겁니다. 만약 같지 않다면, 어떤 점이 다른지 세세하게 분석해 보세요.

같은 문제집으로 공부하면서, 다른 친구들과 정답을 맞추어 보는 것입니다. 먼저 각 선택지에 기록한 내용을 서로 말해 보세요. 같은 문제를 두고도 어쩌면 이렇게 생각이 다를까, 놀랄 거예요.

각자 자기의 생각을 말한 다음에 정답을 확인해 보세요. 사람마다 다른 선택지를 고른 문제, 두 개의 선택지를 두고 논란을 벌인 문제는 교과 담당 선생님께 질문을 드리고 깊이 공부해야 합니다. 이렇게 공부하면 혼자서 여러 문제를 공부하는 것보다 훨씬 더 나은 결과를 얻을 수 있습니다. 한번 시도해 보세요.

먼저 문제를 읽습니다. 지문과 관련하여 어떤 문제가 출제되었
는지 확인해 보세요. 그러면 지문을 읽을 때 문제 해결에 단서가
될 만한 내용이 나오면 주의를 집중해서 읽게 됩니다.

지문은 전문적으로 글을 쓰는 분들이 집필한 것입니다. 그렇기
때문에 문단 안에 일정한 생각을 담아 글을 전개합니다. 그리고
문단은 주제를 나타내는 문장과 그것을 뒷받침하는 문장이 있게
마련입니다. 주제문과 뒷받침 문장을 찾아 문단의 요지를 파악하
는 연습을 해 보세요.

각 문단의 요지가 파악되면, 문단들끼리 어떤 관계에 놓여 있
는지를 알 수 있습니다. 이를 통해서 글 전체의 내용과 구조를 알
게 되는 것이지요. 주지 단락과 예시 단락, 반론 제기 단락 등 각
단락이 지닌 역할을 파악하는 일도 중요합니다.

비문학에 자주 등장하는 지문의 대표적인 유형을 익히는 것도
공부에 도움이 됩니다. 자주 등장하는 유형을 알려 드릴게요. 대
조적 사례를 통해 필자의 주장을 드러내는 글, 중심 화제와 관련
된 세부 정보를 나열하는 글, 서로 다른 주장을 객관적으로 소개

하는 글, 구체적 현상을 분석하여 일반화하는 글, 상반된 관점을 제시하면서 독자의 판단을 유도하는 글, 일반적인 원리를 구체적인 현상에 적용하는 글, 핵심어의 개념 설명에 치중하는 글, 대상이 변화하는 과정을 소개하는 글, 통념을 제시한 후에 사례를 제시함으로써 그 통념을 반박하는 주장을 펼치는 글 등이 있습니다.

꼭 그런 것은 아니지만, 국어영역에 출제되는 비문학 지문은 다섯 단락이나 여섯 단락으로 된 게 많습니다. 그렇기 때문에 조금만 연습하면 곧 익숙해질 거예요. 꾸준히 노력해 보기 바랍니다.

# 시 학습 방법 190

첫째, 시를 자주 읽어 보세요. 수영을 잘 하고 싶으면 물에 자주 들어가야 하고, 기타를 잘 치고 싶다면 손톱 밑에 피멍이 생기는 것쯤은 각오해야 한다는 것, 누구나 알고 있잖아요? 국어영역도 똑같습니다. 시 읽는 습관을 기르는 게 가장 중요합니다. 좋아하지 않으면 그 대상과 친해질 수 없다는 것을 꼭 기억하세요. 시는 분량이 많지 않으므로 자투리 시간만 활용해도 충분합니다. 자기가 좋아하는 시를 지문에서 발견할 때는 저절로 미소를 짓게 된답니다.

둘째, 시의 서정적 자아가 어떤 처지에 놓여 있는지 확인해 보세요. 사랑하는 사람과 이별했는지, 고향에 가지 못해서 슬퍼하는지, 자기가 살아가는 세상의 부조리함에 분노하고 있는지, 흘러가는 강물을 보면서 무엇을 생각하는지 등을 눈여겨보세요. 시에 나타난 정보를 정확하게 확인할 수만 있어도 시 해석의 절반은 성공한 셈입니다.

셋째, 함축은 어떤 대상이 지닌 속성입니다. 문학에서는 단어가 지시하는 개념의 집합(외연)보다는 그 개념의 속성(내포)에 의지하여 주제를 드러내는 특성이 강하게 나타납니다. 외연은 객관적이지만 내포는 주관적입니다. 다시 말해 하나의 단어가 갖는 내포적 의미는 여럿인데, 시인이 주목하는 의미는 시마다 다릅니다. 예컨대 '눈'(雪)에서 '시련'을 포착한 시인이 있는가 하며 '순결'이라는 의미를 끄집어내는 시인도 있습니다. '눈'으로 '평화'를 전하기도 하지요. 이것은 눈의 속성 '차갑다, 하얗다, 사방에 골고루 내린다'에서 시인만의 함축적 의미를 발견하기 때문입니다. 시는 단어의 함축적 의미를 기반으로 주제를 드러내기 때문에 이것을 잘 파악하면 주제에 성큼 다가서게 됩니다.

⇒ 99p 「함축적 의미」 참고

넷째, 한 작품을 서로 다르게 해석하는 것을 두려워하지 마세요. 문학 작품을 해석할 때는 사전적인 의미가 아니라 함축적인 의미로 이해합니다. 만약 사전적인 의미로 해석한다면 누가 하든 뜻풀이가 같을 것입니다. 하지만 함축적인 의미로 이해하기 때문에 평자마다 시를 다르게 해석합니다. 예를 들어 '가을'의 사전적 의미는, '일 년 사계절 중에서 세 번째 계절'입니다. 그러나 문학 작품에서는 '가을'을 이런 의미로만 해석하지 않습니다. 어떤 사람은 가을을 풍요로운 결실의 계절로 봅니다. 또 어떤 사람은 낙엽이 떨어지는 쓸쓸한 계절로 봅니다. 둘 다 가을을 함축적인 의미로 해석했기 때문에 풀이가 다르지만, 각각 그 나름대로 타당한 근거를 갖고 있습니다. 이것이 바로 문학을 문학답게 하는 특성입니다.

그러므로 시를 읽고 자기 나름대로 주제를 파악해 보아야 합니다다. 처음엔 낯설고, 틀릴까 봐 두려울 거예요. 하지만 시 해석에 맞고 틀리고는 없습니다. 시는 여러분이 주체적으로 감상해 보아야 깊게 읽어낼 수 있습니다.

⇒57p「상이한 해석」참고

　다섯째, 자기가 해석한 경험을 다른 사람들과 나누세요. 다른 사람들은 그 작품을 어떻게 이해했고, 어떤 사고 과정을 거쳐 그런 해석이 나왔는지 면밀하게 들여다보는 것도 시 읽는 능력을 기르는 데 필수적입니다. 다만, 자기는 작품을 감상하지도 않은 채 참고서부터 보는 것은 바람직하지 않습니다. 수학에서 자기가 직접 문제를 풀지도 않고 정답 풀이부터 보는 학생은 성적을 올리지 못하는 게 당연해요. 국어영역도 똑같습니다. 특히 전문가들이 쓴 글을 함께 읽어 보면 좋습니다. 주제를 어떻게 파악하는지, 시어의 의미와 구조를 어떻게 이해하는지 보고 전문가적인 방법을 배울 수 있으니까요.

🖊 시험 시간이 모자랄 때

191

공부에 왕도가 없다는 말 자주 하지요? 흔히 무슨 비법입네 하고 떠도는 말 중에 사실상 학생에게 도움이 되는 방법이 있는지 의문이 듭니다. 불량식품은 달콤하지만, 과연 밥 대신 먹을 수 있겠어요? 국어영역 시험 시간이 부족한 학생이 며칠 만에 이 문제를 극복할 비법은 없습니다. 내 조언에 특별한 기대는 하지 말아요. 상식적인, 그러나 가장 정직한 조언을 해 주고 싶을 뿐입니다. 불량식품보다는 소박한 쌀밥이 우리 몸의 피가 되고 살이 될 테니까요.

평소 책을 많이 읽으세요. 그래야 글을 정확하게, 신속히 읽는 능력이 생깁니다. 그리고 그 능력만이 시간을 단축시켜 줍니다. 시간을 정해 놓고 지문 읽는 훈련을 꾸준히 해 두는 게 가장 좋습니다. 자주 한 일일수록 점점 더 노련해지게 마련이지요. 더욱이 수능 시험날, 평소 읽어둔 글이 지문으로 나왔다면 이보다 시간을 절약하는 길이 또 있겠어요?

글을 많이 읽으면서 국어사전을 자주 열어 보세요. 단어의 사전적 의미를 정확하게 알고 있어야 같은 글일지라도 올바르게 읽어냅니다. 짧은 글을 읽고도 무슨 뜻인지 몰라서 고생한 적이 있을 겁니다. 그리고 그 고생을 하는 동안 시험 시간은 마구 흘러갑니다. 사전은 언어의 보물창고입니다. 자꾸 그 안에 들어가야 언어라는 이름의 보물을 손에 넣을 수 있어요. 사전과 친숙해지는 것이야말로 시간을 단축하는 지름길입니다.

글을 읽을 때 중요한 어구나 단어에 표시하는 습관을 들이세요. 이 방법을 쓰면 우리의 사고를 글에 집중할 수 있고, 글의 내용을 자기 나름대로 구조화해서 이해하게 됩니다. 내용 간 관계를 파악하기도 쉬워지고요.

이번에는 시험 시간 중에 해야 하는 일을 생각해 봅시다.

우선 심리적으로 안정을 찾는 게 중요합니다. 괜히 긴장했다가는 지문 내용을 체계적으로 이해하기 어렵습니다. 읽고도 무슨 내용인지 모르거나, 내용을 전혀 엉뚱하게 이해하는 일도 벌어집니다. 이런 실수를 되풀이하지 않으려면 심리적인 안정감, 자신감을 갖추어야 합니다. 눈을 감고 심호흡을 하면서 자기에게 자신감을 불어넣어 줍니다. 테니스 선수 마리아 샤라포바는 쉬는 시간에 뭘 하며 앉아 있지요? 몸과 마음의 긴장을 풀고 "나는 완벽히 준비가 되었다, 최선을 다할 것이다."라고 스스로에게 속삭입니다. 이런 것을 이미지 트레이닝이라고 해요. 학생에게는 시험이 경기입니다. 시험지를 받아 들기 전에 천천히, 나지막한 목소리로 자기에게 말을 건네 보세요. 내 안에 숨어 있던 또 다른 내가 나타나서 내 부름에 자신 있게 응답할 겁니다.

자기가 자신 있는 지문부터 해결하세요. 문항 번호 순서대로 문제를 풀어서 좋은 점이 있나요? 시가 자신 있다면 시부터, 소설이 자신 있다면 소설부터 문제를 해결합니다. 자신 있게 해결할 수 있는 문제를 모두 푼 후 취약한 지문을 읽는 방법만으로도 시간이 넉넉해집니다. 여러분들 중에 취약한 문제에 먼저 달려들어서 시간과 점수를 모두 잃어버리는 바보는 없으리라 믿습니다.

문제를 먼저 봄으로써 그 지문에 어떤 문제가 출제되었는지 확인한 후에 지문을 읽는 것도 권장할 만한 방법입니다. 특히 지문의 일부분만 읽어도 풀 수 있는 문제는 지문을 읽어 나가는 도중에 해결하세요. 그런 다음 다시 지문을 보면 됩니다.

문제를 풀면서 문제지에 답을 표시한 다음에 답지에 표기를 하는 게 좋은 방법입니다. 시험 날 둘러보면 한 문제 풀 때마다 답지에 표시하는 학생들이 의외로 많더군요. 답지와 문제지를 왔다 갔다 하며 보는 방식이기 때문에 시간을 쓸데없이 낭비하게 됩니다. 이 방법을 쓰면서 시간이 부족하다고 느끼는 학생은 답지 표기를 나중에 한꺼번에 하는 식으로 바꾸세요.

어휘, 어법 공부 방법

192

모든 공부는 교과서가 중심이 되어야 합니다. 어법 공부는 문법 교과서, 쓰기 공부는 작문 교과서를 기준으로 삼고 한 번씩 통독하세요. 교과서를 통독하여 내용을 전체적으로 파악한 후, 직접 문제를 풀면서 적응력을 기르는 식으로 공부하세요.

어휘의 보물창고는 사전입니다. 사전을 자주 들여다보는 것보다 더 좋은 어휘 공부가 없습니다. 귀찮고 성가시더라도 낯선 단어, 뜻을 정확하게 모르는 단어가 나오면 사전으로 달려가세요. 이런 노력이 쌓이면 어느새 국어영역 고득점자가 되어 있을 거예요.

학교나 학원에서 공부를 했는데도 어법이 어렵다면, '더 능동적으로 공부해야겠다.'고 생각하세요. 스스로 자료를 찾아봅니다. 물론, 문법은 암기 과목이 아닙니다. 어떤 문법이 왜 그렇게 설명되는지 끊임없이 의심하면서 정리해 가세요.

국립국어원 홈페이지를 자주 가 보세요. 특히 「묻고 답하기」에 실린 답변들을 눈여겨 읽어 보길 권합니다. 전문가의 설명만 읽어 봐도 더없이 좋은 어법 공부가 됩니다. 주소를 알려 줄게요.

http://www.korean.go.kr/

일상생활에서 마주치는 신문 기사, 광고문도 문법 교재로서 훌륭합니다. 간판이나 가게 유리문, 식당 주문표에 적힌 단어도 어휘·어법 공부에 도움이 됩니다. 또 일간지에 연재되는 우리말 관련 내용도 놓치지 마세요. 즉 평소에 문법에 관심을 갖고 아무 때나 적용해 보는 겁니다. 자기가 모르는 사이에 어휘·어법 실력이 늘어납니다.

우리말을 공부하는 데 도움이 되는 책을 정리해 보았습니다.

- 편집부,『국어 어문 규정집』, 대한교과서주식회사
- 남영신,『나의 한국어 바로 쓰기 노트』, 까치
- 리의도,『이야기 한글맞춤법』, 석필
- 성기지,『생활 속의 맞춤법 이야기』, 역락
- 이선웅 외,『우리말 우리글 묻고 답하기』, 태학사
- 이수열,『우리가 정말 알아야 할 우리말 바로 쓰기』, 현암사
- 중앙일보,『한국어가 있다 1, 2, 3, 4』, 커뮤니케이션북스
- KBS아나운서실,『바른말 고운말』, 대교출판

언제나 '가장' 때문에 틀려요 193

'가장'은 다른 선택지에 비해 출제 의도에 가까운 정도를 의미합니다. 말하자면, 다른 것도 정답일 수 있지만, 상대적으로 이게 제일 적합하다는 뜻입니다.

다음 중 키가 큰 사람은?

① 홍길동 199cm　　　② 연홍부 207cm　　　③ 임꺽정 215cm

이렇게 질문했다고 합시다. 학생이 생각하기에 몇 번이 정답인가요? 사람마다 다를 수 있겠지만, 내가 보기에 이 세 사람이 모두 '키가 큰 사람'에 포함됩니다. 즉 정답을 가려내기가 무척 어렵네요.

하지만 "키가 가장 큰 사람은?" 이렇게 물었다면 어떻게 될까요? 임꺽정만 정답이 되겠네요. 국어영역 문제의 발문에 포함된 '가장'은 이런 기능과 의미를 갖습니다. 다른 선택지도 발문에서 요구하는 요건을 갖추었지만, 상대적으로 그런 특성이 더 많은 선택지를 찾으라는 뜻입니다.

오답공책 만들기 194

오답공책을 만들고 싶은데 방법을 모르겠다고 고민하는 학생이 많아요. 국어영역 오답공책은 지문 분량이 꽤 되니까 만들기가 조금 까다로워요. 애써 만들었는데 정작 얻는 것은 보잘것없다는 말도 자주 들었습니다.

오답공책은 크기가 커야 합니다. 지문을 분석하거나 지문과 관련된 내용을 기록하고, 자기 사고 과정까지 적으려면 공간이 넉넉한 공책이 적합합니다. 그리고 지문을 복사해서 붙인다면, 양면에 풀칠을 해야 하니까 지질이 얇은 것보다는 두툼한 게 좋고요. 또 낱장씩 떼어서 다른 곳으로 옮기거나, 다른 종이를 삽입하기에도 편한 형태를 고르세요.

오답공책을 만들 때 지문을 꼭 붙여야 하는 건 아닙니다. 그 문제가 어느 시험에 출제되었는지 메모해 두면 충분하니까요. 다만, 어느 한 지문에서 출제된 문제를 모두 틀렸다면, 그래서 그 지문 자체를 다시 공부해야겠다 싶으면 지문을 축소해서 붙이세요. 하지만 이런 특별한 경우를 제외하면 지문을 축소하고 잘라 붙이느라 공연히 수고할 필요는 없습니다.

오답공책을 만들 때 시험지에 나온 순서대로 만드는 것은 그다지 효과적이지 않아요. 그보다는 여러분 나름대로 기준을 정해 공책을 구성해 보세요. 대표적으로는 문제 유형별로 분류, 정리하는 방법과, 지문 내용에 따라 나누는 방법이 있습니다. 번잡한 게 싫은 학생이라면 문학과 비문학으로 나누어서 한 쪽은 공책 앞장부터, 또 하나는 뒷장부터 앞으로 정리하는 방법이 가장 좋을 겁니다. 이런 방식으로 만들 때를 대비해서 낱장씩 떼어 옮길 수 있는 공책을 준비해야 합니다.

오답공책은 자기 사고력을 근본부터 바로잡아서 같은 문제를 두 번 다시 틀리지 말자고 만드는 것입니다. 그렇기에 오답공책은 자기 사고 과정을 담는 게 핵심입니다. 출제자와 내가 논쟁한다는 마음으로, 자기 사고와 출제자의 사고를 엄밀하게 비교, 검증해 보세요. 단순히 해설지에 나온 내용을 옮겨 적으려 한다면, 스펀지가 물을 빨아들이듯 출제자의 생각을 흡수하려고만 한다면 굳이 오답공책을 만들 필요가 어디 있겠어요? 자기 사고 과정의 오류를 객관적으로 비판하고, 출제자의 사고 또한 정밀하게 분석해야 합니다. 그래야 오답공책의 가치가 생깁니다.

오답공책을 만들 때는 자기 사고 과정을 체계적으로 기록하고, 나중에 유용하게 활용할 수 있도록 면을 분할해 두는 게 좋습니다. 지문을 분석하는 면과, 틀린 문제를 정리하는 면이 다소 달라야 해요. 물론 어떤 식으로 해야 한다는 법칙은 없습니다. 여러분이 하고 싶은 대로 나누되, 사고 과정을 기록하는 면이 가장 넓어야 합니다. 그 면에 '내 생각', '해설지 내용', '내가 미처 생각하지 못했던 것', '아직도 이해하기 힘든 내용' 등을 기록하세요.

오답공책은 자기 스스로 만들어서 혼자 이용하는 것이므로 깨끗하게 만들 이유가 없어요. 결코 만드는 시간보다 활용하는 시간이 적어서는 안 됩니다. 오답공책은 여러분이 만든 여러분의 사전입니다. 이 세상에서 하나밖에 없는, 여러분에게 가장 좋은 책입니다. 자투리 시간을 이용해서라도 자꾸 들여다볼수록 국어영역 실력이 쌓이게 될 것입니다.

EBS로 공부할 때 예습 · 복습 방법 195

EBS로 공부할 때 예습 방법

예습 방법이 영역마다 크게 다르지는 않습니다. 모든 공부의 목적은 사고력을 기르는 것이므로 근본은 같습니다. 가능하면 질문거리를 많이 만들어 두는 게 예습의 핵심입니다. 즉 지문만 읽고 동영상 강의를 듣는 것보다는, 일단 문제까지 혼자 풀어 보는 게 바람직합니다. 문제를 풀 때는 각 선택지마다 왜 그것이 정답 또는 오답이라고 판단했는지 간단하게 메모를 하세요. 이해하기 힘든 것은 별도로 표기해 두세요.

문제까지 다 풀었으면, 학생이 힘들어 했던 것을 스스로 해결해 보세요. 낱말을 잘 모르겠다면 사전을 직접 찾아보면 되잖아요?

그리고 나서 동영상 강의를 들으면 궁금증을 해결할 수 있을 거예요. 내용 설명이 여러분이 혼자 할 때 이해했던 것과 다를 때는 특별히 주의를 기울여야 합니다. 자기가 오답 혹은 정답이라고 메모해 둔 것과 강사 선생님 설명이 일치하는지 면밀하게 따져 보

EBS로 공부할 때 복습 방법

EBS 교재를 활용하여 복습하는 방법을 간단하게 짚어 볼게요. 먼저, 강의를 들을 때 이해가 안 되는 부분, 강사 선생님 설명에 선뜻 공감하기 어려운 내용을 되새겨 보세요. 학생의 공부가 부족할수록 어려운 부분이 많습니다. 그 내용을 다시 공부하거나, 동영상에서 그 부분만 다시 들어 보세요. 그래도 이해하기 어려운 것은 〈학습 Q&A〉 게시판에 질문해서 확실히 자기 것으로 소화해야 합니다. 자기가 궁금해 하는 내용을 구체적으로 질문할수록 더 좋은 답변을 얻게 됩니다. 좋은 질문만이 좋은 답변을 만난다는 것, 꼭 기억하세요.

교재로만 공부하는 것보다는 '교재로' 공부하는 게 중요합니다. 교재를 통해 알게 된 사실, 개념, 작품 등에 대해 더 넓고 깊게 공부하세요. 특히 최근의 출제 경향을 반영한 문제 유형은 완벽히 이해할 때까지 반복해서 공부해야 합니다.

복습의 초점은 자신의 약점 보완입니다. 약점을 보완하기 위해서는 예습 과정에서 미처 생각하지 못했던 것, 예습할 때 틀렸던 문제, 동영상 강의를 듣는 중에 새롭게 알게 된 사실들을 되짚어 보는 공부 방식이 필요해요. 틀린 문제를 검토해서 자기 사고 과정 어디에 맹점이 있는가를 확인해 보아야 합니다. 그리고 평소에 알고 있던 것과 다른 내용을 발견하면 꼭 이해하고 넘어가세요. 가능하다면 원작이나 연관된 작품을 읽어 보는 게 좋습니다.

지문의 성격이나 문제 유형에 따라 지문을 여러 개 묶어서 복습하는 것도 국어영역 점수를 올리는 비법입니다. 예컨대 삶과 죽

음의 문제를 다룬 시를 여러 편 함께 공부하면, 따로 학습하는 것
보다 더 잘, 더 오래 기억할 수 있습니다. 반어는 반어끼리, 풍자
는 풍자끼리 묶어서 정리해 두는 것도 매우 바람직한 방법입니다.

찾 아 보 기

547